ENTRE DEUSES
E HERÓIS

David Mulroy

ENTRE DEUSES E HERÓIS
As Origens da Mitologia

em 75 Mitos Clássicos Condensados
a Partir de suas Fontes Primárias

Tradução
MARCELLO BORGES

Editora
Cultrix
SÃO PAULO

Título original: *75 Classical Myths*.

Copyright © 2011 Cognela, Inc.

Publicado mediante acordo com Cognela, Inc.

Copyright da edição brasileira © 2015 Editora Pensamento-Cultrix Ltda.

Texto de acordo com as novas regras ortográficas da língua portuguesa.

1ª edição 2015. 1ª reimpressão 2016.

Todos os direitos reservados. Nenhuma parte desta obra pode ser reproduzida ou usada de qualquer forma ou por qualquer meio, eletrônico ou mecânico, inclusive fotocópias, gravações ou sistema de armazenamento em banco de dados, sem permissão por escrito, exceto nos casos de trechos curtos citados em resenhas críticas ou artigos de revistas.

A Editora Cultrix não se responsabiliza por eventuais mudanças ocorridas nos endereços convencionais ou eletrônicos citados neste livro.

Obs.: Este livro não pode ser exportado para Portugal.

Editor: Adilson Silva Ramachandra
Editora de texto: Denise de Carvalho Rocha
Gerente editorial: Roseli de S. Ferraz
Preparação de originais: Marta Almeida de Sá
Produção editorial: Indiara Faria Kayo
Assistente de produção editorial: Brenda Narciso
Editoração eletrônica: Fama Editora
Revisão: Wagner Giannella Filho e Vivian Miwa Matsushita

Dados Internacionais de Catalogação na Publicação (CIP)
(Câmara Brasileira do Livro, SP, Brasil)

Mulroy, David
    Entre deuses e heróis : as origens da mitologia em 75 mitos clássicos condensados a partir de sua fontes primárias / David Mulroy ; tradução Marcello Borges. — São Paulo : Cultrix, 2015.

    Título original: 75 classical myths.
    ISBN 978-85-316-1318-0
    1. Mitologia clássica I. Título.

15-02869   CDD-292.13

Índices para catálogo sistemático:
1. Mitologia clássica 292.13

Direitos de tradução para o Brasil adquiridos com exclusividade pela
EDITORA PENSAMENTO-CULTRIX LTDA., que se reserva a
propriedade literária desta tradução.
Rua Dr. Mário Vicente, 368 — 04270-000 — São Paulo, SP
Fone: (11) 2066-9000 — Fax: (11) 2066-9008
http://www.editoracultrix.com.br
E-mail: atendimento@editoracultrix.com.br
Foi feito o depósito legal.

Sumário

Agradecimentos 9

Introdução: O Contexto Histórico dos Mitos Clássicos   11

As Histórias   19

    1. A Castração de Urano 19
    2. O Nascimento de Zeus 21
    3. A Vitória de Zeus sobre os Titãs 22
    4. Os Filhos de Zeus 22
    5. O Furto do Fogo 23
    6. Pandora 24
    7. As Idades do Homem 25
    8. A Punição de Prometeu (*Prometeu Acorrentado*, de Ésquilo) 27
    9. Outra Versão da História de Io 29
  10. O Grande Dilúvio 30
  11. Zeus Derrota os Gigantes 31
  12. A Queda de Faetone 33
  13. Endimião 34
  14. O Amor de Afrodite e Anquises 35
  15. As Façanhas do Bebê Hermes 37
  16. Hermafrodito 39

17. O Nascimento de Apolo em Delos 40

18. Apolo Estabelece seu Templo em Delfos 41

19. Apolo e Dafne... 42

20. Orfeu e Eurídice, Canções de Orfeu, e sua Morte 43

21. As Desventuras do Rei Midas... 48

22. O Conselho de Sileno a Midas 49

23. Acteão 50

24. Níobe 51

25. Aracne 52

26. O Rapto de Perséfone 53

27. O Nascimento de Dionísio 55

28. Dionísio e os Piratas 56

29. Como Tirésias Tornou-se Profeta... 57

30. Dionísio em Tebas (*As Bacantes*, de Eurípides) 57

31. As Aventuras de Perseu 61

32. A Caça ao Javali da Caledônia... 63

33. A Vida de Héracles.. 66

34. A Morte de Héracles (*As Traquínias*, de Sófocles)...................... 72

35. A Morte de Euristeu 77

36. A Origem do Velocino de Ouro.. 79

37. A Viagem do *Argo* (*As Argonáuticas*, de Apolônio) 80

38. A Morte de Pélias, Tio de Jasão... 85

39. Medeia Mata seus Filhos (*Medeia*, de Eurípides) 86

40. Os Primeiros Reis de Atenas 88

41. Procne e Filomela 89

42. Céfalo e Prócris 90

43. A Origem do Minotauro.. 91

44. As Aventuras de Teseu.. 92

45. A Morte de Hipólito (*Hipólito*, de Eurípides)............................ 95

46. A Fundação de Tebas por Cadmo... 99

47. Cadmo: O Capítulo Final.. 100

48. Anfião e Zeto, Reis de Tebas... 101

49. Rei Édipo Descobre sua Verdadeira Identidade
(*Édipo Rei*, de Sófocles) 102

50. A Morte de Édipo (*Édipo em Colono*, de Sófocles) 104

51. A Morte de Antígona (*Antígona*, de Sófocles) 107

52. O Início da Guerra de Troia 110

53. O Julgamento de Páris 111

54. Peleu e Tétis 112

55. Aquiles em Ciros (*Aquileida*, de Estácio) 113

56. O Sacrifício de Ifigênia (*Ifigênia em Áulis*, de Eurípides) 115

57. A Ira de Aquiles (*A Ilíada*, de Homero) 119

58. A Morte de Aquiles 131

59. A Morte de Ájax (*Ájax*, de Sófocles) 132

60. Filoctetes 134

61. A Queda de Troia 136

62. A Família de Príamo em Cativeiro (*As Troianas*, de Eurípides) .. 137

63. A Morte de Agamenon (*Agamenon*, de Ésquilo) 141

64. As Mortes de Clitemnestra e Egisto (*As Coéforas*, de Ésquilo) 146

65. O Julgamento de Orestes (*As Eumênides*, de Ésquilo) 148

66. Helena É Declarada Inocente! (*Helena*, de Eurípides) 150

67. Ifigênia É Encontrada Viva! (*Ifigênia Entre os Tauros*, de Eurípides) 153

68. O Retorno de Odisseu (*A Odisseia*, de Homero) 155

69. A Morte de Odisseu 173

70. Episódios mais Antigos de Cila, Polifemo e Circe 173

71. Eneias Conduz os Sobreviventes de Troia à Terra Prometida (*A Eneida*, de Virgílio) 175

72. Rômulo e Remo 183

73. O Rapto das Sabinas 184

74. A Morte de Rômulo 186

75. A Fundação da República Romana 186

Apêndice 1: Alguns Mitos de Outras Nações — 189

1. Um Cronos Hitita 189

2. Enuma Elish, o Mito Sumério da Criação 190

3. A Epopeia de Gilgamesh 191

4. O Conto Egípcio dos Dois Irmãos 196

5. Ísis e Osíris 198

6. A Morte da Filha do Sol 201

7. A Vingança de Geriguiaguiatugo 203

Apêndice 2: Três Mitos Filosóficos de Platão   206

1. A Origem do Amor Segundo Aristófanes 206

2. As Alegorias da Linha e da Caverna 208

3. O Mito de Er 209

Apêndice 3: Índice Onomástico   212

1. Nomes Próprios 212

2. Lugares 226

Agradecimentos

O interesse e o estímulo do meu amigo e colega Bruce Precourt, grande professor de mitos, tanto clássicos quanto egípcios, convenceu-me a ampliar e a publicar este trabalho, que, no início, era apenas um conjunto de folhetos xerografados que eu distribuía para meus alunos de mitologia. Bruce chamou a atenção para algumas omissões importantes na minha lista original de mitos e contribuiu com diversas sinopses preparadas por ele, como *Filoctetes*, *Helena*, *Ifigênia entre os Tauros*, *Ísis e Osíris* e um *Enuma Elish* misericordiosamente sucinto.

Os mitos condensados apresentados no corpo desta obra baseiam-se nos originais gregos ou latinos — com a ajuda ocasional das traduções da Loeb Library. As fontes dos mitos não clássicos do Apêndice 1 são mencionadas em notas iniciais. As pronúncias apresentadas para nomes e lugares representam meu melhor juízo, com base em consultas à décima edição do *Merriam Webster's Collegiate Dictionary*; ao glossário de Morford e Lenardon, *Classical Mythology*, Oxford 2003; ao glossário de Powell, *Classical Myth*, Prentice Hall 2007; e na minha própria experiência. Informações geográficas constantes do glossário de lugares — ou seja, a altura de montanhas e a área de ilhas — provêm da Wikipédia.

Nem preciso dizer que os leitores cujo interesse for despertado por estas histórias condensadas devem procurar lê-las na íntegra. Há diversas traduções das obras envolvidas, prontamente disponíveis e de boa qualidade.

Tendo em vista o tempo que se leva para lê-las, as obras originais são bem mais gratificantes do que as versões condensadas. Por outro lado, são muitas as razões para que alguém queira ler uma versão mais sucinta das histórias contadas em uma ou em várias das obras que constituem o mundo da mitologia clássica — ou de todas elas. Diversas das questões que me foram trazidas ao longo dos anos como classicistas se resumem a me pedirem uma sinopse de uma ou outra dessas grandes histórias. Com a publicação de *Entre Deuses e Heróis*, sinto que serei capaz de continuar a responder indefinidamente a tais perguntas.

A título de dedicatória: Tenho muita esperança de que minhas netas, Cassandra e Isabel, tenham a oportunidade de mergulhar neste livro em algum momento futuro, quando estiverem um pouco mais velhas.

Introdução
O Contexto Histórico dos Mitos Clássicos

As primeiras culturas humanas são classificadas pelos arqueólogos como representativas da Era Paleolítica (Idade da Pedra Antiga) ou da Era Mesolítica (Idade da Pedra Intermediária), mais avançada. Na primeira, as pessoas sobreviviam por meio da caça e da coleta; na segunda, fizeram uma transição gradual para a produção de alimentos. No Oriente Próximo, a Era Mesolítica durou aproximadamente algo entre 8000 e 6000 a.C. A ela seguiu-se a Era Neolítica (Nova Idade da Pedra), quando as pessoas se assentaram em comunidades permanentes, desenvolvendo a agricultura, domesticando animais e usando utensílios de pedra finamente talhados.

O próximo estágio da civilização foi a Era do Bronze, que começou por volta de 3500 a.C. no Oriente Próximo. A Era do Bronze é caracterizada pelo desenvolvimento de cidades com muros e construções monumentais, exércitos e reis muito ricos, bem como pelo emprego de ferramentas e de armas feitas de metal. As primeiras civilizações da Era do Bronze a afetar a região do Mediterrâneo foram as do Egito e do Oriente Próximo, nos vales dos rios Tigre e Eufrates. Com a influência dessas duas áreas, a bacia oriental do Mediterrâneo tornou-se sede de muitos reinos poderosos da Era do Bronze por volta de 2000 a.C., inclusive um reino na ilha de Creta. Nessa época, porém, não havia sinal dos ancestrais dos gregos.

11

Vestígios arqueológicos mostram que os gregos estabeleceram uma cultura da Era do Bronze no território grego em algum momento entre 2000 e 1600 a.C. Cidadelas fortificadas com opulentos túmulos reais, datados aproximadamente de 1600 a.C., foram encontradas em diversos locais. As mais famosas são a de Pilos, na costa sudoeste do Peloponeso (sul da Grécia), e de Micenas, em seu extremo nordeste. O período da história grega que começou com esses palácios é conhecido como Era Micênica, que foi de 1600 até 1200 a.C., aproximadamente. Representou o primeiro florescimento da civilização grega. Em túmulos micênicos foram encontrados preciosos objetos de ouro e de prata, além de belas obras de arte. A arqueologia também mostra que os micenos se dedicavam ao comércio exterior e que tinham uma forma de escrita chamada "Linear B". No apogeu do seu poder, por volta de 1400 a.C., aparentemente os micenos conquistaram a ilha de Creta.

Mitos são histórias que tomam forma numa tradição oral e que são passados de um para o outro por meio da palavra falada durante um período significativo antes de serem escritos. Seu atrativo especial provém do fato de suas origens não serem documentadas. A relevância do período micênico para o estudo dos mitos clássicos é que ele é o período no qual se originaram os mitos gregos. São histórias que foram transmitidas pela tradição oral grega desde a Era do Bronze até serem registrados, um processo que só começou no século VIII a.C.

Por volta de 1200 a.C., a civilização micênica sofreu um colapso súbito. As cidadelas foram destruídas e abandonadas. As causas intrínsecas desse colapso são desconhecidas. Há evidências que apontam para um estado generalizado de guerra: a cidade de Troia, por exemplo, fica na periferia do mundo grego, na entrada do Mar Negro. A arqueologia mostra que ela também foi destruída nessa época. Logo, parece que a famosa Guerra de Troia das lendas fez mesmo parte de um padrão geral de violentos conflitos que assolaram o mundo grego em torno de 1200 a.C.

Entre 1200 e 800 a.C., a civilização grega sofreu uma Idade das Trevas. São escassas as evidências de comércio exterior, vida urbana ou manifestações artísticas nesse período, e ausente a escrita. Se alguém observasse as culturas mediterrâneas no século XIX a.C., teria predito a agonia da civilização grega. A julgar pelos desdobramentos posteriores, o único sinal luminoso seria uma rica tradição oral. Evidentemente, os gregos mantiveram vivas as recordações de seus ancestrais repassando as histórias dos grandes dias de Micenas, quando eram os reis da terra — e não agricultores de subsistência.

Mais ou menos em 800 a.C., a civilização grega recuperou-se de forma espantosa. No cerne dessa recuperação esteve a *polis*, a cidade-estado grega (*poleis* no plural). Poleis florescentes brotaram por toda parte, não apenas na Grécia como também nas ilhas do Egeu e no litoral da Turquia, no Mar Negro, no norte da África, na Sicília, no sul da Itália e até no sul da França. Apesar de os historiadores apresentarem diversas explicações para esse renascimento da civilização grega, este autor acredita que a causa básica deve ter sido a invenção do alfabeto grego, que também surgiu por volta de 800 a.C.

Em diversas regiões do planeta, antes dos gregos, as pessoas já escreviam. No entanto, o alfabeto grego foi um sistema de escrita de simplicidade revolucionária. Enquanto os hieróglifos egípcios e as escritas cuneiformes do Oriente Próximo usavam centenas de símbolos diferentes, o alfabeto proporcionou aos gregos um sistema de 24 signos que representava com precisão sua fala. Era tão simples de usar que as crianças podiam dominá-lo facilmente, como de fato faziam. Na verdade, o alfabeto grego nunca recebeu melhorias radicais. Nosso próprio alfabeto é uma versão dele, com algumas variações.

Este período de renascimento é chamado de Era Arcaica. Comércio, artes e filosofia floresceram nas cidades-estado independentes da Grécia. Eram ainda locais de constante fermentação política. Algumas eram governadas por comandantes militares, outras por reis ou clãs aristocráticos, outras por sistemas constitucionais de governo. No final desse período, Atenas adotou uma constituição revisada. Hoje, Atenas é considerada a primeira democracia constitucional do mundo. Além de alocar o maior poder possível à assembleia formada por todos os cidadãos, sua característica mais revolucionária era o fato de os cidadãos serem organizados em grupos de votação — definidos não por vínculos familiares, mas pelo local de residência. Aparentemente, isso reduziu a influência dos grupos tribais patriarcais nos quais os atenienses e outros gregos se dividiam tradicionalmente.

A relevância do Período Arcaico para o estudo da mitologia é que, nessa época, relatos poéticos dos mitos gregos foram registrados em textos escritos. Os poemas épicos de Homero, a *Ilíada* e a *Odisseia*, a poesia de Hesíodo e os anônimos hinos homéricos representam a literatura grega arcaica.

Já no final do Período Arcaico, os persas surgiram como força dominante no Oriente Próximo. Com a liderança de Ciro, depuseram seus antigos senhores, os medas, e subjugaram todos os reinos entre o Golfo Persa e o mundo grego. Por volta de 500 a.C., todo o Oriente Próximo, inclusive o Egito, fazia parte do império persa.

Entre os vários súditos dos persas, encontravam-se cidades-estado gregas na costa da Turquia. Essas cidades-estado tentaram se rebelar contra o domínio persa em 499 a.C. — e foram rapidamente reconquistadas. Antes da queda, porém, receberam algum auxílio da cidade principal, Atenas. Em 490 a.C., os persas, governados pelo imperador Dario, comandaram uma invasão punitiva contra Atenas. Embora em menor número, os atenienses derrotaram os persas na Batalha de Maratona. Em 480 a.C., o sucessor de Dario, Xerxes, lançou uma invasão maciça por terra e por mar, esperando subjugar toda a Grécia. Essa ofensiva também fracassou depois de uma série de batalhas, dentre as quais a mais famosa foi a batalha naval de Salamina, no litoral de Atenas.

A vitória contra a Pérsia marca o início do Período Clássico grego. Agora, além de ser uma força cultural, os gregos eram o poder militar dominante sobre o Mediterrâneo. Atenas emergiu como a principal cidade-estado. No início, era a líder dos gregos, tanto em termos militares quanto culturais. Depois de uma longa guerra contra Esparta, ela perdeu o domínio militar, mas manteve a liderança cultural. A filosofia grega e seus textos históricos floresceram. A relevância desse período para a mitologia está no fato de os dramaturgos trágicos — Ésquilo, Sófocles e Eurípides — serem atenienses que escreveram durante o Período Clássico. Com a exceção de uma peça de Ésquilo sobre as Guerras Persas, todas as tragédias sobreviventes dramatizam mitos antigos.

No final do Período Clássico, surgiu uma poderosa dinastia na Macedônia, a fronteira setentrional do mundo grego. No passado, essa fora uma região culturalmente retrógrada, paralisada por dissensões internas e por guerras fronteiriças com bárbaros. O rei Filipe II mudou tudo isso com sua habilidade militar e diplomática. Ele preservou seu reino transformando seu exército numa força superior. Depois, pôs fim às constantes lutas pelo poder entre as cidades-estado gregas do sul participando de suas guerras e vencendo pessoalmente seus mais poderosos exércitos. Sua vitória sobre Tebas e Atenas na Batalha de Queroneia em 338 a.C. assinalou o fim da antiga independência grega.

Alexandre, o Grande, filho e sucessor de Filipe, invadiu e conquistou o império persa. Alexandre morreu na Babilônia em 323 a.C. aos 32 anos de idade, ao cabo dessa campanha. Como resultado de seus esforços, o Egito e o Oriente

Próximo foram absorvidos pelo mundo grego. As conquistas de Alexandre e sua morte marcam o início da chamada Era Helenística em virtude da expansão da cultura grega ou "helênica" sobre uma vasta área.

Os herdeiros de Alexandre dividiram suas conquistas em quatro reinos. Destes, o mais rico e duradouro foi o do general macedônio Ptolomeu, no Egito. Sua capital foi a cidade de Alexandria, então recém-construída. Seus sucessores governaram até o último deles, Cleópatra, ser derrotado pelos romanos na Batalha de Ácio em 31 a.C. A Era Helenística caracterizou-se pela erudição profissional. Os reis helenos construíram bibliotecas e empregaram cidadãos instruídos para preservar, estudar e ampliar as realizações artísticas e intelectuais dos gregos arcaicos e clássicos. Um fruto dessa época é um livro conhecido como *A Biblioteca*. Originalmente, foi atribuído a Apolodoro, polímata ateniense do segundo século a.C., mas uma referência contida nele a um autor que viveu posteriormente, no primeiro século, lança sérias dúvidas sobre tal atribuição. Hoje, diz-se que *A Biblioteca* é obra de "pseudo-Apolodoro". É o mais antigo resumo existente dos mitos, um precursor de *Entre Deuses e Heróis*.

Menos típico é *Argonáutica*, de Apolônio de Rodes, estudioso que viveu em Alexandria por volta de 200 a.C. Poema épico irônico sobre o tema de Jasão e o velocino de ouro, *Argonáutica* é uma tentativa ambiciosa de superar Homero, num período em que poemas pessoais e breves estavam mais na moda do que os épicos.

Durante a Era Helenística, Roma foi ficando cada vez mais poderosa. Sua vitória sobre Cartago na Segunda Guerra Púnica (218-201 a.C.) fez dela uma das forças dominantes do Mediterrâneo. A Grécia tornou-se província romana em 146. Os romanos absorveram a maior parte daquilo que restou dos reinos de Alexandre nas décadas seguintes. Como dito antes, o último reino a cair foi o Egito de Cleópatra em 31 a.C., como resultado da Batalha de Ácio. O vencedor em Ácio foi o herdeiro e sobrinho de Júlio César, Otaviano, mais tarde conhecido como Augusto. Em Ácio, Augusto não só venceu as forças de Cleópatra como as de seu único rival romano, Antonio. Antes, Roma havia sido uma república constitucional, governada por um senador e por cônsules eleitos anualmente. Os romanos da república tinham orgulho de sua independência e de sua liberdade de expressão. Com sua vitória, Augusto conquistou o poder absoluto sobre o estado romano, tornando-se assim o primeiro de seus imperadores. Roma ficou mais próspera do que nunca — mas, pelo menos para a classe dominante, a liberdade pessoal tornou-se uma coisa do passado.

Apesar de os romanos terem conquistado a Grécia por força militar, não impuseram sua cultura aos gregos. Pelo contrário: os romanos ficaram tão helenizados quanto qualquer uma das nações conquistadas por Alexandre. A poesia floresceu em Roma durante o reinado de Augusto. Duas das obras mais famosas desse período são versões dos mitos gregos narradas em latim e dotadas de vínculos com a história romana. São *A Eneida*, de Virgílio, um poema épico identificando o herói troiano Eneias (personagem de *A Ilíada*, de Homero) como fundador da raça romana, e *Metamorfoses*, de Ovídio, um manual bem-humorado e poético de mitos, unidos pelo tema das transformações mágicas. O historiador Lívio é outro autor romano do período augustano que teve um papel fundamental na modelagem dos mitos clássicos. Ele foi responsável por transmitir as lendas mais famosas do início de Roma — como, por exemplo, o nascimento de Rômulo e Remo e o rapto das sabinas.

Os romanos veneravam seus próprios deuses. Quando assimilaram a cultura grega, identificaram seus deuses com os dos gregos. Os principais deuses gregos, com seus equivalentes romanos, são:

Gregos	*Romanos*
Cronos	Saturno
Zeus	Júpiter ou Jove
Hera	Juno
Héstia	Vesta
Hades ou Plutão	Orcus ou Dis
Perséfone	Prosérpina
Posêidon	Netuno
Deméter	Ceres
Hefesto	Vulcano
Ares	Marte
Dionísio ou Baco	Liber
Atena	Minerva
Apolo	(sem equivalente romano)
Ártemis	Diana
Afrodite	Vênus
Hermes	Mercúrio

Os romanos conheciam o grande herói Héracles como "Hércules"; o astuto guerreiro Odisseu como "Ulisses"; e o filho de Aquiles, Neoptólemo, como "Pirro".

Com as obras dos autores augustanos, a mitologia clássica alcançou sua forma definitiva. Autores posteriores tentaram aprimorar a tradição, mas suas contribuições costumam ser vistas como menos autênticas do que a de seus predecessores, pois estes tinham raízes profundas nas tradições escritas.

O primeiro imperador cristão, Constantino, transferiu a capital do império romano para Bizâncio em 323 a.C., dando à cidade o nome de Constantinopla. A parte ocidental do império romano foi dominada por tribos germânicas em 476 a.C. Constantinopla, porém, foi governada por sucessores dos imperadores Augusto e Constantino, e a cidade preservou a literatura grega e suas tradições intelectuais até ser conquistada pelos turcos otomanos em 1453, quando passou a ser conhecida como Istambul.

Tabela cronológica: algumas datas marcantes no início da história da civilização ocidental

a.C.

3100	Unificação do Egito Governado pelo Primeiro Faraó
ca. 1600	Gregos na Grécia
ca. 1400	Apogeu do Poder Micênico, Controle Grego de Creta
ca. 1100	Guerra de Troia; Época Aproximada de Moisés
753	Rômulo Funda Roma
ca. 700	Homero e Hesíodo se Manifestam
510	Fundação da Democracia Ateniense e da República Romana
480	Batalha de Salamina
399	Julgamento de Sócrates
323	Morte de Alexandre, o Grande.
201	Final da Segunda Guerra Púnica
146	A Grécia se Torna uma Província Romana
31	Batalha de Ácio
8/4	Nascimento de Cristo

d.C.

14	Morte de Augusto
323	Divisão do Império Romano
476	Queda do Império Romano no Ocidente
632	Morte de Maomé
800	Coroação de Carlos Magno
1334	A Praga Devasta a Europa
1453	Queda de Constantinopla
1492	Primeira Viagem de Colombo

As Histórias

A seguir, elencam-se os mais importantes mitos e lendas condensados a partir de suas fontes primárias. Exceto por notas de início ou de rodapé ocasionais e breves, nada foi acrescentado. Permitiu-se que as histórias falassem por si mesmas. Foram dispostas na ordem em que os eventos míticos teriam ocorrido, e não na ordem na qual as histórias foram escritas. Por exemplo, as histórias de Homero ficaram mais para o fim, apesar de terem sido escritas antes, porque tratam das duas últimas gerações de heróis.

1. A Castração de Urano

Fonte: Hesíodo, *Teogonia*, 116-210 (Grego Arcaico)

Primeiro, surgiu o Caos. Depois, veio Gaia (terra), Tártaro (o mundo inferior) e Eros (amor, desejo). Érebo (escuridão profunda) e Noite vieram do Caos. Éter (a luz celeste) e Dia vieram da Noite quando ela copulou com Érebo.

Gaia gerou Urano (céu) espontaneamente (ou "sem cópula"), bem como as montanhas e Ponto (mar). Da união com Urano, pariu seis filhos e seis filhas, conhecidos depois como "titãs". O mais jovem foi o astuto Cronos, que odiava seu pai.

Gaia gerou depois os três Cíclopes, que posteriormente fabricaram trovões e raios para Zeus. Eram fortes e habilidosos, e chamavam-se Cíclopes (olhos redondos) porque cada um tinha apenas um olho no meio da testa. Outros três filhos poderosos e abomináveis foram Coto, Briareu e Giges, cada um com cem mãos e cinquenta cabeças.

Estes eram os piores filhos de Gaia e Urano. Urano os detestava e os escondeu nas profundezas de Gaia, regozijando-se com seu feito maldoso. Gaia, porém, ficou aborrecida e idealizou um plano perverso. Hesíodo (*Teogonia, 159-206*) narra o resto da história da seguinte maneira:

… Ondeando e gemendo, pronta a explodir,
Gaia, a grande, concebeu um plano vilanesco.
Produzindo rapidamente a substância cinzenta, inquebrável,
confeccionou uma poderosa foice e falou com seus filhos.
Suas palavras foram corajosas, vindas de profunda dor.
"Filhos meus de pai tolo e arrogante,
se me ouvirem, podemos punir seu crime vil.
Lembrem-se de quem tudo começou: foi ele."
Este discurso alarmou seus filhos, e nada foi dito
até Cronos, o oblíquo, Cronos, o grande, recobrar
a coragem e falar, respondendo à mãe que ele tanto amava:
"Confie-me a tarefa e eu a cumprirei,
Mãe. Detesto até pensar em meu pai,
e foi ele, bem sei, que começou essa confusão."
As palavras alegraram o gigantesco coração de Gaia.
Encontrando um lugar para escondê-lo e dando-lhe
a ferramenta dentada, disse-lhe o que fazer.
O poderoso Urano desceu com a Noite.
Desejoso de amor, cobriu totalmente sua companheira.
Da tocaia, Cronos estendeu sua mão mais fraca.
Com a mira no alvo, tomou com a destra a longa
foice dentada e avidamente ceifou o órgão
de seu querido pai, lançando-o sobre as costas.
As gotas de sangue que caíram foram uma chuva
que Gaia recebeu com alegria.
O ciclo das estações se desenrolou.
Ela pariu as poderosas Erínias, os abomináveis gigantes,
e ninfas pelo mundo, os espíritos dos freixos.
Após cortar a genitália com sua ferramenta inflexível,

lançou-a da terra ao mar sempre revolto.
Ela flutuou sobre as ondas do mar por anos e anos,
carne imortal envolta em espuma. Vejam!
Uma mulher toma forma nela! Aproxima-se de Citera,
mas depois flutua até a ilha de Chipre,
lá emergindo como deusa da beleza. A grama
fica verde sob seus pés delicados. Os deuses
e mortais chamaram-na de "Afrodite", que significa
concebida da espuma, "a rainha divina de Citera",
"a deusa nascida em Chipre", e a "divindade genial",
por causa de sua origem genital.

Urano deu a seus filhos o nome de titãs (esticadores ou extensores), porque, em sua vasta ousadia, realizaram uma grande façanha, pela qual pagariam mais tarde.

2. O Nascimento de Zeus

Fonte: Hesíodo, *Teogonia*, 453-500 (Grego Arcaico)

Cronos, rei dos titãs, teve seis filhos com sua irmã Reia: três mulheres, Héstia, Deméter e Hera, e três homens, Hades, Posêidon e Zeus. À medida que cada filho nascia, Cronos os engolia, pois soube por intermédio de Gaia e de Urano que estava fadado a ser derrotado por um filho.

Reia ficou muito perturbada. Pediu a seus pais, Gaia e Urano, que idealizassem um plano para manter em segredo o nascimento de seu próximo filho, vingando a honra de seu pai. Quando estava prestes a dar à luz, mandaram-na a Creta. Lá, Reia ocultou o bebê Zeus na caverna de uma montanha. Para Cronos, Reia deu uma grande pedra embrulhada em cueiros. Ele a segurou e a engoliu sem perceber que era apenas uma pedra, e que seu filho recém-nascido estava são e salvo. Mais tarde, depois de ser enganado por Gaia, Cronos vomitou seus outros filhos. Na verdade, a pedra que tinha engolido por último saiu primeiro. Zeus, por sua vez, fixou a pedra no centro da Terra, no altar sagrado de Pito, no Monte Parnaso.

3. A Vitória de Zeus sobre os Titãs

Fonte: Hesíodo, *Teogonia*, 617-725 (Grego Arcaico)

Urano havia aprisionado Briareu, Coto e Giges no mundo inferior. Lá ficaram atormentados até Zeus trazê-los de volta à luz do dia, seguindo um conselho de Gaia. Durante dez anos, Zeus e seus irmãos, que moravam no Monte Olimpo, travaram uma luta desesperada contra os titãs do Monte Ótris. Depois que os gigantes se reanimaram com néctar e ambrosia, Zeus pediu a eles que o ajudassem em sua batalha contra os titãs. Eles concordaram entusiasticamente. Céu, Terra e Tártaro foram abalados pelo clamor do combate que se seguiu.

Zeus arrojou-se à luta lançando trovões e relâmpagos. Terra, mar e céu arderam. Parecia que o firmamento havia caído sobre a Terra. Coto, Briareu e Giges lideraram o ataque para os olímpicos, arremessando lotes com trezentas pedras cada. Enterraram os titãs e aprisionaram-nos embaixo da terra, tão abaixo de sua superfície quanto o céu dista dela. Uma bigorna de bronze que fosse lançada do céu cairia por nove dias, atingindo, enfim, a terra no décimo.

4. Os Filhos de Zeus

Fonte: Hesíodo, *Teogonia*, 881-962 (Grego Arcaico)

Quando os deuses encerraram seus combates, fizeram de Zeus seu rei a conselho de Gaia, e ele distribuiu suas honras. Primeiro, fez de Métis (Conselho) sua esposa, de longe a mais sábia dos deuses e dos mortais. Quando ela estava quase dando à luz Atena, porém, ele a enganou e a pôs em sua barriga. Fez isso seguindo a orientação de Gaia e de Urano, para que nenhum outro deus obtivesse a posição real, pois Métis estava destinada a ter filhos extremamente sábios: primeiro, Atena, igual a seu pai em poder e sabedoria; e depois um filho, que seria rei dos deuses e dos homens. Assim, Zeus depositou Métis em sua barriga para que o aconselhasse sobre o bem e o mal.

Depois, desposou Têmis (Boa Ordem). Ela gerou as Horas (Estações), Eunômia (Boa Ordem), Dice (Justiça), Eirene (Paz) e as Moiras (Fadas do Destino): Cloto, Láquesis e Átropos, que distribuíam o bem e o mal entre as pessoas.

Eurínome, a adorável filha de Oceano, gerou para ele as Cáritas (Graças).

Deméter uniu-se a ele na cama e gerou Perséfone, que Hades tirou da mãe com a permissão de Zeus.

Zeus apaixonou-se por Mnemósine (Memória). Ela deu à luz nove Musas, que deleitam a música.

Depois de fazer amor com Zeus, Leto pariu Apolo e Ártemis.

Finalmente, Zeus casou-se com Hera, que gerou Hebe (Jovialidade), Ares e Ilítia.

O próprio Zeus gerou, por sua cabeça, Atena, de olhos brilhantes, a terrível deusa da guerra. Hera ficou furiosa. Sem copular, deu à luz Hefesto, o mais habilidoso de todos os deuses celestes.

Anfitrite deu a Posêidon, o treme-terra, um filho: Tritão. Ele vive com seus pais numa mansão de ouro no fundo do mar.

Afrodite gerou com Ares Medo e Terror, além de Harmonia, com quem Cadmo se casou.

A filha de Atlas, Maia, dormiu com Zeus e teve Hermes, arauto dos deuses.

Sêmele, filha de Cadmo, uma mortal, fez amor com Zeus e deu-lhe Dionísio. Mulher mortal que deu à luz um filho imortal, e agora ambos são deuses.

Alcmene dormiu com Zeus, e Héracles nasceu.

Hefesto casou-se com a mais jovem das Graças, Agleia.

Dionísio casou-se com Ariadne, filha de Minos, e Zeus a tornou imortal.

Depois de concluir seus trabalhos, Héracles casou-se com Hebe no nevado Olimpo. Ele vive entre os imortais, atemporal pela eternidade.

Perseis, filha de Oceano, teve com Hélio (o Sol) Circe e o rei Eetes.

Eetes casou-se com uma filha de Oceano, Iduia. Subjugada por Afrodite, ela fez amor com ele e lhe deu a bela Medeia.

5. O Furto do Fogo

Fonte: Hesíodo, *Teogonia*, 535-616 (Grego Arcaico)

Num lugar chamado Mecona, Zeus e alguns mortais discutiam sobre a divisão das reses em sacrifícios. Querendo enganar Zeus, Prometeu, filho do titã Iápeto, disponibilizou-se a dividir o boi. Ele ofereceu a carne comestível escondida no estômago do boi e sob seu couro a Zeus. Para os homens, dispôs os ossos por baixo de uma camada de gordura reluzente.

Vendo isso, Zeus disse: "Filho de Iápeto, quão injusto você foi na divisão das porções!".

O astuto Prometeu replicou com um sorriso: "Mui glorioso Zeus, tome a porção que quiser".

Zeus sabia que estava sendo enganado e já imaginava o castigo que aplicaria aos homens. Tomou nas mãos a banha reluzente e ferveu de raiva ao descobrir os ossos por baixo dela. (Desde então, as pessoas queimam ossos brancos da coxa de bois nos altares dos deuses.)

Para se vingar, Zeus tirou o fogo dos homens, mas Prometeu tornou a enganá-lo. Ele furtou o fogo com um caniço oco, e Zeus ficou furioso novamente ao ver o fogo ardendo entre os homens. Dessa vez, como vingança, fez com que seu filho coxo, Hefesto, moldasse com terra a imagem de uma bela jovem. Atena vestiu-a com trajes reluzentes e pôs uma maravilhosa coroa e guirlandas florais em sua cabeça. Quando Zeus acabou de criar essa beldade maligna, exultou diante dos trajes que Atena lhe dera, e Zeus levou-a até o lugar onde outros deuses e homens estavam reunidos. Ficaram espantados diante desse ardil, para o qual os homens não têm cura, pois ela foi o começo das mulheres — mulheres femininas — que são o grande desastre dos homens mortais.

São como os zangões que as abelhas melíferas sustentam com seu labor constante. Na verdade, Zeus piorou ainda mais a situação. O homem pode escolher não se casar, evitando as dificuldades trazidas pelas mulheres. Caso o faça, atinge a idade madura sem alguém que cuide dele. Não vive na pobreza, mas seu patrimônio se divide quando ele morre. E para o homem que se casa, se ele tem uma boa esposa, o bem e o mal se equilibram ao longo de sua vida, mas, se ele tem uma prole indigna, vive num estado constante de dor íntima.

Não há como lograr ou evitar a vontade de Zeus.

6. Pandora

Fonte: Hesíodo, *Os Trabalhos e os Dias*, 42-105 (Grego Arcaico)

Poderia ter sido fácil viver com um único dia de trabalho por ano, mas Zeus dificultou as coisas para os homens porque ficou furioso com Prometeu. Quando Zeus privou os homens do fogo, Prometeu tirou-o dele com um caniço e devolveu-o aos homens.

Nessa ocasião, Zeus disse a Prometeu: "Filho de Iápeto, você ficou feliz por ter me enganado e furtado o fogo, mas vai se arrepender — assim como os homens, no futuro. Dar-lhes-ei um mal para equilibrar o fogo, um que eles adorarão e acolherão".

Então, Zeus ordenou a Hefesto que umedecesse um pouco de terra, imbuindo-a de voz e força humanas e dando-lhe as belas formas de uma deusa virginal. Fez com que Atenas lhe ensinasse algumas habilidades — especialmente a urdidura — e que a áurea Afrodite pusesse em sua cabeça encanto, um desejo terrível e preocupações que devoram braços e pernas. Ordenou a Hermes que lhe desse a mente de um cão e um caráter furtivo.

Assim disse, e todos obedeceram. Cumpridas suas tarefas, Hermes deu à mulher o nome de Pandora ("todos os presentes"), pois todos os deuses olímpicos lhe deram um presente. Zeus fez com que Hermes a entregasse ao irmão de Prometeu, Epimeteu.* Não ocorreu a Epimeteu que Prometeu lhe havia dito para nunca aceitar um presente de Zeus. Ele só se lembrou disso quando já era tarde demais.

Antes disso, os homens viviam sem males, esforços ou doenças, mas a mulher tirou a grande tampa de seu jarro e com isso espalhou o mal entre os homens. Agora, terra e mar estão repletos deles. Doenças nos atacam dia e noite em silêncio. Não há como escapar aos desígnios de Zeus.

7. As Idades do Homem

Fonte: Hesíodo, *Teogonia*, 106-212 (Grego Arcaico)

No início, os deuses do Olimpo criaram uma raça de homens de ouro. Eles existiram enquanto Cronos regia o céu. Viveram como deuses, sem preocupações no coração, livres do trabalho e do pesar. A velhice não existia. Passavam o tempo banqueteando e morriam como quem adormece. A terra, sozinha, produzia frutos suficientes.

Depois que a terra os escondia, tornavam-se espíritos sagrados, benfazejos, que afastavam o mal, protegiam os homens mortais e conferiam riquezas. Estes eram seus privilégios reais.

Os deuses do Olimpo criaram depois uma raça bem inferior, de prata. A criança era criada por sua boa mãe durante uns cem anos, passava o tempo brincando, plenamente infantil. Quando atingia, enfim, seu apogeu, vivia por breve período em meio a confusões causadas por sua própria estupidez. Esses homens não eram capazes de evitar atos de violência contra seus pares, nem se dispunham a honrar os deuses ou a oferecer sacrifícios. Isso enfureceu Zeus, e ele os escondeu embaixo da terra. Eles são chamados de abençoados sob o solo. São de um segundo escalão, mas não são desonrados.

Zeus criou uma terceira raça de homens mortais feitos de bronze, uma raça terrível nascida de lanças de freixo. A violência e os feitos de Ares lhes

---

* O nome de Epimeteu significa "pensar depois"; o de Prometeu, "pensar antes".

eram típicos. Não comiam grãos. Suas armas e casas eram feitas de bronze, pois não existia o ferro. Destruíram-se uns aos outros e foram para a casa de Hades sem ter nomes.

Zeus criou uma quarta raça que era mais justa e melhor, uma raça de heróis quase divinos conhecidos como semideuses. As guerras os destruíram, alguns diante de Tebas com seus sete portões, onde lutaram com as hordas de Édipo; outros, dentro do mar, em Troia, por causa de Helena. Zeus os transportou até os confins da terra, onde vivem as vidas de heróis felizes com espíritos descontraídos, nas ilhas dos abençoados próximas a Oceano.* A terra os provê com seus doces frutos três vezes por ano.

Gostaria de não pertencer à quinta geração dos homens, pois esta é a raça de ferro. Nem de noite nem de dia, os homens dessa geração se livram da dor e do trabalho. Os deuses continuarão a nos dar preocupações, mas algumas coisas boas estarão misturadas com os males. Zeus vai destruir essa raça quando as crianças nascerem com cabelos grisalhos nas têmporas. O pai nada terá em comum com o filho, nem o filho com o pai, convidado com anfitrião, companheiro com companheiro. Seu irmão não será um amigo. Homens sem consideração pelos deuses desonrarão rapidamente seus pais. Ninguém vai amar o homem honesto, justo ou bom. Vão honrar homens de más atitudes, violentos. A justiça consistirá na força. A vergonha não existirá. O malvado vai atacar seu superior com palavras distorcidas e conjurações. O ciúme malicioso estará por toda parte. Finalmente, Vergonha e Nêmesis (Vingança) vão voltar ao céu, abandonando os mortais, e não haverá defesa contra o mal.

E, agora, uma fábula para os governantes. Eis o que o falcão disse à rouxinol. Ele a estava levando em suas garras pelas nuvens. Ela chorava lamentavelmente, mas ele a tratou com rispidez: "Por que todo esse alarido? Alguém mais forte a segura, embora você seja canora. Se eu quiser, posso comê-la no jantar, ou deixá-la partir. Só um tolo luta contra forças superiores. Perderá e sofrerá a dor e a desgraça".

---

* Na mitologia grega, Oceano é o imenso rio que rodearia a Terra, personificado pelo titã de mesmo nome, filho de Urano e Gaia, que tem corpo formado por um torso de homem, com garras de caranguejo, chifres na cabeça e grande barba, terminando com a cauda de uma serpente. (N.P.)

8. A Punição de Prometeu

Fonte: Ésquilo, *Prometeu Acorrentado* (Tragédia Grega Clássica)

Hefesto e Poder estão acorrentando Prometeu a um desfiladeiro no interior da Cítia. Ele está sendo punido por entregar o fogo aos homens, contra a vontade de Zeus, novo governante dos deuses. Hefesto foi incumbido de atar as correntes porque é o ferreiro dos deuses, especialmente associado ao fogo. Ele lamenta ter de fazer isso. Sente pena de Prometeu. Poder está escandalizado diante da postura de Hefesto. Segundo ele, Prometeu merece seu castigo. Além disso, é tolice desafiar Zeus. Estimulado por Poder, Hefesto termina sua tarefa.

Sozinho, Prometeu começa a cantar e chama o vento e o ar para servirem de testemunhas para o sofrimento que suporta por ser o benfeitor dos homens. Fica espantado ao perceber o som de asas batendo no ar.

Um coro de Oceânidas, filhas do titã Oceano, entra em cena. Elas voaram até Prometeu para prestar-lhe solidariedade. Atribuem a crueldade de Zeus ao fato de ele ser um novo governante. Prometeu diz que Zeus vai precisar de sua ajuda no futuro para manter o poder. Sua atitude desafiadora assusta o grupo.

Prometeu descreve seu combate com Zeus ao grupo. Quando começou a guerra entre os titãs e os olímpicos, a mãe de Prometeu, Têmis (também conhecida como Gaia), disse-lhe que sua sabedoria poderia garantir a vitória para um dos lados. Quando os titãs o ignoraram e preferiram confiar na força, ele ajudou Zeus a vencer. Depois, Zeus não mostrou interesse pelos homens e planejou aniquilá-los. Prometeu opôs-se ao plano. Para ajudar os homens, deu-lhes esperanças vagas para que não pudessem antever seu destino, bem como o dom do fogo, com o qual desenvolveriam muitas habilidades.

O próprio Oceano aparece. Ele se oferece para interceder junto a Zeus em prol de Prometeu e pede-lhe para deixar de ser tão desafiador. Prometeu diz que seria uma perda de tempo pedir a Zeus para ser misericordioso. Ele menciona outros deuses punidos por Zeus: o irmão de Prometeu, Atlas, "sustentando a coluna da Terra e do céu sobre seus ombros", e o gigante de hálito de fogo, Tifão, enterrado embaixo do Monte Etna, na Sicília, e que um dia vomitará fogo sobre aquela terra.* Prometeu diz a Oceano que será melhor ele partir antes que Zeus se zangue com ele. Oceano segue seu conselho.

---

* Pode ser uma alusão a uma erupção do Monte Etna, datada, segundo outras fontes, de 479/478 a.C.

Após um cântico coral no qual se diz que o mundo inteiro se apieda de Prometeu, ele relaciona os benefícios que conferiu à humanidade: a construção de casas de tijolo e madeira, o conhecimento da sequência das estações, o uso de números e letras, a domesticação dos animais, medicina, profecia, rituais religiosos e mineração. "Todas as artes humanas pertencem a Prometeu."

O coro diz que Prometeu deveria usar sua sabedoria para pôr fim ao próprio sofrimento. Prometeu responde que está fadado a ser libertado após um tempo muito, muito longo. Ele se recusa a dar detalhes.

Surge Io. É uma jovem com chifres de boi, sendo conduzida pela região por um moscardo com ferrão. Reconhecendo-a, Prometeu a chama pelo nome e diz que seus sofrimentos são causados pelo desejo de Zeus e pelo ciúme de Hera. Io pede que ele diga o que sabe sobre o destino dela. Ele concorda com relutância, mas primeiro o coro insiste para que Io conte sua história.

Io diz que é a filha de Ínaco, deus de um rio em Argos. Essa virgem começa a ter sonhos nos quais uma voz lhe diz que Zeus a deseja e que ela deve ir a certa campina para encontrá-lo. Ela revela os sonhos a seu pai, que consulta o oráculo de Delfos. O oráculo insiste que ela saia de casa e vá para o campo. Lá, ela ganha chifres e durante algum tempo é guardada por um pastor gigantesco, que morre subitamente. Então, é atacada por um moscardo com ferrão. Desde então, fica vagando.

Prometeu antevê outras andanças de Io em meio a um povo exótico que habita o equivalente moderno ao sul da Rússia. Depois de um longo tempo, ela finalmente atravessará o Mar Negro e irá à Ásia Menor. O lugar que ela atravessará será chamado de Bósforo, ou Travessia da Vaca. Prometeu diz que o Bósforo marca a metade das andanças de Io. Seus resmungos diante dessa notícia levam Prometeu a dizer que ele estará fadado a um período ainda maior de sofrimentos, que só se encerrará quando Zeus for destronado. Isso acontecerá quando ele se casar com uma mulher cujo filho está predestinado a ser ainda maior do que seu pai.* Sua queda será inevitável, a menos que Prometeu seja libertado por uma descendente distante de Io.

Depois de alguma relutância, Prometeu concorda em dizer a Io como seriam os outros sofrimentos dela e a falar mais sobre seu próprio libertador. Io

---

* A referência é à deusa do mar, Tétis. Zeus descobre, com o tempo, que seu filho será ainda maior do que ele, seu pai, e faz com que ela se case com um rei mortal, Peleu. O filho de ambos foi Aquiles.

vai vagar pela Ásia Menor e encontrará diversas criaturas, como as Górgonas, até chegar ao Egito. Lá, voltará a ser o que era e terá um filho com Zeus. Cinco gerações depois, seus descendentes voltarão à Grécia. Mais tarde, nascerá um grande herói nessa linhagem, que será o libertador de Prometeu, Héracles. Io chora de dor e é afastada da cena por seu moscardo.

Surge Hermes. Ele exige que Prometeu lhe revele o que sabe sobre o casamento que representa uma ameaça para Zeus. Do contrário, Zeus fenderá a Terra com raios e lançará Prometeu num abismo profundo e sem sol. Anos depois, ele voltará à superfície, onde a águia de Zeus o atacará diariamente, rasgando sua carne e bicando seu fígado. Esse tormento só se encerrará se algum deus se oferecer a morrer por Prometeu.

Prometeu se recusa a contar o que sabe e troca insultos com Hermes. A ode final do coro é integrada ao episódio. Hermes diz que o coro deve sair dali para não se envolver no desastre que está prestes a acometer Prometeu. O coro se recusa a sair.

Prometeu vê que uma grande tempestade se aproxima. Pouco antes de ser engolido por um abismo que se forma na terra, ele apela para que a terra e o céu testemunhem seu sofrimento injusto.

9. Outra Versão da História de Io

Fonte: Ovídio, *Metamorfoses*, 1, 583-747 (Período Romano)

Io era filha do deus rio, Ínaco. Um dia, Júpiter viu-a voltando de uma visita ao riacho de seu pai e tentou conversar amigavelmente com ela. Como ela saiu correndo, ele cobriu a floresta com nuvens escuras, perseguiu-a e a estuprou. Juno percebeu as estranhas nuvens e desceu à Terra para investigar. Pressentindo a aproximação de Juno, Júpiter transformou Io numa novilha branca. Disse a Juno que a bela criatura havia acabado de brotar da terra. Juno ficou desconfiada e exigiu que Júpiter lhe desse a novilha miraculosa. Júpiter não teve como recusar.

Juno ordenou que um tal de Argos guardasse a novilha. Argos tinha cem olhos. Mesmo quando dormia, fechava apenas dois de cada vez. Io se sentiu miserável, levando a vida de uma vaca nos campos vigiada por Argos. Um dia, ela se aproximou de seu pai e rabiscou seu nome na areia com a pata. Foi assim que, finalmente, Ínaco descobriu o que havia acontecido com a filha desaparecida. Ele ficou consternado, exclamando que agora tinha um touro como genro e bezerros como netos. Não tardou para que Argos levasse Io a outros pastos.

Júpiter enviou Mercúrio para resgatar Io. Mercúrio passou por Argos disfarçado de pastor, tocando músicas em caniços ocos. Encantado com a música, Argos convidou-o a se sentar e perguntou sobre a origem de seu instrumento musical. Mercúrio começou a contar a história de uma bela ninfa chamada Siringe (Caniço). Ela foi perseguida por Pã, que estava apaixonado por ela, mas foi salva por suas irmãs ninfas, que a transformaram num monte de caniços. Pã confeccionou a flauta dos pastores, ou "flauta de Pã", com esses caniços para celebrar seu amor. Antes de terminar esta história, porém, Argos adormeceu — e com os cem olhos fechados. Mercúrio cortou sua cabeça com uma espada. Para homenagear os serviços de Argos, Juno arrancou seus olhos e colocou-os na cauda do pavão.

A seguir, Juno deixou Io louca, e ela passou a vagar em delírio pelo mundo. Finalmente, quando chegou às margens do Nilo, Io ajoelhou-se e implorou misericórdia em mugidos queixosos. No céu, Júpiter implorou a Juno que pusesse fim ao sofrimento de Io, prometendo que ela nunca mais causaria a fúria de Juno. Esta acabou concordando. Io recobrou a forma humana e deu um filho a Júpiter. Os egípcios a veneram desde então.*

10. O Grande Dilúvio

Fonte: Ovídio, *Metamorfoses*, 1.177-415 (Período Romano)

Ao ouvir relatos dos pecados humanos, Júpiter percorreu a Terra disfarçado de mortal e ficou muito irritado com o que viu. O maior pecador era o rei Licaão da Arcádia, uma região rústica no centro do Peloponeso. Quando Júpiter chegou ao seu reino, os camponeses o reconheceram por causa de certos sinais que ele deu e começaram a venerá-lo, mas o rei Licaão debochou dele. Planejou matar seu hóspede supostamente divino enquanto dormia, mas primeiro matou um refém que mantinha no palácio e ofereceu sua carne assada a Júpiter como jantar. Sentindo-se ultrajado, Júpiter destruiu o palácio com trovões e raios. Licaão fugiu para o campo, onde foi transformado num lobo. Júpiter voltou ao céu determinado a arrasar toda a raça humana.

---

* Io foi identificada com a deusa egípcia Ísis, que usava uma coroa na forma de um par de chifres de vaca.

O plano inicial de Júpiter era usar o fogo, mas ele temeu que a conflagração escapasse ao controle. Por isso, deu início a um grande dilúvio. O chuvoso vento sul, os rios e Netuno colaboraram. Em pouco tempo, golfinhos nadavam sobre as copas das árvores, e fazendeiros remavam em barcos sobre suas casas.

Finalmente, apenas duas pessoas restavam vivas: um homem sem mácula chamado Deucalião, filho de Prometeu, e sua esposa, igualmente virtuosa, Pirra, filha de Epimeteu. Estavam num barco a remo que parou no alto do Monte Parnaso. Percebendo a inocência dos dois sobreviventes, Júpiter ordenou que a chuva cessasse. Netuno mandou seu filho, Tritão, soar a retirada com sua trombeta de conchas, e as águas recuaram.

Deucalião e Pirra perceberam que eles eram o que restava da raça humana e ficaram desorientados. Lavaram-se num córrego e foram até o templo oracular de Parnaso, consagrado à deusa Têmis. (Mais tarde, esse templo foi tomado por Apolo.) A voz da deusa disse-lhes para afrouxarem suas vestes, cobrirem as cabeças com véus e jogarem os ossos de suas mães pelas costas.

Deucalião e Pirra ficaram estupefatos com o oráculo. Pirra disse a Deucalião que não poderia obedecer à deusa, pois seria sacrilégio profanar os ossos de sua mãe. Depois de muito pensar, Deucalião sugeriu que talvez o oráculo tivesse usado uma figura de linguagem. Talvez "mãe" significasse a Mãe Terra. Neste caso, seus ossos seriam pedras. Velando a cabeça e desprendendo as vestes, tentaram jogar pedras sobre suas costas. Para seu espanto, as pedras que Deucalião jogou se transformaram em homens, e as pedras de Pirra, em mulheres.

E até hoje somos uma raça dura (como pedra).

11. Zeus Derrota os Gigantes

Fonte: Apolodoro, *A Biblioteca*, 1.6.1-3 (Era Helenística)

Abalada com o destino dos titãs, Gaia produziu gigantes juntamente com Urano. Nascidos em Palena, península no litoral da Macedônia, os Gigantes eram grandes e invencíveis, e a metade inferior de seu corpo era a de uma serpente. Lançavam pedras e árvores em chamas ao céu. Seus líderes eram Porfírio e Alcioneu, que era imortal — conquanto permanecesse em sua terra natal.

Um oráculo informou aos deuses que os Gigantes só poderiam ser derrotados com a ajuda de um mortal. Zeus enviou Atena para solicitar a ajuda de Héracles. Este feriu Alcioneu com uma flechada, arrastando-o para longe de Palena; com isso, ele morreu.

Porfírio atacou Hera. Zeus imbuiu-o de paixão por Hera. Quando ele rasgou as roupas dela e estava prestes a violá-la, ela pediu ajuda, e Zeus o derrubou com um relâmpago. O gigante Efialtes foi atingido no olho esquerdo por uma flecha de Apolo, e no direito por uma de Héracles. Dionísio matou um gigante com um tirso,* Hefesto matou outro com projéteis de metal derretido, e Atena atirou a ilha da Sicília sobre outro que fugia. Ela arrancou a pele de um gigante chamado Palas e usou seu couro como escudo.

Gaia ficou ainda mais furiosa com a queda dos gigantes. Ela se deitou com Tártaro e deu à luz Tifão na Cilícia, na Ásia Menor. Tifão era o mais alto e o mais forte dos filhos de Gaia. Da cintura para cima, parecia humano, mas era mais alto que as montanhas. Volta e meia, sua cabeça roçava nas estrelas. As cabeças de cem serpentes cresciam dos seus braços. Da cintura para baixo, seu corpo era como uma serpente enrodilhada. Ao se desenrolar, chegava até sua cabeça. Todo o seu corpo era coberto por asas. Fogo emanava dos seus olhos.

Quando os deuses viram-no atacando o céu, fugiram para o Egito e transformaram-se em animais. Zeus lançou raios sobre Tifão e feriu-o com uma foice adamantina. Depois, travaram luta corporal. Tifão envolveu Zeus com sua cauda, arrancou a foice de sua mão e cortou os músculos dos braços e das pernas de Zeus. A seguir, carregou Zeus nos ombros até a Cilícia e o colocou numa gruta. Escondeu seus músculos numa caverna e deixou Delfina a vigiá-los, esta que era metade mulher e metade cobra.

Hermes furtou os músculos que estavam sendo vigiados por Delfina e devolveu-os a Zeus. Recobrando suas forças, Zeus atacou Tifão numa carruagem de guerra puxada por cavalos alados. Na batalha que se seguiu, Tifão lançou o Monte Hemos contra Zeus, mas este o destruiu com um raio, o que fez com que uma torrente de sangue (*haema* em grego) escorresse da montanha. Foi assim que a montanha ganhou seu nome. Finalmente, Zeus lançou o Monte Etna, da Sicília, sobre Tifão. Até hoje, rajadas de fogo saem dos raios que foram lançados nessa batalha.

---

* O tirso é um bastão que simboliza Dionísio e seus seguidores. Tem uma pinha na extremidade e é decorado com videiras e fitas.

12. A Queda de Faetone

Fonte: Ovídio, *Metamorfoses*, 1750-2400 (Período Romano)

Faetone é um jovem que vive no Egito com sua mãe, Climene. Ela lhe contou que seu pai é Febo, deus do sol. Quando ele se gaba desse fato com seus colegas, fazem troça dele. Irado, Faetone pergunta a sua mãe como pode provar a identidade de seu pai. Ela sugere que ele vá visitá-lo em sua casa, que não é muito distante dali. Ansioso, ele obedece, atravessando a Etiópia e a Índia para chegar à casa de seu pai.

Quando Faetone chega, Febo está em seu trono de esmeralda, assistido pelas quatro Estações. Faetone mal consegue suportar o brilho de seu pai, mas Febo remove sua coroa reluzente, abraça o garoto e jura pelas águas do Estige que concederá qualquer pedido que o filho lhe fizer. Faetone pede para dirigir a carruagem de seu pai pelo céu.

Na mesma hora, Febo se arrepende da promessa e implora a Faetone que peça outra coisa. Dirigir o carro do sol, diz, está além das forças até de outros deuses. Seu trajeto envolve alturas estonteantes e passa pelos chifres do Touro, pelo arco do Arqueiro, pelas presas do Leão enfurecido e pelas garras do Escorpião e do Caranguejo. Os cavalos são poderosos, e é quase impossível controlá-los. Se Faetone pudesse entender seu coração, diz, perceberia que ele, Febo, é de fato seu pai que muito o ama. Ele pode receber o que quiser, mas não seria melhor escolher com mais sabedoria?

Faetone insiste em conduzir o carro do sol. Não tarda para que prendam os cavalos de hálito de fogo ao carro dourado, e Faetone sobe na carruagem. Seu pai coloca sua coroa sobre a cabeça de Faetone, unta seu rosto com ambrosia como proteção contra o calor e dá-lhe instruções detalhadas sobre o caminho a seguir.

Os cavalos alçam voo e em pouco tempo estão descontrolados, pois o carro está leve e não há força nas rédeas. Faetone entra em pânico, indefeso. Ele solta as rédeas. Os cavalos saem completamente da rota a que estão acostumados e correm desgovernados pelo céu. Montanhas e grandes cidades ardem em chamas. Os homens da Etiópia ficam com a pele negra. A Líbia se transforma num deserto. Rios fervem. O Nilo esconde a cabeça, que até hoje não foi encontrada.

Agoniada, a Terra implora a Júpiter para que tenha misericórdia. Ela não compreende o que fez para merecer esse terrível castigo. Júpiter reage arrancando Faetone do céu com um raio. A carruagem explode. Os cavalos saem voando. Faetone cai em chamas, como um cometa. Ele aterrissa perto do rio Eridano,* e as ninfas o enterram num túmulo. Na lápide há uma inscrição:

Aqui jaz Faetone, que tentou conduzir a carruagem de seu pai.
Ele não teve sucesso, mas caiu com grande audácia.

Climene vagueia pelo mundo à procura do corpo de seu filho. Quando encontra seu túmulo, ela e suas filhas choram noite e dia, agarrando-se à pedra. Fazem-no durante quatro meses. Finalmente, quando uma das garotas tenta se deitar sobre a lápide, descobre que não consegue mexer os pés. Sua irmã tenta ajudá-la, mas ela também ganhou raízes. Outra, ao arrancar os cabelos, descobre que está tirando folhas de sua cabeça. Então, as moças percebem que uma casca está envolvendo rapidamente seus corpos. Climene corre de uma para outra tentando ajudar, mas, quando quebra os galhos, elas sangram. Não demora até que as meninas se transformem em árvores, mesmo com as lágrimas escorrendo. O Sol as endurece e as transforma em âmbar, que é recolhido pelo rio e ainda usado pelas moças romanas no dia em que se casam.

O rei Cycnus, da Ligúria, no norte da Itália, também gosta muito de Faetone. Ele vai até as margens do Eridano, lamentando-se e chorando. Sua voz fica fina, penas brancas cobrem seu corpo, cresce uma membrana entre seus dedos, asas brotam de seus flancos. Ele se torna uma estranha ave branca — um cisne, ou *Cycnus* em grego. Tendo em mente o exemplo de Faetone, ele evita voar muito alto.

13. Endimião

Fonte: Apolodoro, *A Biblioteca*, I.7.2-6 (Era Helenística)

Entre os filhos de Deucalião e Pirra havia uma filha chamada Protogênia e um filho chamado Heleno. Protogênia teve com Zeus um filho chamado Étlio. Heleno teve Doro, Xuto e Éolo com uma ninfa. Os filhos de Xuto eram Aqueu e Íon.**

---

* Hesíodo menciona um rio Eridano, no qual foi encontrado âmbar. Mais tarde, ele foi identificado com o rio Pó, no norte da Itália.

** Imagina-se que os heróis catalogados nesta história são responsáveis pelo nome da raça grega, ou seja, "helenos" por causa de Heleno, e por suas principais divisões tribais: dóricos de Doro; eólios de Éolo; aqueus de Aqueu; e jônios de Íon.

Éolo governou a Tessália e deu a seus habitantes o nome de eólios. Entre seus filhos, havia uma filha chamada Cálice, que se casou com Étlio. Tiveram um filho chamado Endimião, que liderou um grupo de eólios para fora da Tessália até o Peloponeso, onde ele fundou a cidade de Élis. Alguns dizem que Endimião era, na verdade, filho de Zeus. Ele era um homem de beleza excepcional, e Selene (a Lua) apaixonou-se por ele. Zeus lhe concedeu qualquer desejo. Ele escolheu dormir para sempre, permanecendo imortal e atemporal.

14. O Amor de Afrodite e Anquises

Fonte: Anônimo, *Hino Homérico a Afrodite* (Grego Arcaico)

Afrodite consegue dominar qualquer deus ou mortal, com três exceções: a deusa guerreira Atena; a caçadora Ártemis; e a irmã de Zeus, Héstia, que recebeu o privilégio da virgindade perpétua quando Posêidon e Apolo quiseram se casar com ela. À parte isso, Afrodite é poderosíssima e até engana Zeus, fazendo-o copular com mulheres mortais (sem que sua esposa Hera, a mais adorável das deusas, saiba).

Um dia, para impedir que Afrodite comente esse fato, Zeus faz com que ela se apaixone por um mortal, Anquises, que cuida do gado no Monte Ida, ao lado de sua cidade, Troia. Tomada pelo desejo, Afrodite é banhada e ungida pelas Graças, veste belas roupas e joias de ouro e corre para Troia. Leões, ursos e panteras a adoram quando ela chega. Ela desperta neles o desejo. Eles desaparecem na mata, dois a dois.

Afrodite encontra o belo Anquises sozinho, do lado de fora de seu abrigo, tocando sua lira. Para não assustá-lo, ela assume a aparência de uma jovem mortal. Vendo-a, Anquises é tomado pela paixão. Ele a trata como uma deusa, pedindo-lhe a bênção. Afrodite diz que não é deusa, mas sim a filha de um rei frígio. Ela fala troiano, diz, porque foi educada por uma ama-seca troiana. Estava dançando com suas amigas quando Hermes desceu subitamente do céu e a levou. Ele a levou sobre fazendas e matas, dizendo-lhe que estava destinada a se casar com ele, Anquises. Por isso, ela pergunta: será que Anquises faria a gentileza de levá-la — como virgem inexperiente que é — para conhecer seus pais e o resto da família, e para mandar um mensageiro até os pais dela, para dizer-lhes o que aconteceu?

Anquises responde que, se ambos estão mesmo destinados a se casar, não haverá força no Céu ou na Terra que o impeça de se deitar com ela naquele mesmo instante — nem mesmo Apolo e suas flechas voadoras. Ele a leva pela mão até a entrada de seu abrigo. Afrodite o segue com os olhos baixos. Lá dentro, há uma cama com peles macias de urso e de leão. Anquises tira as joias e as magníficas roupas de Afrodite, coloca-as sobre uma cadeira e depois vai para a cama com uma deusa — sem ter plena consciência do fato.

Mais tarde, Afrodite faz com que Anquises durma; ela se levanta, veste-se e assume sua aparência divina. Então, acorda Anquises e lhe pergunta se ele percebe uma diferença. Anquises fica com medo. Diz que *pensou* que ela fosse uma deusa, mas ela o enganou. Diz ainda que sabe que os homens que se deitam com deusas não permanecem sadios e perdem sua vitalidade, e então ele pede misericórdia.

Afrodite diz que ele não tem o que temer. Eles terão um filho chamado Eneias, porque ela sente um arrependimento atroz (*aenon*) por ter dormido com um mortal. Ela afirma ainda que os homens de Troia são sempre belos. Por exemplo, Zeus levou o menino troiano Ganímedes para derramar vinho para os deuses. Seu pai, o rei Tros, ficou tomado pela dor. Soube apenas que um rodamoinho tinha levado seu filho. Por isso, Zeus se apiedou dele, dando-lhe cavalos divinos como presente para compensar a perda. Além disso, pediu a Hermes que dissesse a Tros que seu filho seria atemporal e imortal.

Eos (Aurora) sequestrou o troiano Titono. Ela pediu a Zeus para torná-lo imortal, e ele concordou. Infelizmente, não lhe ocorreu pedir a Zeus para tornar Titono atemporal, para que não envelhecesse. Ela e Titono viveram felizes por algum tempo, mas assim que os cabelos dele ficaram grisalhos, ela se afastou da cama dele. Mais tarde, a idade fez com que ele não tivesse sequer forças para movimentar os membros. Eos o trancou num quarto, onde ele gorgoleja incessantemente.

Afrodite não quis que Anquises tivesse destino semelhante. Se ele pudesse preservar sua aparência, ela ficaria feliz em tê-lo como marido, mas infelizmente ele também envelheceria em breve. Ela diz que se arrepende amargamente da loucura de que foi acometida. Agora, os outros deuses e as outras deusas não terão de recear seus comentários.

Ela revela que o filho deles será criado por belas ninfas da montanha, criaturas intermediárias entre os mortais e os imortais. Surgem árvores quando elas nascem, e elas vivem tanto quanto essas árvores. Tais ninfas vão criar seu filho e entregá-lo a Anquises quando ele tiver 5 anos. Será uma criança muito agradável. Em nenhuma hipótese, porém, Anquises deve revelar que Afrodite é a mãe dele. Se o fizer, Zeus vai aniquilá-lo com um raio. Com esse aviso, Afrodite sobe rapidamente para o céu.

15. As Façanhas do Bebê Hermes

Fonte: Anônimo, *Hino Homérico a Hermes* (Grego Arcaico)

Maia é uma deusa tímida que usa tranças exuberantes e vive numa caverna no Monte Cilene, no coração rural do Peloponeso. Zeus se deita com ela na calada da noite enquanto Hera dorme profundamente. Depois de nove meses, ela dá à luz Hermes.

No dia em que nasce, Hermes pula do berço e se põe a procurar o gado de Apolo. Passando pela entrada da caverna, vê uma tartaruga e ri. "Olá, minha amável companhia para o jantar", diz. "Onde você conseguiu tão belo ornamento, morando nestas colinas? Você poderia ser uma musicista e tanto... se morresse."

Hermes leva a tartaruga para a caverna, arranca seus membros e tira sua carne do casco. Estica um couro de boi sobre ele, agrega-lhe chifres e um braço, estende sete cordas de tripa de carneiro e experimenta o instrumento. As cordas produzem um belo som. Então, ele guarda a lira em seu berço e sai da caverna.

Ao anoitecer, ele chega ao extremo norte da Grécia. Ele está na região de Pieria, numa campina onde o gado dos deuses costuma pastar. Ele separa cinquenta reses, fazendo com que andem para trás. Para cobrir as próprias pegadas, ele faz sandálias com gravetos de mirto e de tamargueira.

Hermes é visto por um homem que cuida de suas videiras em Onquesto, uma cidade da Beócia, já no centro da Grécia. Ele lhe diz que suas videiras vão dar frutos se ele guardar segredo daquilo que viu.

Ao longo da noite, Hermes toca o gado. A aurora o encontra nas margens do rio Alfeus, no sul da Grécia. Ele alimenta o gado e conduz as reses até uma câmara de teto alto. Do lado de fora, faz uma fogueira girando rapidamente um graveto pontiagudo sobre uma pedra, inventando assim o palito de fogo. Ele pega duas reses, joga-as de costas, retalha-as, grelha a carne e a divide em doze porções. Embora esteja com fome, ele não come a carne. Estende o couro das duas reses abatidas sobre as pedras. As peles ainda estão lá.

No dia seguinte, ao nascer do sol, Hermes volta ao Monte Cilene e entra na caverna de sua mãe através do buraco da fechadura, como se fosse uma névoa. Acomoda-se em seu berço, segurando a lira com a mão esquerda. Maia o vê entrando e o repreende. Diz que ele corre o risco de ser açoitado por Apolo.

Hermes responde que não tem medo, e que ele e Maia terão fortuna e honras iguais às de Apolo e dos outros deuses, em vez de viverem numa caverna obscura. Se Apolo causar problemas, Hermes saqueará seu templo em Pito.

Nesse meio-tempo, Apolo sai à procura de seu gado. Ele encontra o ancião em Onquesto e lhe pergunta se ele viu suas vacas. O velho diz que é difícil se lembrar de tudo que passa por ali. Mas ele acredita ter visto um menininho caminhando atrás de um rebanho, cujas reses andavam para trás.

Observando o voo de uma ave, Apolo deduz que o ladrão é um filho de Zeus.

Apolo vai até Pilos. Encontra o rastro do gado e chega até uma campina vazia, onde há pegadas misteriosas, diferentes de tudo que ele já viu.

Apolo corre até a caverna de Maia. Ao vê-lo, Hermes se recolhe como um bebê recém-nascido, embora esteja bem acordado. Apolo revista a caverna e encontra armários cheios de néctar e de ambrosia, ouro e prata, e as belas roupas de Maia. Depois, dirige-se a Hermes e ameaça lançá-lo ao Tártaro, caso ele não explique o sumiço do gado.

Hermes diz que não sabe de nada. Com os olhos correndo de um lado para o outro, afirma que nasceu no dia anterior e que não se preocupa com nada exceto o sono, o leite materno e banhos mornos. Jura que não sabe quem furtou as vacas de Apolo — seja lá o que forem vacas.

Apolo tira Hermes do berço. Ao fazê-lo, Hermes emite um presságio, um dos funcionários mais atrevidos de seu estômago — um rude mensageiro. Depois, espirra. Apolo larga-o no chão. A discussão continua. Finalmente, vão ao Olimpo, onde os outros deuses estão reunidos para que seu pai, Zeus, profira seu julgamento. Apolo acusa Hermes de furtar o gado e de usar expedientes espantosos para ocultar as pegadas das reses e as suas próprias. Hermes alega inocência. Zeus sabe que Hermes está mentindo, mas acha-o muito divertido. Rindo, ordena a Hermes que ajude Apolo a encontrar o gado.

Em pouco tempo, estão de volta a Pilos. Hermes tira o gado da caverna. Apolo observa os dois couros e se encanta com a força do pequeno Hermes.

Apolo colhe galhos de salgueiro com a intenção de amarrar Hermes, mas este faz com que eles comecem a crescer descontroladamente, até envolverem todo o rebanho.

Então, Hermes começa a tocar a lira. Apolo se encanta com o som. Hermes canta trovas sobre os deuses, começando por Mnemósine (Memória), a mãe das Musas.

Apolo faz copiosos elogios à música de Hermes. Diz que ela proporciona diversos prazeres — riso, amor ou sono. Acrescenta que nunca apreciou a música da flauta com o mesmo entusiasmo.

Hermes presenteia Apolo com sua lira, dizendo-lhe para usá-la em festas, danças e folias. Hermes diz que ficará contente em vigiar os rebanhos. Apolo aceita a lira, dá seu chicote brilhante a Hermes e o incumbe de cuidar do gado. Quando os dois deuses voltam ao Olimpo, Zeus se compraz em ver que ficaram amigos.

Mais tarde, Apolo pede que Hermes o tranquilize, prometendo que nunca furtará sua lira ou seu arco. Hermes promete nunca tomar nada que pertença a Apolo.

Apolo dá a Hermes um bastão dourado com três folhas, um utensílio que manterá Hermes seguro, lhe conferirá riquezas e lhe permitirá realizar quaisquer tarefas. Quanto a compreender os planos de Zeus, Apolo diz que só ele desfruta desse privilégio. Acrescenta, porém, que no Monte Parnaso vivem três virgens que praticam adivinhação. Elas vão de lugar em lugar, devorando favos de mel. Quando comem mel, dizem a verdade. Do contrário, mentem. Apolo diz que Hermes pode consultar essas irmãs e ensinar os mortais a fazer isso.

Zeus endossa seus entendimentos e acrescenta que Hermes será seu mensageiro oficial junto a Hades.

16. Hermafrodito

Fonte: Ovídio, *Metamorfoses*, 4.285-388 (Período Romano)

Existe uma fonte chamada Salmácia. Que ela enfraquece aqueles que nadam nela é fato conhecido, mas não o motivo disso.

Numa época, um garoto — filho de Mercúrio e Vênus — foi criado por ninfas do bosque no interior do Monte Ida. Suas feições refletiam a bela aparência de seus pais, e seu nome era a composição de ambos: Hermafrodito (Hermes e Afrodite).

Aos 15 anos, ele deixou as colinas onde nasceu para explorar terras desconhecidas. Acabou chegando à Lícia e à Cária. Nessa região, encontrou uma lagoa tão límpida quanto o vidro, cercada por um gramado verde. Era habitada pela ninfa Salmácia, da qual as águas tomaram o nome. Ela não gostava de caçar. Nunca se unia a Diana ou às suas irmãs em suas atividades extenuantes; preferia apenas banhar-se na lagoa, pentear seus cabelos, provar roupas elegantes e cochilar na grama. No dia em que Hermafrodito apareceu, ela estava colhendo flores. Ao vê-lo, ela foi tomada instantaneamente pelo desejo e o procurou. "Você é um deus? Se for, deve ser Cupido! Se não for, seus pais têm sorte por ter um filho assim, mas a pessoa mais afortunada é a garota com quem você decidir se casar. Se essa garota existe, dê-me prazer em segredo! Se não, que eu seja ela!"

O rapaz não conhecia o amor. Enrubesceu. Seu rosto ficou da cor das maçãs ao sol, ou do marfim tingido. Salmácia implorou um beijo e tentou agarrá-lo. "Pare", ele gritou, "ou sairei correndo." Isso a assustou. "Não", disse ela, "deixarei o lugar para você", e fingiu sair dali, mas escondeu-se nos arbustos para espiá-lo.

O rapaz entrou na água. Encontrando a temperatura agradável, tirou as roupas. No mesmo instante, Salmácia ardeu de desejo por sua beleza nua. Ela mal pôde se conter. O jovem molhou o corpo e mergulhou no lago, tomando a aparência de um lírio sob o vidro.

Arrancando as roupas, a ninfa exclamou "Ele é meu!" e mergulhou atrás dele. Agarrou-o, furtando beijos e afagando seu peito enquanto ele tentava se desvencilhar. Ela o enrodilhou como uma serpente nas garras da águia ou como a hera ao redor da árvore. Malgrado lhe negasse o prazer que ela esperava obter, ela o apertou. "Lute, seu garoto malvado", disse, "mas não vai escapar! Oh, deuses, que nada chegue a nos separar!".

Suas preces são atendidas. Seus corpos foram unidos; seus rostos tornaram-se um só. Não eram mais dois indivíduos, mas um, que não podia ser chamado de garoto ou de mulher, mas que parecia ser ambos e nenhum deles.

Quando Hermafrodito viu que tinha sido transformado num semi-homem, rezou para seus pais. "Oh, meu pai e minha mãe", disse, "que aquele que entrar nestas águas emerja como meio-homem." Seus pais ouviram sua prece e fizeram com que fosse cumprida.

17. O Nascimento de Apolo em Delos

Fonte: Anônimo, *Hino Homérico a Apolo*, 1-139 (Grego Arcaico)

Antes de dar à luz Apolo, Leto vai de Creta à Trácia e desta a Cós, procurando uma terra disposta a ser a morada de seu novo filho, mas nenhuma ousa se oferecer até ela chegar à pequena ilha de Delos. Leto diz a Delos que ela será uma ilha próspera caso faça um templo e uma morada para Apolo. Delos, porém, receia que Apolo a despreze, pois é uma ilha pequena e rochosa, e que a afunde nas profundezas do mar e vá construir seu templo em outro lugar. Delos diz que só vai colaborar se Leto prometer que Apolo vai construir seu primeiro templo lá.

Leto faz um juramento solene. Então, é tomada por extraordinárias dores de parto durante nove dias. Outras deusas, inclusive Réa, Têmis e Anfitrite, esposa de Posêidon, unem-se a ela, mas Hera fica no palácio de Zeus. Durante algum tempo, Hera também impede que a deusa dos partos difíceis, Ilítia,* ouça o apelo de Leto. Porém, as deusas ajudam Leto e mandam Íris buscar Ilítia, oferecendo-lhe um grande colar de ouro como suborno. Quando Ilítia chega, Leto envolve uma palmeira com os braços e se ajoelha sobre a terra, e a criança pula para fora. As deusas banham o bebê, envolvem-no numa roupa branca e amarram uma faixa dourada à sua volta. Leto não lhe oferece o seio. Em vez disso, ele recebe néctar e ambrosia de Têmis. No momento em que come, irrompe de seus cueiros e diz: "Que a lira e o arco sejam meus, e proclamarei a vontade infalível de Zeus aos mortais".

18. Apolo Estabelece seu Templo em Delfos

Fonte: Anônimo, *Hino Homérico a Apolo*, 277-546 (Grego Arcaico)

Apolo viaja muito e vai longe em busca de um local para um templo, até chegar a Crisa, uma formação do Monte Parnaso aos pés de um despenhadeiro íngreme. Ele decide estabelecer um templo oracular nesse local, uma obra que vai atrair homens de norte a sul. Incontáveis homens trabalham no templo, seguindo os planos dos filhos de Ergino — Trofônio e Agamedes. Há uma fonte próxima, na qual Apolo mata uma grande serpente mortal, a desgraça das ovelhas locais — e dos pastores. Essa serpente também ficou famosa por ter criado o terrível Tifão. Era um monstro que Hera gerou sozinha quando ficou enfurecida com Zeus pelo nascimento de Atena através de sua testa.

Apolo mata a serpente com uma flecha. Ela soluça, contorce-se, sibila e sangra até morrer. Apolo se vangloria diante do cadáver, dizendo "Apodreça (*píton*) nesta terra fértil!". A serpente o faz. Depois, o local foi chamado de "Pito", e Apolo foi denominado "o Pítio".

Enquanto Apolo se pergunta quem deve recrutar para o serviço sacerdotal em seu templo, ele avista um navio de Creta navegando, vindo de Cnossos para Pilos, no extremo sul da Grécia. Ele se transforma num golfinho (*delphis*) e salta

---

* Ilítia (*Eileithyia*) significa "aquela que chegou" em grego. Era a deusa para a qual as mulheres em trabalho de parto rezavam, e é célebre por "chegar" para atender a tais preces.

para o navio. Quando a tripulação tenta devolver Apolo ao mar, ele se agita tão violentamente que o navio quase desmonta. Assustados, os marinheiros recuam. Um vento sul impele-os até a costa ocidental do Peloponeso. Ao se aproximarem de Ítaca, o vento oeste lança-os ao golfo de Corinto, levando-os a aportar em Crisa.

Apolo sai voando do navio na forma de uma estrela com faíscas à sua volta. Ao entrar em seu templo, acende uma fogueira tão brilhante que ilumina toda a Crisa, causando pânico entre os moradores. Depois, sai de seu templo na forma de um belo jovem e pergunta aos cretenses quem são e o que estão fazendo. Os cretenses contam sua história, concluindo que algum deus os levou a Crisa contra sua vontade. Então Apolo revela sua verdadeira identidade, dizendo-lhes que nunca voltarão para suas casas e esposas, e que permanecerão em Crisa como seus sacerdotes altamente reverenciados, compartilhando o conhecimento dos conselhos dos deuses. Como ele lhes apareceu como um golfinho, eles devem invocá-lo como Apolo Delfínio. Os cretenses oferecem um sacrifício a Apolo na praia e depois marcham em procissão até seu templo. Lá, perguntam-lhe como vão se sustentar. Apolo diz que essa preocupação é tola. Se fizerem seu trabalho honestamente, mostrando aos mortais sua vontade, sempre serão ricos por conta dos presentes levados ao templo. Se um dia ficarem descuidados ou irresponsáveis, porém, serão escravizados pelos outros.

19. Apolo e Dafne

Fonte: Ovídio, *Metamorfoses*, 1.452-657 (Período Romano)

Ainda se gabando por vencer a serpente, Apolo vê Cupido armando seu arco e lhe pergunta o que um garoto como ele está fazendo com uma arma tão formidável. Para dar uma lição a Apolo, Cupido voa até Parnaso e tira duas flechas da aljava. A dourada, pontiaguda, provoca amor; a outra é de chumbo e ponta rombuda. Cupido atinge Apolo com a dourada; a filha do rio Peneu, Dafne, com a de chumbo. No mesmo instante, Apolo arde de paixão, e Dafne detesta até mesmo a palavra. Ela passa o tempo caçando na mata, evitando seus diversos pretendentes. Quando seu pai lhe pergunta sobre a hipótese de ter um genro ou netos, ela se pendura em seu pescoço e pede sua permissão para ser virgem para sempre, como Diana.

Apolo, no entanto, está febrilmente apaixonado por Dafne. Quando se aproxima dela, ela foge. Ele a persegue, pedindo-lhe para ir mais devagar para não cair. "Não sou um pastor", diz. "Júpiter é meu pai. Ele revela o futuro, o passado e o presente, e é mestre da lira e do arco. Ele descobriu a medicina, embora, porém, não tenha uma cura para amor".

Apesar das palavras, Dafne simplesmente corre. Apolo a persegue como um sabujo atrás de uma lebre. Finalmente, ela fica sem fôlego. "Pai, ajude-me!", ela grita. "Destrua, pela mudança, esta beleza que me torna atraente demais!" Mal as palavras saíram de sua boca e uma casca começa a envolver seus flancos, seus cabelos tornam-se folhas, seus braços, galhos, e seus pés prendem-se à terra com raízes.

Apolo ainda a ama. Ele sente seu coração bater sob a casca, e abraça e beija seu tronco. A própria madeira evita seus lábios.

"Como você não pode ser minha esposa", diz, "será minha árvore, definitivamente! Meus cabelos sempre a levarão, e você estará presente nos triunfos dos generais romanos."

O loureiro (*daphne* em grego) pareceu assentir com a cabeça.

20. Orfeu e Eurídice, Canções de Orfeu, e sua Morte

Fonte: Ovídio, *Metamorfoses*, 10.1-11.83 (Período Romano)

Na Trácia, um mestre da música e filho de Apolo, Orfeu, casa-se com sua amada, Eurídice, mas os presságios são ruins e o evento em si, ainda pior. Quando a noiva atravessa o gramado, é picada por uma serpente e morre. Orfeu fica tão triste que desce até as trevas do mundo inferior. Quando se vê diante do rei dos mortos e de sua esposa, Perséfone, ele canta: "Vim procurar minha esposa. Ela foi levada por uma serpente. Não consigo suportar sua perda, embora tenha tentado. O amor é forte demais. Se minha história é verdadeira, o poder do amor deve ser reconhecido até mesmo aqui. Imploro-lhe que restitua Eurídice à vida. Ela e eu, e todas as pessoas, acabaremos pertencendo a você um dia. O que lhe peço é um empréstimo. Se não puder consegui-lo, não volto ao mundo superior".

Suas palavras fazem com que os fantasmas chorem. Tântalo para de procurar água; Sísifo se senta sobre sua pedra. Até as Fúrias choram. O rei e a rainha chamam Eurídice. Ela aparece mancando e é oferecida a Orfeu com uma condição: ele não deve olhar para trás antes de atravessarem o rio Aqueronte.

Eles sobem em silêncio em meio à escuridão. Estão próximos do limite, a terra superior. Orfeu teme desmaiar. Está ansioso por vê-la, e cheio de amor. Olha para trás e vê que ela se foi. Ele mal consegue ouvi-la dizendo "Adeus!" a distância.

Orfeu tenta voltar novamente à terra dos mortos, mas Caronte, o barquei-ro, faz com que ele dê meia-volta. Depois de ficar sentado nas margens do rio, jejuando durante sete dias, ele volta ao interior da Trácia. Durante três anos, vive sem uma mulher, seja por causa da dor causada pelo primeiro casamento, seja por alguma promessa feita a Eurídice. Em vez das mulheres, dirige sua atenção a rapazes. Fica sentado no alto de uma colina ensolarada. Canta com tanta beleza que as árvores se reúnem à sua volta, proporcionando-lhe sombra. Carvalhos, choupos, tílias, faias, loureiros, sicômoros, salgueiros, lótus, tama-riscos, mirtos, verbenas, sorveiras, pinheiros, medronheiros e palmeiras vão ouvi-lo. Ele entoa cantos que falam de meninos que foram amados por deuses e meninas que foram levadas a pecar por causa da paixão.

"Certa vez", canta, "Júpiter amou um rapaz troiano chamado Ganímedes. Ele se transformou numa águia e levou o jovem. Hoje, Ganímedes serve vi-nhos a Júpiter, embora Juno desaprove veementemente."

"Meu pai, Apolo, amava Jacinto com ternura, e saiu de Delfos para poder ficar com ele em Esparta. Esqueceu-se de sua dignidade, carregando redes de pesca e segurando cães nas coleiras enquanto percorriam as trilhas das mon-tanhas. Certa vez, ao meio-dia, tiraram suas vestes, besuntaram-se com óleo e começaram a treinar arremesso de disco. Apolo lançou um disco nas nuvens. Jacinto correu atrás dele. Atingindo a terra, o disco rebotou e acertou o seu rosto. Ele ficou mortalmente pálido. Apolo chegou até ele e tentou impedir a hemorragia, mas o ferimento era incurável. Quando Jacinto morreu, Apolo lamentou, 'Não posso morrer por você, mas você sempre estará comigo. Nas-cerá como uma nova flor, cujas marcas lembrarão meus gritos de dor'. Assim falou. No solo, o sangue não era mais sangue. Cresceu nele uma flor, e Apolo manteve sua promessa, inscrevendo nas flores seus lamentos, 'Ai Ai.'"

"Certa vez, na ilha de Chipre, dedicada a Vênus, as filhas de um homem chamado Propeto negaram que Vênus fosse divina. Vênus as castigou, fazendo com que se tornassem as primeiras prostitutas. Com a diminuição de seu sen-so de pudor, tornaram-se cada vez mais duras, transformando-se lentamente em pedra."

"Vendo isto, Pigmalião ficou enojado das mulheres e evitou o casamento. Em seu lugar, entalhou uma bela figura em marfim e apaixonou-se por ela. Ele conversava com ela, beijava-a, dava-lhe presentes, vestia-a e deitava-se com ela na cama."

"Chegou o dia festivo de Vênus. Pigmalião ofereceu sacrifícios e rezou para que os deuses permitissem-no casar... com uma mulher como sua jovem de marfim. Ele não ousou revelar seu verdadeiro desejo, mas Vênus compreendeu. Pigmalião voltou para casa e beijou sua estátua, acariciando seus seios. O marfim começou a ficar macio sob seus dedos, o sangue pulsou em suas veias. A estátua era uma jovem viva. Ela corou, ergueu os olhos tímidos e viu o céu e seu amante ao mesmo tempo."

"Nove meses depois, tiveram uma filha, chamada Pafos."

"Pafos teve um filho chamado Ciniras, e ele teve uma filha, Mirra. Sua história é terrível. Com efeito, pais e filhas devem parar de escutá-la. Se não o fizerem, pelo menos não devem acreditar nela — pois embora seja um pecado odiar o próprio pai, o amor de Mirra foi um pecado maior do que qualquer ódio."

"Mirra percebeu como seus desejos eram pecaminosos, mas não conseguiu se livrar deles. Pensou nas nações onde o incesto era permitido e que isso era comum no reino animal. Teve muitos pretendentes. Quando Ciniras lhe perguntou que tipo de marido desejava, ela corou e chorou. Atribuindo isso aos receios virginais, ele secou suas lágrimas e a beijou nos lábios — algo de que ela gostou até demais."

"À meia-noite, enlouquecida pelo desejo e pela vergonha, Mirra decidiu se matar. Amarrou o cordão do seu vestido numa viga do teto. Do lado de fora do seu quarto, sua velha governanta ouviu sons estranhos, entrou no quarto e a salvou. Ela implorou desesperadamente para que Mirra lhe dissesse o que a estava afligindo. Mirra resistiu, mas acabou revelando a verdade ao soluçar, 'Ah, minha mãe, feliz com seu marido!'. A governanta ficou horrorizada. Porém, quando ficou claro que Mirra estava determinada a morrer se seu desejo não fosse satisfeito, a anciã prometeu ajudá-la."

"Era época do festival dedicado a Ceres. Nessa época, as mulheres casadas ficavam nove dias longe dos seus maridos. A governanta procurou Ciniras, que estava bêbado. Disse-lhe que uma jovem tinha se apaixonado por ele. O rei perguntou a idade da jovem. A mulher respondeu que ela teria a idade de Mirra. Ciniras pediu que a governanta a levasse até ele."

"Naquela noite, Mirra foi até o quarto de seu pai, todo escuro, acompanhada por maus presságios. Ela tropeçou e ouviu o pio de uma coruja. Quanto mais se aproximava, mais queria sair, mas a governanta levou-a pela mão até a beira da cama de Ciniras, dizendo 'Tome-a, Ciniras. Ela é sua.'"

"Mirra saiu de lá com a semente de seu pai no útero. Ela voltou na noite seguinte e em muitas noites depois. Ansioso por conhecer sua amante, Ciniras acabou levando uma lâmpada para o quarto. Ao reconhecer a própria filha, ficou sem palavras e buscou sua espada. Mirra escapou na escuridão."

"Depois de perambular durante nove meses, ela chegou aos sabeus da Arábia, prestes a dar à luz. Tendo em vista seu pecado, ela rezou para que os deuses lhe dessem um castigo intermediário entre a vida e a morte, para que ela não ofendesse nenhum desses dois reinos. Algum deus ouviu sua prece. Raízes brotaram dos dedos de seus pés; seu sangue se transformou em seiva. Ela se tornou a árvore que leva seu nome — a mirra."

"Um bebê gerado em pecado foi se formando dentro da árvore. O tronco inchou, a casca se abriu e um bebê saiu chorando — Adônis, tão adorável quanto um pequeno cupido. Em pouco tempo, tornou-se um jovem ainda mais belo. De fato, despertou o amor em Vênus, pois, enquanto Cupido a beijava certo dia, ela arranhou acidentalmente seu seio numa de suas flechas. Como resultado, Vênus perdeu o interesse por tudo, tornando-se a companhia constante de Adônis, com quem passava o tempo em caçadas."

"Vênus se comprazia ao caçarem coelhos e gamos, mas pediu a Adônis para se manter distante de javalis, lobos, ursos e leões, feras que detestava. Ele perguntou a razão. Deitada na grama com a cabeça sobre seu peito, ela contou a história, pontuando-a com beijos."

"Disse que certa vez existiu uma jovem chamada Atalanta, que corria mais depressa do que qualquer homem, e que era tão bela quanto veloz. Ao consultar um oráculo sobre casamentos, foi-lhe dito que seu marido seria sua ruína, e que ela deveria ficar longe do casamento. Ela disse que só se casaria com um homem que a vencesse numa corrida, mas que a morte seria a pena para quem perdesse dela. Mesmo assim, um punhado de candidatos anunciou que tentaria a sorte."

"Um jovem chamado Hipomene foi observar a corrida. Ele achou que os candidatos eram tolos, arriscando a vida por uma mera esposa. Então, viu Atalanta, preparada para a ação na linha de partida, e na mesma hora mudou de ideia. Ela passou zunindo por ele com os cabelos esvoaçantes, o corpo corado e fitas presas aos tornozelos, e foi coroada vencedora. Lamuriando-se, os perdedores foram levados para seu destino fatal."

"Hipomene desafiou Atalanta para uma corrida contra um verdadeiro corredor — ele. Ela ficou tocada com sua boa aparência e particularmente com sua juventude. Ela não sabia se deveria ganhar ou perder, se o desprezaria por sua sandice ou se teria piedade dele. Ficou confusa, pois, pela primeira vez, foi tocada pelo desejo."

"Enquanto se faziam preparativos para a corrida, Hipomene rezou para Vênus, que se apiedou dele. Ela apareceu diante dele com três maçãs douradas que tinha acabado de colher em seu pomar sagrado e disse-lhe como deveria usá-las."

"Na corrida, Atalanta demorou a assumir a liderança, correndo ao lado de Hipomene, e depois, arrependida, ultrapassou-o. Ele estava ficando fraco e sem fôlego. Jogou a primeira maçã. Atalanta desviou-se do percurso, pegou-a e em pouco tempo retomou a liderança. Hipomene jogou a segunda maçã, com os mesmos resultados. Quase na linha de chegada, lançou a terceira maçã bem longe do percurso. Atalanta hesitou, mas foi buscá-la. Ao voltar à corrida, Vênus aumentou o peso das maçãs — e com isso Hipomene venceu."

"No entanto, nem Hipomene nem Atalanta deram-se o trabalho de agradecer a bondade de Vênus. Isso enfureceu a deusa. Estavam passando por um templo na floresta consagrado a Cibele. Vênus fez com que Hipomene fosse tomado pelo desejo. Ele e Atalanta entraram numa caverna sagrada, repleta de estátuas sagradas, e fizeram amor ali, profanando a caverna. Cibele ficou furiosa. Ela pensou em lançar os pecadores ao mundo inferior, mas considerou essa punição muito branda. Em vez disso, Hipomene e Atalanta viram seus peitos inflando e seus dedos transformando-se em garras. Ao falarem, emitiam rugidos ásperos. Agora, eles percorrem a floresta como leões ferozes."

"'Essas feras', concluiu Vênus, 'não fogem. São perigosas, e devem ser evitadas'. Ela montou seu carro puxado por cisnes e voou para o Chipre."

"Adônis ignorou seus conselhos. Atacou um javali e feriu-o com um dardo. O javali se desvencilhou do dardo, atacou Adônis e enfiou suas presas na virilha do jovem. Vênus ouviu seus gritos de dor a distância, voltou e encontrou-o sem vida. Ela decretou luto por um ano para lembrar seu pesar. Salpicou néctar no sangue de Adônis. Ele borbulhou e em pouco tempo produziu uma linda flor, vermelha como o sangue, mas de vida curta, que recebe seu nome das brisas (*anemoi* em grego) que soltam suas pétalas — a anêmona."

Árvores, feras e pedras acompanham Orfeu enquanto ele canta tais canções, mas as mulheres selvagens da Trácia, as mênades,* viram-no a distância. Uma delas grita "Olhem, eis o homem que nos despreza!" e atira uma lança. Outra arremessa uma pedra. Dominadas pela música, as armas caem inofensivamente aos pés de Orfeu. Fossem quantas fossem, seriam vencidas pela música do cantor, mas as mulheres têm flautas esganiçadas, trombetas fortes e tambores. Elas batem no peito e uivam. A bela música da lira é abafada. As pedras das mulheres tiram sangue dele. Elas o cercam como cães de caça em torno de um veado indefeso.

Aves, feras, pedras e árvores lamentam a sina de Orfeu. Seus membros estão espalhados por toda parte. Sua cabeça e sua lira acabam flutuando pelo rio Hebrus e chegam ao mar. Finalmente, atingem as praias da ilha de Lesbos. Lá, uma serpente está prestes a picar a cabeça de Orfeu, mas Apolo a transforma em pedra com a mandíbula aberta.

O espírito de Orfeu desce à terra dos mortos pela última vez. Nos campos dos abençoados, encontra Eurídice e a toma nos braços. Hoje, vagueiam lado a lado, mas às vezes Orfeu toma a dianteira e olha para trás, contemplando feliz a sua bela Eurídice.

21. As Desventuras do Rei Midas

Fonte: Ovídio, *Metamorfoses*, 11.89-193 (Período Romano)

Sileno, sátiro idoso e companheiro de Baco, é capturado por camponeses frígios após uma festa. Eles o levam ao rei Midas. Midas foi iniciado nos ritos de Baco e reconhece Sileno. Ele o entretém com um festival que dura dez dias e noites, e depois o acompanha até Baco.

Baco mostra-se grato e concede qualquer desejo a Midas. "Conceda-me", diz o rei, "que tudo aquilo que eu tocar com meu corpo vire ouro." Baco consente.

Midas fica encantado. Transforma um graveto em ouro, depois uma pedra, um torrão de terra, ramos de cereal, uma maçã. Quando ele toca uma coluna com o dedo, ela reluz. Ele lava as mãos numa chuva de ouro.

Então, ele tenta comer. O pão se transforma em ouro entre seus dentes, o vinho ao fluir por seus lábios. Não demora até que esteja quase morrendo de

---

* As mênades ou bacantes são as seguidoras de Dionísio. Seu nome significa "alucinadas", e deve-se às suas festas alucinantes.

fome e de sede. Ele implora misericórdia a Baco. Este lhe diz para ir à fonte do rio Pactolo, perto de Sardis, capital da Lídia. Se ele mergulhar nessa água, vai lavar seu pecado. Midas o faz, e até hoje suas águas levam ouro aos campos próximos.

Hoje, Midas despreza as riquezas. Ele mora na floresta do Monte Tmolo.

Pã está tocando sua flauta para as ninfas dessa região e faz um comentário desdenhoso sobre as melodias de Apolo. Isso os envolve num concurso desigual. O juiz será o Monte Tmolo. Primeiro, ele ordena que Pã toque sua flauta rústica. Midas, que passava por ali, encanta-se com a música primitiva. Então, Tmolo volta-se para Apolo. Ele usa uma coroa de louros e uma túnica púrpura. Sua lira está incrustada com pedras preciosas. Depois de alguns acordes, Tmolo ordena a Pã que admita sua derrota. Todos concordam com o julgamento de Tmolo, exceto Midas, que diz que o veredito foi injusto. Apolo não aceita que orelhas tão estúpidas tenham forma humana. Ele as torna mais longas, flácidas, moles: Midas agora tem orelhas de asno.

Para ocultar sua vergonha, Midas usa um turbante púrpura. No entanto, o servo que corta seus cabelos sabe a verdade. Ele tem medo de revelar a vergonha do rei, mas não consegue se conter. Vai até um lugar discreto, escava um buraco no chão, murmura seu testemunho e cobre o buraco com terra. Com o tempo, um monte de caniços cresce no local. Quando uma brisa amena os agita, eles contam seu segredo: "Midas tem orelhas de asno!".

22. O Conselho de Sileno a Midas

Fonte: Aristóteles, *Eudemo,* ou *Sobre a Alma*, obra, hoje perdida, citada por Plutarco, *Moralia*, 115b-e (Grego Clássico)

"Isto, dizem, foi o que aconteceu com o rei Midas quando ele estava com Sileno e lhe pediu para dizer qual era a melhor coisa, a mais desejável de todas, para os homens mortais. Sileno ficou quieto durante algum tempo, recusando-se a responder. Finalmente, depois que Midas tentou toda sorte de compulsão, Sileno respondeu com relutância. 'Oh, espírito miserável e de vida breve, por que me força a lhe dizer aquilo que é melhor não saber? A vida menos dolorosa é aquela vivida na ignorância de seus próprios males. É impossível para os mortais obterem aquilo que é melhor para eles: não nascer. Logo a seguir, a segunda melhor coisa, mas que é a melhor que pode de fato ser obtida, é morrer tão cedo quanto possível após ter nascido.' Com isso, obviamente, ele quis dizer que o tempo que se passa na morte é melhor do que aquele passado em vida."

23. Acteão

Fonte: Ovídio, *Metamorfoses*, 3.131-255 (Período Romano)

Acteão, jovem neto de Cadmo, fundador de Tebas, teve uma manhã bem-sucedida de caçadas numa montanha. Ao meio-dia, dispensou seus colegas e servos dizendo que suas redes e lanças pingavam com sangue suficiente. Ele se põe a procurar água para se banhar.

Ali perto, há um belo vale chamado Gargáfio. Nele, acha-se uma gruta, um arco natural de pedra, e um riacho, que se abre numa lagoa límpida. Diana e suas ninfas usam-na para se lavar. Elas estão se banhando quando Acteão acaba aparecendo por mero acaso. As ninfas gritam, arrependem-se de estar ali e se reúnem em torno de Diana para que esta não seja vista, mas ela é mais alta que as ninfas e se mantém visível. Enrubescida e aborrecida por não ter suas flechas à mão, ela joga água sobre o rosto de Acteão e diz: "Bem, conte-me a história de como você me viu nua — se puder!". Imediatamente, ela faz com que surjam chifres em sua cabeça, seu pescoço se alonga, suas mãos se tornam patas, seu corpo se reveste de pelos sarapintados, e ela o deixa envergonhado. Ele corre dali, espantado com sua própria velocidade. Então, ele vê seu rosto na lagoa límpida. Ele deseja dizer "Ah, não!", mas não consegue falar.

Enquanto se acha confuso, ele vê seus cães, o espartano preto, o farejador cretense, os três arcádios, o bando todo a distância. Sentindo seu cheiro, correm para ele sobre rochas escarpadas, penhascos e pedras lisas. Ele corre. Quer gritar "Sou Acteão! Reconheçam seu mestre!". Mas ele não tem o poder da fala. Pelos-escuros arranca sangue de suas costas, depois Mestre-das-feras. Menino-da-montanha prende-se a seu ombro. Em pouco tempo, não há mais lugar para outro ferimento. Os soluços de Acteão não são humanos, mas nenhum outro veado poderia emiti-los. Ele se põe de joelhos sob o ataque dos cães. Seus colegas de caçada chegam, impelindo os cães e chamando Acteão, como se ele não estivesse lá. Ele vira a cabeça quando ouve seu nome. Eles reclamam sua ausência.

Ele *deseja* estar ausente.

Depois, as pessoas discordam no tocante à punição de Diana. Alguns dizem que ela foi violenta demais; outros a louvam por preservar sua dignidade.

24. Níobe

Fonte: Ovídio, *Metamorfoses*, 6.146-312 (Período Romano)

Seguindo o conselho da filha do profeta Tirésias, toda Tebas reza e oferece sacrifícios a Latona,* mãe de Apolo e de Diana. Isso enfurece a bela rainha Níobe. "Que loucura é essa", pergunta, "que faz com que se prefiram seres celestes dos quais só se ouviu falar àqueles que estão realmente presentes? Por que se deve venerar Latona", pergunta, "enquanto ela, Níobe, é ignorada — ela que descende de Tântalo e da rainha de Tebas, rica e com uma fisionomia digna de uma deusa?" Níobe acrescenta que enquanto Latona tem apenas dois filhos, ela tem sete filhas e sete filhos. Isso torna sua felicidade absolutamente segura. Ela pode perder vários filhos, até metade deles, e ainda estar melhor do que Latona, que praticamente não tem filhos.

Latona se sente ultrajada por esse discurso e o descreve para seus filhos. Antes que possa lhes pedir vingança, eles estão voando para Tebas.

Os sete filhos de Níobe estão se exercitando num campo próximo à cidade. O primeiro a cair está cavalgando quando a flecha de Apolo atinge seu peito. Um irmão, também a cavalo, foge. Ele é atingido na parte de trás do pescoço. A ponta da flecha sai pela frente. Outros dois são perfurados fatalmente por uma flecha enquanto lutam no chão. A quinta vítima vive o suficiente para puxar a ponta serrilhada de seu diafragma, juntamente de parte de seu pulmão. Apolo usa duas flechas para matar o sexto garoto: uma na virilha, outra no pescoço. Quando o sétimo irmão reza aos deuses clamando misericórdia, Apolo quase esmorece. A flecha apenas encosta em seu coração.

Níobe e suas filhas lamentam-se sobre os corpos dos garotos. "Aproveite sua vitória, Latona!", grita Níobe. "Mas me pergunto", acrescenta, "que vitória? Por mais triste que esteja, ainda tenho mais do que você. Após tantas mortes, ainda sou a vencedora!"

Quando ela acaba de falar, ouve-se o zunido da corda de um arco, e uma das filhas de Níobe cai sobre o corpo indefeso de seu irmão. Não tarda para que seis garotas estejam mortas no chão. Níobe tenta proteger a mais jovem com seu manto e reza para que ao menos ela seja poupada, mas ela também cai morta. Níobe se senta no chão e fica absolutamente imóvel. Seus cabelos não se agitam mais com a brisa; seus olhos estão vidrados. Ela se transformou

---

* Leto, na mitologia grega (N.T.).

em pedra. Mesmo assim, continua a chorar. Um torvelinho leva-a até o alto de uma montanha em sua terra natal, a Frígia. Até hoje, suas lágrimas escorrem pelo mármore.

25. Aracne

Fonte: Ovídio, *Metamorfoses*, 6.1-145 (Período Romano)

Aracne é uma moça de família pobre da Ásia Menor. Sua mãe morreu; seu pai ganha a vida tingindo lã numa pequena aldeia aos pés do Monte Tmolo. Apesar de suas circunstâncias humildes, Aracne torna-se famosa como tecelã. Os padrões que ela tece são tão belos que as ninfas do Monte Tmolo descem para admirá-los. Sua destreza manual deixa claro que ela recebeu seu talento como presente especial da deusa Palas.* Mas Aracne nega com orgulho essa dívida. Declara que está disposta a competir até mesmo com a deusa na arte da tecelagem, e aceitará qualquer pena caso perca.

Palas disfarça-se como uma mulher grisalha e visita Aracne. Ela insiste para que Aracne se desculpe com a deusa por suas palavras rudes. Aracne rejeita a sugestão com ironia, dizendo que a velhice acabou com a cabeça de sua visitante. "Meus sentimentos", acrescenta, "não vão mudar. Por que Palas evita o concurso? Por que ela não me procura?"

Palas arranca seu disfarce dizendo "Ela veio!". Os transeuntes curvam-se em reverência, mas não Aracne. Apenas um leve rubor indica seu medo.

Elas se põem a trabalhar sem demora em teares diferentes. Produzem tecidos com matizes diferentes, mas com tamanha habilidade que as cores se mesclam como num arco-íris. É difícil dizer onde termina uma e começa outra.

A tapeçaria de Palas exibe o antigo concurso sobre o nome de Atenas.** Júpiter está sentado no meio dos doze deuses. Palas e o deus do mar se defrontam. Golpeando o chão, ele produz um poço de salmoura, enquanto ela apresenta uma oliveira. A vitória paira sobre sua obra. Palas adiciona imagens menores retratando mortais que os deuses puniram com transformações, e emoldura sua tapeçaria com ramos de oliveira.

---

* Palas é um nome grego alternativo de Atena. Aqui, Ovídio o emprega no lugar de seu nome romano, Minerva.

** Atena/Minerva e Posêidon/Netuno queriam ser patronos da cidade de Atenas quando esta foi fundada. Posêidon reforçou seu pleito produzindo água salgada na acrópole. Atena retrucou com uma oliveira e foi declarada vencedora.

Aracne mostra os casos amorosos dos deuses. Ela apresenta Júpiter com a forma de um touro com Europa, como uma águia com Leda, como um sátiro com Antíope, como uma chuva dourada com Dânae e como uma serpente com Prosérpina. Ela inclui ainda muitas outras cenas, inclusive algumas nas quais Netuno seduz mulheres como touro, carneiro, cavalo, pássaro e golfinho, e imagens similares com Febo, Baco e Saturno.

Terminadas as tapeçarias, Palas não encontra defeito na obra de Aracne. A própria inveja não o encontraria. Enfurecida, Palas rasga o trabalho de Aracne. Depois, começa a atingir Aracne no rosto com sua roca. Aracne não suporta isso. Ela amarra um laço em torno do pescoço. Palas a vê pendurada, apieda-se e a torna leve. "Viva", diz, "viva e pendure-se, menina ousada, você e todos os seus descendentes!"

Dizendo isso, Palas espirra poções mágicas. Os cabelos de Aracne caem. O mesmo acontece com seu nariz e suas orelhas. Sua cabeça e seu corpo ficam minúsculos. Dedos que saem de seus flancos substituem suas pernas. Só permanece sua barriga, e fios saem dela. Como aranha, ela dá continuidade à sua antiga ocupação.

26. O Rapto de Perséfone

Fonte: Anônimo, *Hino Homérico a Deméter* (Grego Arcaico)

Perséfone, filha de Deméter e Zeus, colhe flores numa campina com as filhas rechonchudas de Oceano. Ela vê um narciso incrivelmente belo, que Gaia produziu a mando de Zeus, como uma isca para a jovem que desabrocha. Quando ela se inclina para colhê-lo, a terra se abre, e Hades corre na direção dela em sua carruagem. Ele a agarra enquanto ela chora e pede a ajuda de seu pai.

Deméter ouve seus gritos e procura desesperadamente a filha. Ela perambula pela terra com tochas flamejantes nas mãos durante nove dias, período em que nem come nem bebe nada. No décimo dia, a deusa Hécate une-se a ela na busca. Ela também ouviu os gritos de Perséfone, mas não sabe de mais nada.

As deusas perguntam a Hélio (o Sol), vigilante dos deuses e dos homens, se ele sabe o que aconteceu com Perséfone. Ele responde que Zeus deu-a a Hades para que seja sua esposa. Hades a agarrou e a levou para seu reino sombrio. Ele diz que Deméter não deveria se irritar, pois Hades é um marido digno para sua filha. Deméter, porém, fica furiosa e para de se associar com os deuses.

Disfarçando-se de velha, Deméter vai ao reino de Elêusis. Ela encontra as filhas do rei Celeu tirando água do Poço das Virgens. Deméter alega ser uma mulher de Creta chamada Doso.* Ela diz que foi capturada por piratas para ser vendida como escrava, mas escapou. Agora, ela gostaria de cuidar de crianças pequenas ou de fazer tarefas domésticas. As meninas dizem que ela seria bem recebida em qualquer uma das principais famílias, especialmente na delas, pois seus pais acabaram de ter um bebê temporão, que foi a resposta para muitas preces. Deméter concorda em trabalhar no palácio e as segue até lá. Ao chegar, fica quieta e triste, até uma das filhas, Iambe, fazê-la rir e sorrir. Ela recusa o vinho, mas bebe uma mistura de cevada, menta e água.**

A rainha Metanira pede que Deméter cuide de seu bebê, Demofonte, e o amamente. Deméter concorda. Demofonte cresce como um jovem deus graças às atenções especiais de Deméter. Ela o unta com ambrosia durante o dia. À noite, coloca-o em segredo no fogo, como um tronco. Mais cedo ou mais tarde, esse tratamento vai torná-lo atemporal e imortal. Infelizmente, Metanira espiona Deméter e grita quando a vê pondo seu bebê no fogo. Isso irrita Deméter, que arranca a criança do fogo e a joga no chão. Ela diz que a tolice de Metanira fará com que Demofonte envelheça e morra, embora vá sempre ser honrado. Revela sua identidade e exige que os eleusinos construam um templo para homenagear sua visita. Se o fizerem, ela lhes ensinará seus ritos. Dizendo isso, ela desfaz a aparência de idosa e surge como uma bela deusa. Pela manhã, Celeu é informado dos acontecimentos e decreta a construção de um templo, que é erguido rapidamente.

Ainda evitando os outros deuses, Deméter passa a morar em seu novo templo. Ela causa fome pelo mundo todo. As sementes não brotam mais. Receoso de que a raça humana seja eliminada e os deuses não recebam mais presentes, Zeus envia Íris para convocar Deméter, mas ela se recusa a se mover. Então, todos os deuses e todas as deusas vão até Deméter, oferecendo-lhe belos presentes, mas em vão. Finalmente, Zeus envia Hermes a Hades para que leve Perséfone de volta à mãe. Hermes encontra Hades sentado na cama com sua esposa, que está envergonhada e pouco cooperativa porque sente falta da mãe. Ele explica a situa-

---

* A palavra *doso*, usada como verbo, significa "eu darei".
** Nos tempos históricos, os adoradores de Deméter em Elêusis consumiam uma bebida com essa descrição.

ção, e Hades permite que Perséfone vá até sua mãe. Quando ela está saindo, porém, ele lhe dá disfarçadamente para comer a semente adocicada de uma romã.

Tomando emprestada a carruagem de Hades, Hermes leva Perséfone de volta a sua mãe, que está no templo em Elêusis. Ela sai correndo para encontrar a filha como se fosse uma mênade. Mãe e filha se abraçam com alegria, mas, ao fazê-lo, Deméter tem uma premonição. Pergunta a Perséfone se comeu alguma coisa enquanto estava com Hades. Se o fez, terá de passar um terço do ano nas sombras embaixo da terra. Perséfone admite que, quando estava de saída, Hades enfiou uma semente de romã em sua boca e a forçou a saboreá-la.

Zeus ordena a Reia que convide Deméter a voltar ao Olimpo, onde poderá ter as honras que desejar. Deméter concorda em ir. Flores desabrocham por toda a Terra. Antes de sair de Elêusis, Deméter ensina a Celeu e a outros líderes do lugar seus misteriosos ritos. O homem que os testemunha fica feliz. Aquele que não o faz, não tem sua cota de bênçãos após a morte.

27. O Nascimento de Dionísio

Fonte: Apolodoro, *A Biblioteca*, 3.4.2-3 (Era Helenística)

As filhas de Cadmo, rei de Tebas, são Autonoe, Ino, Sêmele e Agave. Zeus ama Sêmele, deita-se com ela em segredo e concorda em fazer qualquer coisa que ela pedir. Enganada por Hera, Sêmele pede a Zeus que a visite da mesma maneira que fez ao visitar Hera quando a cortejava. Incapaz de recusar o pedido, Zeus chega ao quarto de Sêmele num carro acompanhado por relâmpagos e solta um raio. Com o susto, Sêmele morre. Zeus tira um feto de seis meses de sua pira funerária e o costura em sua coxa.

Com Sêmele morta, suas irmãs espalham a história de que ela se deitou com algum mortal e acusou falsamente Zeus. Este é o motivo, dizem, para ter sido morta por um raio.

No momento apropriado, Zeus remove a sutura e traz à luz Dionísio. Hermes apanha o bebê e o entrega a sua tia Ino e ao marido dela, Átamas, convencendo-os a criarem-no como menina. Enciumada, Hera os enlouquece. Átamas caça seu filho mais velho, Learco, como se este fosse um cervo, e o mata. Ino lança seu outro filho, Melicertes, num caldeirão fervente, e depois pula com ele no mar. (Agora, ela e seu filho são chamados de Leucoteia e Palêmon, respectivamente. E ajudam marinheiros em perigo.) Zeus salva Dionísio de Hera transformando-o num cabrito. Hermes leva-o às ninfas do Monte Nisa, na Ásia Menor. Lá, ele descobre a videira.

28. Dionísio e os Piratas

Fonte: Anônimo, *Hino Homérico a Dionísio* (Grego Arcaico)

Agora, vou falar do filho de Sêmele, Dionísio. Uma vez, ele estava no litoral do mar estéril, com jeito de rapaz. Seus belos cabelos escuros ondulavam ao vento, e ele trajava uma capa púrpura. De repente, surgiram homens navegando velozmente pelo mar, piratas etruscos levados até ali por um destino maligno. Ao verem Dionísio, assentiram uns para os outros, avançaram e agarraram-no, arrastando-o alegremente para seu barco. Presumiram que ele fosse filho de um rei.

Os piratas tentaram prender Dionísio, mas as correntes não o detiveram. Elas escapavam de seus braços e de suas pernas, enquanto ele ficava sorrindo enigmaticamente. Ao perceber isso, o timoneiro dos piratas gritou "Seus idiotas! Quem é esse deus que vocês estão tentando prender? É Zeus! É Apolo! É Posêidon! Não é um homem mortal, mas um deus olímpico! Soltem-no imediatamente, ou ele irá provocar um furacão!".

O capitão dos piratas respondeu irritado. "Você é que é um idiota! Cuide do mastro e das velas e deixe que os homens de verdade lidem com este sujeito. Mais cedo ou mais tarde, ele vai nos dizer onde vivem seus parentes e onde estão escondidos os seus tesouros."

Com isso, ventos amenos inflaram suas velas, mas pouco depois começaram a acontecer coisas estranhas. Primeiro, um vinho doce e aromático aflorou por todo o navio, e o ar se encheu do odor de ambrosia. Depois, uma videira carregada de cachos maduros, com sua hera escura e repleta de belos frutos, cobriu as velas e enrodilhou-se em torno do mastro, e todos os remos ganharam guirlandas de flores.

Os piratas ordenaram que seu timoneiro rumasse para a terra, mas então Dionísio se transformou num terrível leão bem no meio do navio e emitiu um apavorante rugido. Depois, fez com que aparecesse um urso peludo, e um ficou olhando para o outro.

Os piratas se reuniram em torno do bom timoneiro. Vendo isso, o leão saltou e agarrou o capitão. Os outros piratas entraram em pânico e mergulharam no mar. Foram transformados em golfinhos. O deus deteve o timoneiro, dizendo "Alegre-se, meu bom homem. Você agrada a minha alma. Sou Dionísio. Sêmele, filha de Cadmo, gerou-me após unir-se em amor a Zeus".

Adeus, filho da adorável Sêmele! É impossível fazer bela música se a pessoa não presta atenção em você!

29. Como Tirésias Tornou-se Profeta

Fonte: Ovídio, *Metamorfose*, 3.316-338 (Período Romano)

Com o bebê Dionísio em segurança, Júpiter relaxa com Juno, bebendo néctar e pilheriando. "Seja sincera", diz, "o prazer que você tem com o sexo é muito maior do que o do homem, não é?" Juno nega. Decidem pedir a opinião de Tirésias, que experimentara os dois tipos de prazer, pois um dia, numa floresta verdejante, Tirésias golpeou duas enormes serpentes em cópula com seu cajado e — *presto!* — foi transformado em mulher durante sete anos. No oitavo ano, viu as mesmas serpentes acasalando novamente e disse "Se o efeito de golpeá-las é transformar quem golpeia, tomem isto!". E ele retomou sua forma anterior.

Tirésias foi escolhido para julgar a bem-humorada pendência entre Juno e Júpiter. Ele concorda com Júpiter, pois acredita que o prazer da mulher é maior do que o do homem. Juno fica mais irritada com isso do que deveria e aflige os olhos de Tirésias com a noite eterna. Não é permitido a um deus desfazer as ações de outro, mas, para compensar a cegueira de Tirésias, Júpiter lhe confere o conhecimento do futuro e a honra que advém dele.

30. Dionísio em Tebas

Fonte: Eurípides, *As Bacantes* (Tragédia Grega Clássica)

Dionísio aparece diante do palácio de Cadmo disfarçado de estrangeiro da Lídia. Ele vê o túmulo de sua mãe e sua casa destruída, tributos ao ciúme de Hera. Tendo ensinado seus mistérios aos povos da Ásia Menor, da Pérsia, da Índia e de muitas cidades gregas, Dionísio chegou a Tebas para refutar a história de que sua mãe teria mentido ao dizer que dormira com Zeus. As mulheres de Tebas ficaram alucinadas e passaram a perambular pelas colinas com trajes dionisíacos, ensandecidas. Cadmo entrega o poder real a seu neto Penteu, que se opõe à veneração a Dionísio. Dionísio diz que vai provar sua divindade a Penteu. Ele convoca um coro de mênades que o tem acompanhado desde a Ásia Menor e sai de cena. O coro surge falando das bênçãos de Dionísio.

Tirésias, o profeta cego, chama Cadmo ao palácio. Ambos estão vestidos como mênades e planejam se unir às tebanas que dançam nas colinas em homenagem ao novo deus. Eles estão contentíssimos por se esquecerem da idade madura. Quando estão se preparando para sair, chega Penteu. Antes que os perceba, denuncia os novos males que surgiram em Tebas. Ele acha que as mulheres estão apenas fingindo adorar um novo deus. Segundo ele, elas têm misturado jarras cheias de vinho e saem esgueirando-se para lugares desertos, uma a uma, para atender aos desejos dos homens. Penteu já deteve algumas e em breve vai deter o resto. Além disso, ouviu falar de um estrangeiro da Lídia que foi a Tebas para recrutar mulheres para esses "mistérios". Ele pretende prendê-lo e mandar cortar sua cabeça.

Penteu vê Cadmo e Tirésias. Fica chocado ao perceber que seu avô está vestido como uma mênade e culpa Tirésias. Acusa o profeta de querer ter um novo deus só para ganhar mais dinheiro como sacerdote.

Tirésias defende a adoração a Dionísio. Diz que Dionísio e Deméter representam as duas maiores bênçãos da humanidade. Isso de que Dionísio teria sido costurado numa coxa de Zeus (*meros* em grego) surgiu de um mal-entendido. Quando Hera quis tirar Dionísio do céu, Zeus moldou éter à sua imagem e deu-a a Hera como refém (*homeros* em grego). Dionísio confere poderes proféticos, causa pânico entre os exércitos inimigos e um dia será honrado em Delfos. Ele não compele as mulheres a serem castas, mas tampouco corrompe uma mulher virtuosa. Gosta tanto de elogios quanto o próprio Penteu. É uma loucura desonrá-lo.

Cadmo acrescenta que mesmo que Dionísio não seja um deus, é do interesse de sua família fingir que ele é, pois diz-se que é filho de Sêmele. Além disso, Penteu deveria aprender a ser humilde com Acteão, que foi estraçalhado por seus próprios cães de caça porque afirmou ser melhor caçador do que Ártemis.

Penteu diz ao velho que o deixe. Manda seus soldados prenderem o estrangeiro que está seduzindo as mulheres de Tebas. Quando for capturado, será apedrejado até a morte.

Depois de um canto coral, um atendente leva "o estrangeiro" preso a Penteu. O atendente diz que ele não resistiu à prisão. As mulheres que estavam presas, porém, escaparam. Suas correntes se quebraram, e as portas da prisão se escancararam por vontade própria.

Penteu interroga o estrangeiro. Descobre que ele vem da Lídia e que é sacerdote de Dionísio, filho de Zeus e de Sêmele, cujos mistérios ele aprendeu com o próprio deus. Ele se recusa a descrever os mistérios.

Penteu corta os longos cabelos cacheados do estrangeiro, toma seu bastão e manda que o levem para os estábulos do palácio. Um breve canto coral é interrompido pela voz do estrangeiro, que invoca um terremoto. O chão treme, colunas desmoronam, e o estrangeiro emerge. Os membros do coro prostram-se em reverência. O estrangeiro manda que se levantem e descreve como escapou sem esforço de Penteu, com a ajuda de Dionísio. O deus atormentou Penteu com alucinações. Primeiro, ele tentou amarrar um touro, confundindo o animal com o estrangeiro. Depois, Dionísio fez com que parecesse que o palácio estava em chamas. Penteu correu por toda parte pedindo água. Finalmente, Dionísio derrubou colunas e paredes.

Agora, Penteu sai correndo do palácio. Ao ver o estrangeiro, pergunta como ele escapou. O estrangeiro diz que um deus o ajudou. Penteu não acredita.

Um pastor vindo das colinas traz informações para Penteu. Diz que, ao nascer do sol, ele e seus companheiros foram casualmente tocando o gado até chegarem perto de algumas mulheres que dançavam. Estavam divididas em três grupos, liderados por Autonoe, Agave e Ino, respectivamente. Seu comportamento era casto e decoroso. Usavam peles de corça e tinham cobras nos cabelos. Mulheres que tinham em casa bebês recém-nascidos amamentavam gazelas e lobos. Uma bateu com o bastão numa pedra e produziu uma fonte de água. Outras extraíam leite do solo.

Um pastor que frequentava a cidade sugeriu que poderiam obter favores de Penteu se prendessem Agave. Espreitaram as mulheres. Quando se aproximaram, as mulheres começaram a dançar como alucinadas. O pastor que contava a história gritou para Agave. Ela berrou, dizendo que estavam sendo caçadas. Os pastores entraram em pânico e saíram correndo, mal conseguindo escapar das mulheres. Elas atacaram o gado, dilacerando as reses com as mãos nuas. Depois, correram pelos campos, saqueando cidades e desmantelando grupos de homens armados que tentavam detê-las.

Penteu ordenou a um atendente que mobilizasse a infantaria pesada. Vão marchar contra as mulheres nas colinas.

O estrangeiro diz a Penteu que suas forças serão derrotadas pelas mulheres e se oferece para conduzi-las pacificamente até Tebas. Penteu ordena que se cale.

"Espere", diz o estrangeiro. "Quer ver as mulheres se reunindo nas Colinas?"

"Sim, e muito", diz Penteu. "Pagaria uma boa importância em ouro por isso."

O estrangeiro lhe diz que, para espionar as mulheres, ele terá de vestir roupas femininas. Se as mulheres virem que é um homem, vão matá-lo. Isso faz com que Penteu se detenha. Por mais que deseje espionar as mulheres, não concorda em usar roupas femininas. Ele entra no palácio para pensar. O estrangeiro diz ao coro que, com a ajuda de Dionísio, vai deixar Penteu louco a ponto de vestir trajes femininos, e que vai levá-lo pelas ruas para que seja motivo de riso de toda Tebas. Além disso, também vai usar roupas de mulher no Hades, depois de ser dilacerado por sua mãe.

Após um canto coral, Penteu emerge do palácio em trajes femininos ao lado do estrangeiro. Está alucinado, vendo dois sóis e um touro no lugar do estrangeiro. Preocupa-se com sua aparência. O estrangeiro ajeita seus cabelos e a barra de seu vestido, dizendo-lhe para segurar o bastão real. Penteu imagina que irá surpreender as mulheres, vendo-as "presas como aves no mato, envolvidas pelo doce abraço do amor". O estrangeiro diz que vai levá-lo até lá, mas que ele será trazido de volta pelos braços de sua mãe. Partem na direção da montanha.

O coro entoa uma canção que antevê o castigo de Penteu. Quando termina, um servo de Penteu chega da montanha anunciando que ele está morto e descreve o que aconteceu. O servo diz que seguiu seu senhor e o estrangeiro até um vale estreito da montanha, no qual se podiam ver as mulheres ao longe. Penteu sugeriu que poderia observar melhor se subisse numa árvore. Milagrosamente, o estrangeiro dobrou um grande pinheiro, como um arco ou o aro de uma roda, colocou Penteu sentado no alto, e a árvore tornou a se aprumar. Então, ele desapareceu, e uma grande voz — aparentemente, a de Dionísio — trovejou: "Mulheres, trago-lhes o homem que faz troça de nossos mistérios". As mulheres correram até a árvore. Subiram num rochedo alto e atiraram pedras e lanças em Penteu. Não conseguiram atingi-lo e tentaram arrancar a árvore pela raiz. Finalmente, por sugestão de Agave, agarraram o tronco e derrubaram a árvore. Penteu caiu no chão, chorando e gritando. Sua mãe chegou primeiro. Ele arrancou a faixa da cabeça para que ela pudesse reconhecê-lo, tocou seu rosto e disse "Mãe, sou Penteu, seu filho! Tenha piedade, mãe! Não me mate!". Mas ela estava espumando, e seus olhos giravam. Agarrando seu braço esquerdo pelo cotovelo, ela pisou em seu peito e o arrancou. Depois, as outras mulheres atacaram. Seu corpo ficou espalhado pela mata. Sua mãe colocou sua cabeça no alto de seu bastão, triunfante, e então dirigiu-se ao palácio.

Com a saída do servo, o líder do coro anuncia a aproximação de Agave. Exibindo a cabeça de Penteu, Agave alardeia que matou um leão terrível. Ela está ansiosa para mostrar a cabeça para seu pai, Cadmo, e para seu filho, Penteu, que a irão pregar no alto da parede do palácio como troféu.

Cadmo entra com servos carregando um ataúde. Eles reuniram os pedaços do corpo de Penteu. Ao ver Cadmo, Agave exibe seu troféu e não consegue compreender sua reação horrorizada. Cadmo faz com que ela olhe para o céu, acalme-se e concentre seus pensamentos. Depois, pede-lhe para olhar novamente para a cabeça que tem nas mãos. Dessa vez, ela a reconhece e, frenética, exige saber quem matou seu filho. Cadmo conta o que aconteceu. Ela não se lembra de nada, mas compreende que foram punidos por negarem a divindade de Dionísio. Ela coloca a cabeça no ataúde e organiza os membros de Penteu da melhor maneira possível.

Dionísio aparece sobre o alto do palco. Ele declara que Penteu sofreu justamente por tentar aprisioná-lo. Agave e suas irmãs devem sair de Tebas para expiarem a morte de Penteu. Cadmo e sua esposa, Harmonia, serão transformados em serpentes. Já com essa forma, vão acompanhar uma vasta horda de bárbaros numa carroça puxada a bois, que vai atacar cidades gregas. No final, porém, viverão nas ilhas dos abençoados.

Cadmo e Agave se abraçam e se despedem com tristeza. Agave diz que Dionísio causou um sofrimento terrível à casa de Cadmo. Dionísio responde lembrando que ele sofreu coisas terríveis em Tebas: seu nome não foi respeitado.

31. As Aventuras de Perseu

Fonte: Apolodoro, *A Biblioteca*, 2.4.1 ss (Era Helenística)

Acrísio, rei de Argos, consulta o oráculo para saber sobre seus descendentes do sexo masculino. Fica sabendo que sua única descendente, Dânae, vai ter um filho, mas que esse menino irá matá-lo. Com medo, Acrísio aprisiona Dânae numa câmara subterrânea de bronze. Então, segundo dizem alguns, o irmão de Acrísio, Preto, seduz Dânae; segundo outros, Zeus se transforma em ouro e flui pelo teto até o colo de Dânae. De qualquer maneira, Dânae dá à luz Perseu. Quando Acrísio descobre, não acredita que ela foi possuída por Zeus. Ele coloca mãe e filho num baú de madeira e joga-os ao mar. O baú aporta na ilha de Sérifo. Um homem chamado Dites toma a criança e a cria.

Polidecto, irmão de Dites, é o rei de Sérifo. Com o tempo, ele se apaixona por Dânae, mas não consegue se aproximar dela porque Perseu já é adulto. Ele reúne seus amigos, inclusive Perseu, e diz que está arrecadando presentes para cortejar Hipodâmia, filha do rei Enomau. Perseu declara que não se recusaria a dar-lhe o que quer que seja, até a cabeça de uma górgona. Polidecto pede cavalos para seus outros amigos, mas, como não recebe um de Perseu, ordena-lhe que traga a cabeça de uma górgona, conforme prometera.

Hermes e Atena ajudam Perseu levando-o às Fórcides (filhas de Fórcis), também conhecidas como as Greias: Ênio, Pêfredo e Dino, que eram idosas desde que nasceram. As três têm apenas um olho e um dente, cujo uso revezam. Perseu as prende e se recusa a soltá-las a menos que as Fórcides lhe indiquem o caminho até determinadas ninfas. Essas ninfas guardam as sandálias aladas, os *kibisis*, que as pessoas descrevem como uma sacola ou um surrão, e o capacete de Hades, que torna invisível seu usuário. As Fórcides ensinam o caminho a Perseu. Este consegue o equipamento e uma foice de adamantina de Hermes. Ele voa até Oceano e encontra as górgonas adormecidas. São Esteno, Euríale e Medusa, a única mortal.

Há serpentes enrodilhadas nas cabeças das górgonas. Elas têm presas grandes como javalis, mãos de bronze e asas douradas. Aqueles que as veem transformam-se em pedra. Perseu se aproxima delas enquanto dormem, com a cabeça virada. Atena guia sua mão. Ele olha para um escudo de bronze, no qual vê a imagem de Medusa, e a decapita. Pégaso, o cavalo alado, e Crisaor saem dela. São filhos de Posêidon, de quem Medusa estava grávida. Perseu põe a cabeça de Medusa nos *kibisis* e sai voando. As outras górgonas acordam e tentam persegui-lo, mas ele está invisível.

Chegando à Etiópia, onde o rei Cefeu tem seu domínio, Perseu encontra a filha do rei, Andrômeda, sendo oferecida como petisco a um monstro marinho. É que a esposa de Cefeu, Cassiopeia, argumentou com as Nereidas sobre beleza e afirmou ser superior a todas elas. Furiosas, as Nereidas e Posêidon provocaram uma inundação e soltaram um monstro. O oráculo prometeu aliviar esse desastre, caso Andrômeda fosse devorada pelo monstro. Os etíopes forçaram Cefeu a cumprir o acordo, e ele acorrentou sua filha a um rochedo. Vendo-a e apaixonando-se por ela, Perseu promete a Cefeu matar o monstro em troca de sua filha. Juras são feitas. Perseu mata o monstro e liberta Andrômeda.

Fineu, o irmão do rei, estava noivo de Andrômeda e fez planos contra Perseu. No entanto, os planos são descobertos. Perseu transforma Fineu e os outros conspiradores em pedra, mostrando-lhes a cabeça da Medusa.

Perseu volta a Sérifo e encontra sua mãe e Dicto refugiados em altares para evitar a violência do rei Polidecto. Perseu vai ao palácio e transforma em pedra Polidecto e seus amigos. Depois, torna Dites rei. Dá as sandálias, os *kibisis* e o capacete a Hermes para que este os devolva às ninfas e presenteia Atena com a cabeça da górgona. Ela a coloca no centro de seu escudo. Alguns dizem que Medusa foi decapitada por causa de Atena. Nesse relato, Medusa teria se gabado de rivalizar com Atena em beleza.

Perseu corre a Argos com Dânae e Andrômeda para ver Acrísio, mas este foge para o norte da Grécia com medo do oráculo.

Mais tarde, o rei de Larissa, no norte da Grécia, inaugura os jogos fúnebres em homenagem a seu pai falecido. Entra Perseu. Lançando o disco, atinge Acrísio acidentalmente no pé e mata-o instantaneamente. Com vergonha de governar o antigo reino de Acrísio, Perseu troca cidades com o rei de Tirins, cidade próxima dali. Além disso, fortifica Micenas. Entre os filhos que teve com Andrômeda estão Perses, ancestral dos reis persas, Alceu, Estênelo e Electrião.*

32. A Caça ao Javali da Caledônia

Fonte: Ovídio, *Metamorfoses*, 8.270-546 (Período Romano)

Certa época, Caledônia, cidade na costa ocidental da Grécia, esteve com sérios problemas. Eneu, seu rei, havia oferecido sacrifícios para agradecer aos deuses por um ano próspero, mas esqueceu-se de incluir Diana. Furiosa, a deusa mandou um javali selvagem percorrer seus campos. O javali era grande como um touro, com presas do tamanho das de um elefante. Ele destruiu vinhedos e campos repletos de grãos maduros e espalhou os rebanhos. Os moradores do campo se abrigaram nas muralhas de Caledônia.

---

* Os netos de Perseu são personagens centrais na saga de Héracles. O filho de Alceu, Anfítrion, é o pai adotivo humano de Héracles; a filha de Electrião, Alcmene, é a mãe de Héracles; e o filho de Estênelo, Euristeu, dá a Héracles seus doze trabalhos.

A situação parecia desesperadora, até o filho de Eneu, Meléagro, e um grupo seleto de jovens entrarem em cena para conquistar a glória. Eram os filhos gêmeos de Tindareu — Castor e Pólux —, Jasão, Teseu e seu amigo Piritoo, Télamon, Peleu, Nestor, Laerte e muitos outros, inclusive Atalanta, a adorável heroína da cidade de Tegeia, no Peloponeso. Seus cabelos foram penteados num coque simples sobre o pescoço, e ela levava uma aljava de marfim nos ombros, com seu arco. Suas feições faciais eram femininas para um garoto, e vice-versa. No momento em que Meléagro a viu, ele incendiou. "Feliz o homem que ela considerar digno!", suspirou, mas não houve tempo para dizer mais nada.

Os caçadores entraram na floresta fechada, soltaram os cães de caça e espalharam redes. Atingiram uma área pantanosa. Nela, o javali apareceu subitamente e atacou. Jasão arremessou sua lança, mas ela passou sobre o alvo. O javali derrubou dois caçadores e matou um terceiro, cortando seus tendões enquanto ele fugia. O javali também teria atingido Nestor, mas o futuro herói da Guerra de Troia usou sua lança para saltar até uma árvore próxima. Castor e Pólux chegaram ao local montados em cavalos brancos, mas não conseguiram seguir o javali até os arbustos em que ele se enfiou. Télamon perseguiu o animal a pé, mas tropeçou numas raízes de árvores e caiu de frente. Enquanto Peleu o ajudava, Atalanta vergou o arco e acertou o javali atrás da orelha. Ela não ficou mais satisfeita com seu sucesso do que Meléagro. Ele foi o primeiro a perceber que o javali estava sangrando e gritou para Atalanta: "Você conquistou a glória!". Ao ouvir isso, os outros ficaram enciumados e envergonhados e redobraram seus esforços.

Um herói presunçoso chamado Anceu se adiantou para desafiar o javali com um machado, "arma de homem", mas a fera foi rápida. Quando Anceu ficou na ponta dos pés para golpeá-lo, o javali enfiou as presas em sua virilha e o matou. O próximo golpe de Teseu atingiu um galho de árvore; Jasão errou o javali e atingiu um cão inocente. Finalmente, Meléagro arremessou duas lanças. A primeira atingiu o solo, mas a segunda enterrou-se nas costas do javali. O animal se revirou com o sangue escorrendo pela boca. Meléagro avançou e enterrou outra lança entre os ombros do javali.

Enquanto seus amigos festejavam, Meléagro arrancou o couro do animal, decapitou-o e presenteou a cabeça a Atalanta dizendo: "Tome o prêmio que seria meu por direito. Minha glória foi conquistada com sua ajuda".

Atalanta ficou contente com o presente e com seu doador, mas os outros ficaram ressentidos. Os tios maternos de Meléagro, Plexipo e Toxeu, ficaram particularmente irritados e agarraram a cabeça da fera, escondendo-a de Atalanta e dizendo-lhe para não reclamar por honrarias masculinas. Sua atitude enfureceu Meléagro. Antes que seus tios soubessem o que estava acontecendo, ele matou ambos com a espada.

A mãe de Meléagro, Alteia, estava a caminho de um templo para agradecer pela vitória do filho sobre o javali quando viu os corpos de seus irmãos sendo retirados do local da caçada. Ficou tomada pela dor. Mas, ao saber da identidade de seu executor, seus sentimentos se transformaram em desejo de vingança.

Anos antes, quando Alteia estava dando à luz Meléagro, as Três Fadas do destino apareceram em seu quarto e jogaram uma acha de lenha na lareira. Ao fazer isso, disseram: "Damos o mesmo tempo a você, oh, recém-nascido, quanto a esta lenha". Assim que elas saíram, Alteia tirou a acha do fogo, apagou as chamas com água e escondeu a acha num depósito, onde ficou durante anos, preservando a vida de Meléagro. Então, ela encontrou a acha e mandou seus servos acenderem uma fogueira. Ela quis punir Meléagro queimando a acha de lenha, pondo fim à sua vida, mas durante um bom tempo foi tomada por emoções conflitantes. O amor por seu filho enfrentou a devoção a seus irmãos. Ela pôs a acha na fogueira e a retirou novamente. Num instante, lágrimas por seu filho inundam seus olhos; no momento seguinte, eles ficam secos e frios, refletindo a raiva pela morte de seus irmãos. Finalmente, a irmã que há nela mostra-se mais forte do que a mãe. Ela solta a acha na fogueira e a vê queimar.

A distância, Meléagro sente um calor terrível e ardente ocupando suas entranhas. Ele percebe que está morrendo e chega a invejar Anceu, que sucumbiu a ferimentos *visíveis*. Com a lenha reduzida a cinzas, ele cai no chão, e sua alma esvoaça pelo ar.

Caledônia foi tomada pelo luto. Eneu deita-se no chão, rola sobre a terra e amaldiçoa sua vida longeva. Devastada pelo remorso, Alteia enfia uma espada no peito. As irmãs de Meléagro cuidam de seu funeral, chorando e gemendo enquanto queimam seu corpo numa pira. As irmãs reúnem as cinzas numa urna e a enterram sob uma lápide, diante da qual permanecem e choram sem cessar. Com o tempo, a ira de Diana é aplacada. Ela dá às moças asas e bicos e faz com que voem pelo ar,* exceto duas — Gorgé e a nobre nora de Alcmene.**

33. A Vida de Héracles

Fonte: Apolodoro, *A Biblioteca*, 2.4.6-7.7 (Era Helenística)

Electrião torna-se rei de Micenas após a morte de Perseu. Recebeu o apoio de seu sobrinho, Anfítrion, a quem cedeu a mão de sua filha, Alcmene. Um ramo rival da família estabeleceu-se nas Ilhas Táfias, na costa oeste da Grécia. Saquearam o gado de Electrião, matando vários de seus filhos nessa empreitada. Anfítrion recuperou o gado, mas, quando estava conduzindo o rebanho para a cidade, uma vaca saiu correndo. Anfítrion atirou sua maça contra ela. A maça bateu nos chifres da vaca e atingiu Electrião, matando-o. Com isso, Anfítrion e sua noiva, Alcmene, foram forçados a se exilar. Estabeleceram-se em Tebas. Outro dos filhos de Perseu, Estênelo, assumiu Micenas.

Em Tebas, Alcmene disse que não se deitaria com Anfítrion enquanto ele não vingasse a morte de seus irmãos. Anfítrion pede a Creonte, rei de Tebas, que lhe permita liderar o exército tebano contra os táfios. Creonte concorda em fazê-lo, mas antes Anfítrion deve livrar Tebas de uma raposa monstruosa, que estava predestinada a nunca ser capturada. Anfítrion vai a Atenas, onde toma emprestado o cão de caça mágico do rei, fadado a capturar tudo que perseguisse. Quando o cão pôs-se a correr atrás da raposa, Zeus transformou ambos em pedra.

Então, Anfítrion lidera o exército tebano contra os táfios, vence-os e corre de volta para Tebas e sua adorável esposa. Antes de chegar, porém, Zeus assume suas feições e se deita com Alcmene, tornando essa noite três vezes mais longa do que o normal para estender seu prazer. Anfítrion chega no dia seguinte e se surpreende ao saber que Alcmene imagina ter dormido com ele na noite anterior. Então, o profeta Tirésias explica o ocorrido. Passado algum tempo, Alcmene dá à luz dois filhos — Héracles, filho de Zeus, e Íficles, gerado por Anfítrion na noite seguinte.

---

* Ovídio não deixa claro, mas provavelmente quer que os leitores presumam que as moças se transformaram em pintadas-de-peito-branco, chamadas meleágrides em grego.

** Mais tarde, Gorgé torna-se rainha da Caledônia, governando-a com seu marido na ausência de herdeiros masculinos ao trono; a nora de Alcmene é Dejanira, a segunda esposa de Héracles. Ver a história da morte de Héracles.

Quando Héracles estava com oito meses, Hera colocou duas serpentes imensas em seu berço. Alcmene pediu ajuda a Anfítrion, mas o bebê Héracles estrangulou as serpentes com as mãos nuas.

Na infância, Héracles teve aulas de lira com Lino, irmão de Orfeu. Quando Lino o criticou e deu-lhe um tapa por se comportar mal, Héracles teve um acesso de fúria e o matou. Foi julgado por assassinato e inocentado com a alegação de legítima defesa. Pelo resto da infância, porém, Anfítrion o manteve numa fazenda de criação de gado.

Com 18 anos, Héracles matou um leão que se tornara um problema para os criadores de gado nas vizinhanças de Tebas. Durante a caçada, ele ficou durante 50 dias com Téspio, rei de uma cidade vizinha, Téspias. Esse rei tinha cinquenta filhas. Como queria que Héracles lhe desse netos, fez com que cada uma dormisse com Héracles a cada noite, embora Héracles achasse que todas as noites ele estava com a mesma jovem. Finalmente, ele matou o leão e desde então passou a trajar sua pele e seu escalpo.

Pouco depois, Héracles liderou os tebanos numa vitória contra os mínios, vizinhos daqueles, que cobravam um tributo anual de Tebas em virtude de uma guerra anterior. Como recompensa, o rei Creonte deu a Héracles sua filha Mégara em casamento, e não tardou para terem três filhos. Hera, porém, fez com que ele ficasse louco e matasse seus filhos. Ao recobrar a sanidade, foi a Delfos em busca de purificação. A sacerdotisa lhe disse para ir a Micenas e pediu que realizasse quaisquer dez tarefas que o rei Euristeu exigisse. Algo assim estava fadado a acontecer, pois, quando Héracles estava prestes a nascer, Zeus declarou que o próximo descendente de Perseu que nascesse governaria Micenas. Então, Hera retardou o nascimento de Héracles, enquanto Euristeu, filho de Estênelo — filho de Perseu —, chegou prematuramente.

Primeiro, Euristeu ordenou que Héracles devia trazer para ele a pele do leão invulnerável da Nemeia, no istmo de Corinto. Héracles perseguiu o leão até uma caverna e o estrangulou até a morte. Euristeu ficou tão apavorado quando Héracles voltou com o leão pendurado em seus ombros que mandou fazer um jarro de bronze para se esconder dele debaixo da terra.

A tarefa que Héracles teve de realizar a seguir foi matar a Hidra de Lerna — uma região pantanosa perto dali. A Hidra tinha o corpo grande e nove cabeças, das quais oito eram mortais. Héracles enfrentou a Hidra. Esmagou suas cabeças com o bastão, mas, quando esmagava uma, surgiam duas. Além disso, apareceu um imenso caranguejo que mordeu o pé de Héracles. Ele matou o caranguejo e depois pediu ajuda a seu sobrinho, Iolau, filho de Íficles. Iolau pôs fogo num pedaço de madeira e foi queimando as bases das cabeças da Hidra à medida que Héracles as esmagava. Héracles cortou a cabeça imortal e a enterrou embaixo de um rochedo. Abriu o corpo da Hidra e mergulhou suas flechas em seu veneno. Euristeu disse que esse trabalho não teve valor, pois Iolau ajudou Héracles.

O trabalho seguinte, o terceiro, seria capturar a corça de Cerineia — um rio no sul da Grécia. Ela tinha chifres de ouro e era consagrada a Ártemis. Héracles perseguiu-a durante um ano, até feri-la com uma flecha e dominá-la.

O quarto trabalho consistiu em capturar um javali que vivia no Monte Erimanto, na Arcádia. Rumando para a caçada, foi recebido por um centauro. Héracles incentivou-o a abrir uma jarra de vinho que pertencia a todos os centauros. Quando o fez, uma manada de centauros apareceu para proteger seu vinho, e uma batalha se seguiu. Héracles perseguiu-os até a morada do bom e sábio centauro, Quíron, famoso professor de jovens heróis. Enquanto um grupo de centauros se reuniu em torno de Quíron, Héracles lançou uma flecha contra eles. Ela acabou atingindo Quíron no joelho, causando-lhe um ferimento incurável, para tristeza de Héracles. Quíron desejou morrer, mas não podia, pois era imortal. Prometeu ofereceu-se a Zeus para ser imortal em seu lugar, e assim Quíron morreu. Os outros centauros se dispersaram. Héracles localizou o javali e levou-o a Micenas.

O quinto trabalho consistiu em limpar os estábulos de Áugias num único dia. Áugias era rei de Elis, no Peloponeso ocidental, e tinha muitos rebanhos de gado. Héracles se apresentou diante dele e se ofereceu para limpar seus estábulos em troca de um décimo de seus rebanhos. Héracles desviou dois rios, e estes limparam os estábulos. Áugias, porém, recusou-se a pagar quando soube que o trabalho fora encomendado por Euristeu. Por outro lado, Euristeu recusou-se a incluir o trabalho entre os dez porque Héracles trabalhou visando obter lucro.

O sexto trabalho de Héracles foi enxotar um bando de aves do Lago Estinfália, na Arcádia. Atena deu chocalhos de bronze a ele, com os quais espantou as aves.

O sétimo trabalho consistiu em capturar o touro de Creta. Seria o touro que levou Europa até Creta para Zeus, ou o touro que Posêidon fez sair do mar com sua magia para o rei Minos. Héracles levou-o a Micenas e soltou-o para que vagasse pela Grécia.

Como oitavo trabalho, Héracles e seus companheiros teriam de vencer o rei Diomedes, da Trácia, e seus exércitos, capturando suas éguas antropofágicas. Como de hábito, ele teve sucesso, matando Diomedes em combate. Soltou as éguas no Monte Olimpo, onde foram mortas por feras selvagens.

Para realizar seu nono trabalho, Héracles e seus companheiros teriam de conseguir o cinturão de Hipólita, a maior das guerreiras amazonas. Ao entrar no território das amazonas, nas margens do Mar Negro, Héracles encontra Hipólita, e ela concorda em lhe dar seu cinturão. Enquanto conversam, porém, Hera convence as outras amazonas de que Hipólita está sendo sequestrada. Elas atacam o navio de Héracles. Vendo-as chegar, Héracles presume que Hipólita tentou enganá-lo. Ele a mata, tira o cinturão e zarpa.

Na viagem de volta, Héracles ancora em Troia. Apolo e Posêidon tinham acabado de construir as muralhas de Troia para os troianos, mas seu rei, Laomedonte, recusa-se a pagar-lhes o valor prometido pelos serviços. Por causa disso, Apolo infectou a cidade com uma praga, e Posêidon produziu um monstro marinho que atacou os troianos. O monstro flutuou sobre as ondas e abocanhou troianos no litoral.

Um oráculo advertiu o rei Laomedonte que ele só poderia livrar a cidade do monstro se sacrificasse sua filha, Hesíone. Quando Héracles chegou, Hesíone estava presa a rochas na praia. Héracles se ofereceu a matar o monstro marinho em troca das éguas dadas a Laomedonte por Zeus. Essas éguas tinham sido uma compensação dada a Laomedonte por seu filho, Ganímedes, que Zeus sequestrou.

Héracles matou o monstro marinho, mas Laomedonte se recusou a entregar as éguas. Héracles zarpou para longe, ameaçando se vingar.

O décimo trabalho de Héracles levou-o bem para oeste, onde teve de capturar os bois de Gerião, um gigante com três corpos unidos pela cintura. Gerião estava sempre acompanhado por um boiadeiro e por um cão de duas cabeças. Héracles foi à Líbia pelo oeste. Quando acabou a travessia, ele ergueu duas grandes colunas. Depois disso, encontrou e matou Gerião e apossou-se de seu castelo. Conseguiu — com certa dificuldade — levar os bois de volta a Micenas, onde Euristeu os sacrificou a Hera.

Euristeu acrescentou mais dois trabalhos, pois achou que matar a Hidra e limpar os estábulos de Áugias não deveriam contar. O décimo primeiro trabalho foi ir até a Hiperbórea, terra do extremo norte, para pegar as maçãs douradas (pomos) das Hespérides (Filhas da Noite). As maçãs eram guardadas por quatro Hespérides e por uma serpente de cem cabeças. No caminho, Héracles encontrou o rei líbio, Anteu, que costumava matar os estrangeiros em lutas. Anteu ganhava forças quando estava em contato com a terra, pois, segundo alguns, era filho de Gaia. Héracles o matou segurando-o no ar.

No Egito, o rei Busiris prendeu Héracles e tentou sacrificá-lo. O povo estava passando fome. Um vidente cipriota profetizou que a escassez cessaria, caso os egípcios sacrificassem um forasteiro a cada ano. Primeiro, Busiris sacrificou o vidente e, depois, manteve o costume com visitantes estrangeiros. No altar, Héracles arrebentou as correntes que o prendiam e matou Busiris.

No Cáucaso, Héracles matou a águia que comia o fígado de Prometeu e libertou o herói. Em troca de Prometeu, Zeus aceitou Quíron, que concordara em morrer no seu lugar.

Na Hiperbórea, seguindo os conselhos de Prometeu, Héracles pediu a Atlas para colher as maçãs enquanto ele, Héracles, seguraria o céu. Atlas não demorou para trazer as maçãs, mas não mostrou o desejo de voltar a sustentar o céu. Ele se ofereceu para entregar as maçãs a Euristeu. Héracles fingiu aceitar essa sugestão, mas pediu a Atlas para segurar o céu momentaneamente enquanto ele punha uma almofada na cabeça. Atlas deixou as maçãs no chão e apoiou o céu. Héracles apanhou as maçãs e foi embora.

O décimo segundo — e último — trabalho consistiu em tirar Cérbero, o cão de Hades, do mundo inferior. Cérbero tinha três cabeças, seu corpo estava coberto de cobras, e sua cauda era uma serpente. Héracles entrou no mundo inferior pelo Tênaro, na Lacônia. Do lado de fora dos portões de Hades, Teseu e seu amigo, Pirito, estavam presos, pois foram capturados tentando sequestrar Perséfone. Héracles libertou Teseu, mas um terremoto forçou-o a abandonar Pirito.

Hades permitiu que Héracles levasse Cérbero desde que não usasse armas. Héracles forçou Cérbero a se submeter com uma chave de pescoço, apesar de ter sido picado pela cobra da cauda do cão.

Depois de realizar seus trabalhos, Héracles deu sua esposa Mégara a Iolau e foi à Ecália pedir a mão de Iole, filha do rei Eurito. O rei o rejeitou por temer que ele fosse matar seus filhos, como fizera no passado. Não muito depois, o irmão de Iole pediu a ajuda de Héracles para recuperar seu gado, que fora furtado. Héracles o recebeu de forma hospitaleira, mas depois ficou alucinado e o matou, atirando-o sobre as muralhas de Tirinto.

Depois desse assassinato, Héracles foi acometido por uma doença grave e buscou a ajuda do oráculo de Delfos. Quando a sacerdotisa lhe disse que não poderia ajudá-lo, ele começou a saquear o templo e levou o trípode sagrado.* Apolo foi lutar com ele, mas Zeus lançou um raio entre ambos. Então, Héracles recebeu a profecia de que poderia se curar se fosse vendido e permanecesse como escravo durante três anos.

Os serviços de Héracles foram adquiridos por Ônfale, rainha da Lídia. Ao cabo de três anos, Héracles estava curado. Então, ele organizou um exército e marchou contra Troia para ajustar contas com Laomedonte. Télamon, pai de Ájax, o Grande, foi, com efeito, o primeiro soldado do exército de Héracles a entrar em Troia. Ao ver isso, Héracles quase o matou para que ele não conquistasse a fama de ser o soldado superior. Percebendo o perigo, Télamon começou a juntar pedras. Quando Héracles fez uma pausa para lhe perguntar o que ele estava fazendo, Télamon disse que estava construindo um altar em honra a "Héracles, o Glorioso Vencedor". Héracles agradeceu. Matou Laomedonte e seus filhos, exceto um, que ficou conhecido como Príamo ("Comprado"), pois Héracles deixou que a princesa Hesíone pagasse o resgate por ele com seu véu.

Héracles acertou uma série de contas no continente grego, guerreando contra Áugias, Neleu, de Pilos, e os lacedemônios. Depois, na terra da Caledônia, conquistou a mão da princesa Dejanira vencendo um pretendente rival, o deus do Rio Aqueloo, numa luta. Durante o combate, o deus assumiu a forma de um touro. Héracles quebrou um de seus chifres. Mais tarde, durante um banquete com seu novo sogro, Héracles matou acidentalmente um rapaz que estava despejando água em suas mãos. Por isso, ele teve de se exilar com sua nova esposa. Planejaram estabelecer-se em Tráquis.

No caminho para Tráquis, chegaram a um rio. A travessia era feita com o centauro Nesso. Ele afirmou que seu trabalho lhe fora dado pelos deuses porque era muito correto. Héracles atravessou o rio sozinho, mas confiou Dejanira a Nesso. Enquanto Nesso a estava levando, ele tentou violentá-la. Ouvindo seus gritos, Héracles atingiu Nesso no coração assim que emergiu da água. Sabendo que estava morrendo por causa do veneno da Hidra na flecha de Héracles, Nesso disse a Dejanira que poderia fazer uma poção do amor mistu-

---

* Na Grécia antiga, a palavra "trípode" refere-se a um caldeirão de bronze apoiado sobre três pernas. Esses trípodes eram utensílios comuns. Por algum motivo, o trípode tornou-se símbolo de Apolo. Um trípode sagrado era um dos objetos reverenciados no templo de Apolo em Delfos.

rando o sangue de seu ferimento com o sêmen que fora derramado no solo. Ela reuniu um pouco desses fluidos e os guardou.

Em Tráquis, Héracles formou um exército para atacar Ecália e punir o rei Eurito, pai de Iole. Ele se lançou sobre a cidade, matando o rei e seus filhos, e capturou Iole. Pretendendo oferecer um sacrifício, enviou seu arauto, Licas, até sua casa em Tráquis para que buscasse roupas mais finas. Dejanira ficou sabendo de Iole por meio de Licas e espalhou a suposta poção do amor de Nesso na túnica que seria levada para Héracles. Assim que ele a vestiu e a aqueceu com o calor de seu corpo, o veneno da Hidra começou a devorar sua pele. Ele ergueu Licas pelos pés e o jogou ao mar, matando-o. Quando tentou arrancar a túnica, sua pele saiu junto com o traje. Em sofrimento atroz, foi levado a Tráquis. Quando Dejanira soube do ocorrido, enforcou-se. Héracles ordenou que seu filho mais velho, Hilo, se casasse com Iole quando tivesse idade para isso. Ele foi até o Monte Eta, perto de Tráquis, preparou uma pira e deu ordens para que esta fosse acesa. Ninguém o fez senão Peias,* um pastor que passava pelo local. Em gratidão, Héracles lhe presenteou com seu arco e suas flechas.

Enquanto a pira ardia, ouviu-se um trovão, e Héracles flutuou para o céu. Ele foi feito imortal, reconciliou-se com Hera e se casou com a filha desta, Hebe (Juventude).

34. A Morte de Héracles (*As Traquínias*, de Sófocles)

Fonte: Sófocles, *As Traquínias* (Tragédia Grega Clássica)

A longa ilha de Eubeia serpenteia pela costa leste da Grécia por mais de 150 quilômetros. Sua extremidade sul fica em frente a Atenas. Na ponta norte, Ceneu, fica o famoso passo das Termópilas, onde 300 espartanos lutaram até a morte contra um milhão de persas, segundo dizem. As Termópilas ficavam no território de Mális, cuja principal cidade era Tráquis, perto do Monte Eta. Segundo o mito, Héracles morreu no alto do Monte Eta. Nessa época, sua família morava em Tráquis. Os eventos que levaram à sua morte foram provocados por uma guerra que ele travava contra uma cidade do sul de Eubeia, Ecália, governada pelo rei Eurito. A causa da guerra foi a filha de Eurito, Iole. No final da guerra, o vitorioso

---

* Peias deu as armas de Héracles a seu filho, Filocteto, que as usou na Guerra de Troia.

Héracles, viajando para o norte, rumo a Tráquis, ofereceu um sacrifício em Ceneu, e ali foi vítima dos ardis de um inimigo já morto.

A esposa de Héracles, Dejanira, está diante de sua casa em Tráquis, lamentando-se para sua aia. Quando jovem, foi cortejada por um deus-rio, Aqueloo, que visitou seu pai por meio de três formas distintas: um touro, uma serpente e um homem com cabeça de touro. Ficou horrorizada diante da ideia de ter de se casar com ele, mas Héracles apareceu e conquistou sua mão derrotando Aqueloo numa luta corporal. Depois disso, Dejanira passou a viver preocupada com Héracles. Eles têm filhos que ele raramente vê, pois está sempre fazendo trabalhos para terceiros. Desde que matou Ífito, filho de Eurito, eles moram em Tráquis. Já faz um ano que Héracles está fora de casa, e ele deixou um recado escrito, dando a entender que talvez esteja correndo um perigo terrível.

A aia sugere que Dejanira mande seu filho mais velho, Hilo, procurar o pai. Dejanira o chama e faz esse pedido. Hilo responde dizendo que conhece o paradeiro do pai. No ano anterior, Héracles foi servo de uma mulher da Lídia. Agora livre, está em Eubeia, guerreando com a Ecália. Dejanira revela que a profecia deixada por Héracles dizia que ou ele morreria nessa época ou teria uma vida pacata. Hilo diz que vai correndo a Eubeia para saber do destino de seu pai.

Entra um grupo de mulheres de Tráquis, cantando uma canção para reconfortar Dejanira. Ela anseia pelo retorno do marido, dizem, mas se conforta ao lembrar que ele sobreviveu a incontáveis aventuras no passado. Dejanira não deve se desesperar; isso é errado.

Ela diz que nunca esteve tão preocupada antes. No passado, Héracles sempre se mostrou confiante. Dessa vez, ele lhe explicou como ela deveria repartir seus bens depois de sua morte. Disse que seu destino estaria claro em um ano e três meses. Então, ou morreria, ou viveria em paz pelo resto de seus dias. Um ano e três meses se passaram, e Dejanira está muito nervosa.

Surge um mensageiro com boas notícias. Héracles, diz, foi vitorioso na guerra. A notícia de sua vitória foi levada a Mális por seu arauto, Licas. O próprio Licas foi barrado pelo povo de Mális, que o cercou no campo quando ele anunciou a notícia. O mensageiro disse que se antecipou com a informação para Dejanira, esperando lucrar com sua gratidão.

Chega Licas com um grupo de mulheres escravas da Ecália. Ele diz que Héracles ainda está na Eubeia, organizando um sacrifício para Zeus. Héracles, acrescenta, passou um ano trabalhando como escravo para Ônfale, rainha da Lídia. Antes, visitara Eurito, que o insultou, ficou bêbado e o jogou para fora da casa. Mais tarde, quando o filho de Eurito, Ífito, foi a Tirins à procura de cavalos perdidos, Héracles o agarrou traiçoeiramente e o matou, jogando-o por um despenhadeiro. Foi por isso que Zeus forçou Héracles a ser escravo de uma mulher durante um ano. Foi o fato de Héracles lançar mão de um ardil que enfureceu Zeus. Depois de um ano de servidão, Héracles jurou que puniria a pessoa responsável por sua desgraça, escravizando sua família. Assim, ele conquista a Ecália e manda esses cativos para serem seus escravos.

Dejanira diz que se alegra muito ao saber que Héracles está vivo, mas não consegue deixar de se apiedar das mulheres cativas. Ela aponta para Iole e pergunta quem são seus pais, pois ela parece nobre. Licas diz que não tem informações sobre ela e que ela não falou nada durante toda a viagem. Dejanira sugere que entrem. Ela não quer que as escravas sofram desnecessariamente.

Assim que Licas e as escravas entram na casa, o mensageiro detém Dejanira. Licas, diz, não lhe contou a mesma história que contou ao povo de Mális. Para eles, disse que Héracles lutara a guerra toda para obter a jovem que despertou a atenção de Dejanira. Ela é filha de Eurito. Héracles tentara convencer Eurito a permitir que ele mantivesse Iole como sua amante secreta. Diante da recusa de Eurito, Héracles inventou a guerra contra Ecália. Não é de se esperar, diz, que Iole vá realmente ser uma escrava na casa, pois Héracles está perdidamente apaixonado por ela.

Quando Licas sai da casa, Dejanira lhe pergunta novamente sobre Iole. Ao negar que a conhece, o mensageiro indaga sobre as declarações que ele fez em público. Licas finge que o mensageiro está louco. Dejanira insiste para que ele diga a verdade. Ela diz que não culpa seu marido e nem a jovem, pois "o amor governa até os deuses conforme seu gosto".

Licas admite que o mensageiro disse a verdade: Héracles conquistou a Ecália porque ama Iole, e nunca escondeu esse fato. Licas assumiu a responsabilidade de tentar ocultar a verdade dela. Dejanira diz que vai tratar Iole com gentileza e pede a Licas que volte com ela para casa, enquanto se preparam mensagens e presentes para Héracles.

As mulheres cantam sobre a luta entre Aqueloo e Héracles pela mão de Dejanira como exemplo do poder de Afrodite.

Surge Dejanira. Ela quer ter uma conversa confidencial com as mulheres. Diz que não consegue suportar a ideia de repartir Héracles com Iole, deitando-

-se "sob o mesmo lençol, esperando seu abraço". Acrescenta que Iole é jovem, está quase chegando a seu apogeu, enquanto a beleza de Dejanira está se esvaindo. Os homens preferem botões frescos — e se afastam de flores que murcham.

Entretanto, Dejanira diz que tem um jeito de lidar com a situação, um presente que recebeu de Nesso, o centauro, aquela criatura que transportava pessoas na travessia de um rio. Quando Dejanira e Héracles se casaram, chegaram às suas margens, e Nesso levou Dejanira. Enquanto o fazia, porém, começou a tocar nela com volúpia. Dejanira gritou e, no mesmo instante, Héracles atingiu Nesso com uma flecha. Agonizando, Nesso disse a Dejanira que devia colher seu sangue, especialmente aquele que estivesse mais escuro por causa do veneno da Hidra nas flechas de Héracles. Disse que seria uma poção que impediria Héracles de amar outra mulher. Desde então, Dejanira tem preservado um pouco desse sangue numa urna de bronze. Agora, seguindo as instruções de Nesso, ela o espalha num traje que leva numa caixa de madeira. Ela diz às mulheres que vai usar esse traje encantado para retomar Héracles de Iole, a menos que elas considerem imprudente essa atitude. O coro diz que, se ela acha que vai funcionar, deve tentar.

Entra Licas. Dejanira lhe entrega o traje como um presente para Héracles. Licas sai; Dejanira volta para dentro de casa.

As mulheres cantam. Estão aguardando com júbilo o regresso de Héracles.

Dejanira entra. Agora, mostra-se preocupada com o filtro amoroso de Nesso. Ela esfregou um pouco daquele sangue no traje com um trapo de lã e depois jogou o trapo no chão. Mais tarde, ficou chocada ao perceber que a lã tinha virado poeira sob a luz do sol, e que um líquido púrpura brotava do chão onde o trapo tinha caído. Ela fica imaginando qual seria a razão de Nesso para ajudá-la. Ela também percebe que o sangue da Hidra é um veneno mortal, que feriu até mesmo o divino Quíron. Ela teme que, acidentalmente, esse veneno tenha matado seu marido.

Entra Hilo, amaldiçoando sua mãe. Ele anuncia que ela assassinou Héracles e descreve o que aconteceu. Hilo estava reunido alegremente em Eubeia com seu pai, que estava preparando um grande sacrifício. Pouco depois, chegou Licas com o presente de Dejanira. Héracles vestiu o traje e começou a matar o gado diante das grandes chamas no altar. No começo, seu humor mostrou-se festivo, mas subitamente ele começou a suar, tomado pelo calor e por dores lancinantes que foram piorando mais e mais. O traje estava devorando sua carne. Ele chamou Licas, exigindo saber quem fora o responsável. Licas lhe disse que aquele era apenas um presente de Dejanira. Num espasmo de dor, Héracles agarrou Licas pelo pé e o lançou pelo ar. Licas atingiu um rochedo marinho, e seu crânio se espatifou. Héracles estava se contorcendo e gritando, mas acabou caindo no chão, gemendo em voz baixa. Vendo Hilo, ele lhe pediu para ser levado novamente ao continente num barco. Hilo o fez, e Héracles foi levado ao palácio. Quanto a Dejanira, diz Hilo, ele a amaldiçoa por ter "matado o melhor dos homens sobre a terra". Dejanira sai em silêncio.

As mulheres entoam uma canção, lamentando o ocorrido.

A aia emerge da casa, acompanhada pelo som de gritos e lamúrias que vêm de dentro dela. Dejanira, diz, começou sua última viagem. Em segredo, observou Hilo pegando uma maca para levar seu pai para casa. Depois, vagou lacrimosa pela casa, manuseando objetos familiares e contemplando carinhosamente seus servos favoritos. Finalmente, foi até seu quarto, espalhou lençóis sobre a cama que compartilhou com Héracles, sentou-se nela, disse adeus à sua alcova conjugal e desatou sua túnica, desnudando todo o seu lado esquerdo. Neste momento, a aia corre para chamar Hilo. Quando voltam, descobrem que ela abrira todo o seu flanco, expondo o fígado. Hilo se lamenta. Fica sabendo, por meio dos servos, que Dejanira nunca teve a intenção de matar Héracles, e percebe que suas palavras agressivas a impeliram ao suicídio. Ele se joga sobre ela, soluçando. A aia abre as portas, expondo Hilo com a mãe morta nos braços.

Héracles é trazido por um grupo de servos, liderados por um velho. Hilo se aproxima. O velho diz que não deve acordar Héracles, mas é tarde. Héracles grita de dor e pergunta por que ninguém põe fim a seu sofrimento decepando sua cabeça. O velho pede a Hilo que o faça, mas Hilo diz que está fora do seu alcance, ou de qualquer um, pôr fim à dor de Héracles. Então, Héracles exige que Hilo lhe leve Dejanira para que ela possa ser torturada por seu crime. Ele não consegue acreditar que foi derrotado por uma mulher desarmada.

Hilo pede que Héracles deixe sua raiva de lado. Diz que Dejanira se matou e que agiu por ignorância, tentando salvar seu casamento, usando o sangue de Nesso como feitiço. Héracles responde dizendo que agora tem certeza de que está morrendo. Muitos anos antes, Zeus avisou-o de que ele cairia pelas mãos de um inimigo que já havia morrido. Nesso fez com que essa profecia se cumprisse.

Héracles pede a Hilo que o leve até o cume do Monte Eta, prepare uma pira funerária com carvalho e pinho e o liberte acendendo a fogueira. Hilo concorda com tudo, exceto com o último pedido. Héracles compreende e diz que basta levá-lo até lá e montar a pira. Ele pede ainda um segundo favor, algo menor. Hilo concorda e fica chocado ao saber que Héracles quer que ele se case com Iole. Héracles diz que só Hilo deve ter uma mulher que tenha se deitado com ele, Héracles. Hilo tenta recusar o pedido, pois seria horrível para ele dormir com a mulher responsável pela morte de sua mãe. Quando Héracles diz que é uma ordem e pede aos deuses para servirem de testemunha, Hilo acaba concordando. Héracles pede para ser levado à montanha antes que as dores recomecem. Ele é carregado.

Hilo conversa com as traquínias ao ver seu pai partir: "Vejam como foi pequena a compaixão demonstrada pelos deuses em tudo que aconteceu. Eles, que são chamados de nossos pais, que nos criaram, permitem tal sofrimento. O que vemos é deplorável para nós e vergonhoso para os deuses. Vocês viram uma morte terrível e muitas agonias estranhas, e nada há aqui que não seja Zeus".

35. A Morte de Euristeu

Fonte: Eurípides, *Os Heráclidas* (Tragédia Grega Clássica)

Tucídides (2.67.4) conta que, em 430 a.C., no começo da Guerra entre Atenas e Esparta (data aproximada da redação desta peça), cinco embaixadores espartanos foram capturados pelos atenienses a caminho da Pérsia, levados a Atenas e executados imediatamente sem julgamento.

O sobrinho de Héracles, Iolau, agora idoso, explica que vem protegendo os filhos de Héracles há um bom tempo. Euristeu, rei de Micenas, está decidido a matar Iolau e as crianças. Eles saem de Micenas e são perseguidos de terra em terra. Agora, Iolau leva-os a Maratona, esperando que o governante de Atenas os proteja. Ele se refugiou no altar de Zeus com os filhos mais moços de Héracles. Alcmene e as filhas de Héracles estão dentro do templo. Hilo e os outros mais velhos estão procurando ajuda em outros lugares.

Copreu, arauto de Euristeu, chega, ordenando a Iolau que retorne a Micenas com seus guardas, e luta com ele. Aparece um coro de anciões de Maratona e repreende Copreu por maltratar o velho Iolau. Dizem que ele deve consultar seu governante, Demofonte, filho de Teseu. Então, surge Demofonte.

Copreu diz que Iolau e as crianças são cidadãos de Argos que foram devidamente condenados à morte. Ele os reclama em nome do rei Euristeu. Se colaborarem, vão desfrutar dos benefícios da amizade com Micenas. A resistência significa guerra total.

Iolau diz que Argos não tem por que reclamá-los. Atenas não é do tipo de cidade que entrega refugiados. Demofonte concorda, dizendo que vai proteger os refugiados, pois eles estão num altar e têm laços de sangue com os atenienses. Ele também quer proteger seu prestígio pessoal. Finalmente, Copreu se vai, dizendo que Euristeu está esperando com um grande exército e vai punir Atenas. Demofonte sai para cuidar da defesa da cidade contra o ataque de Argos.

O coro canta, dizendo que Atenas não vai se intimidar. O rei de Argos, dizem, está agindo desavergonhadamente.

Demofonte volta com ar preocupado. Ele consultou os oráculos, e todos concordam que uma jovem nobre deve ser sacrificada a Perséfone para assegurar a vitória. Demofonte não pode pedir esse sacrifício para uma cidadã de Atenas. Ele não sabe o que fazer.

Uma jovem, uma das filhas de Héracles, chamada Macária, emerge do templo e pergunta o que está acontecendo. Ao saber da necessidade de um sacrifício humano, no mesmo instante ela se oferece. Seria uma vergonha, diz, se não pudessem se salvar por medo de uma única morte. Iolau sugere que tirem a sorte, mas Macária rejeita essa ideia. Ela acha glorioso morrer voluntariamente, mas não se o fizer porque perdeu um concurso. Ela diz adeus a seus irmãos, deseja que fiquem bem e pede que cuidem de Iolau e Alcmene. Diz ainda que espera que não haja vida após a morte, porque do contrário os problemas nunca teriam fim. Ao sair, Iolau quase desmaia de dor.

O coro canta rapidamente sobre a mutabilidade do destino e conta como Macária conquistou um bom nome graças a sua coragem.

Um dos servos de Hilo aparece com notícias. O servo diz que Hilo chegou à Ática com um exército. Ele reuniu suas forças ao exército de Demofonte. Ao saber disso, Iolau anuncia a intenção de participar do combate. O servo ironiza a ideia, pois Iolau está fraco e velho, mas Iolau insiste, ordenando que o servo pegue uma armadura no templo. Alcmene e o coro tentam dissuadi-lo. O servo aparece com a armadura, veste-o e o ajuda a andar na direção das linhas de batalha.

O tempo passa, e o coro entoa uma canção glorificando Atenas. Surge outro servo com a notícia da vitória dos atenienses e dos refugiados. Ele conta como os respectivos generais incentivaram suas tropas, dos sacrifícios feitos, do som das trombetas e do embate entre os exércitos. Os atenienses foram rechaçados durante algum tempo, mas depois ficaram melhor. Iolau implorou por um carro de guerra e mirou-o na direção do carro de Euristeu. Foi o que o servo viu; o resto se baseia em relatos de segunda mão. Dizem que Iolau rezou a Zeus e a Hebe para conseguir novamente a juventude, só por um dia. Foi então que duas estrelas apareceram do lado de seu carro, que foi envolvido por uma nuvem escura. Quando a bruma se desfez, ele apareceu jovem e musculoso. Capturou Euristeu no rochedo de Cirão, fê-lo prisioneiro e o mandou preso e acorrentado.

O coro canta com alegria. Guardas levam Euristeu acorrentado. Alcmene o repreende por todo o sofrimento que causou a sua família, dizendo que matá--lo seria muita generosidade. O coro diz que é contra a lei de Atenas matar um prisioneiro de guerra. Alcmene diz que está determinada a matá-lo. Euristeu se manifesta dizendo que não vai implorar por sua vida. Diz que Hera o envolveu na querela com Héracles e que, depois que tudo começou, fez o que pôde para eliminar seus inimigos. Eles deviam tê-lo assassinado em combate. Agora, quem o matar ficará maculado, mas para ele tanto faz a morte como a vida.

Alcmene se propõe a matá-lo, deixando depois seu corpo para ser enterrado na cidade de Atenas. Em sua visão, isso satisfará aos escrúpulos religiosos dos atenienses. Euristeu diz que há um antigo oráculo que diz que ele seria enterrado em Atenas e daria proteção à cidade quando esta fosse atacada por descendentes dos filhos de Héracles.[*] O fato de seus descendentes atacarem Atenas revela sua verdadeira natureza, diz.

Alcmene ordena que o guarda leve Euristeu para matá-lo. O coro acompanha, dizendo "Leve este homem. Quero me assegurar de que nossos reis não terão responsabilidade alguma nisto".

36. A Origem do Velocino de Ouro

Fonte: Apolodoro, *A Biblioteca*, I.9.1 (Era Helenística)

Átamas, rei da Beócia, casou-se com uma deusa, Néfele. Tiveram um filho, Frixo, e uma filha, Hele. Depois, Átamas se divorciou de Néfele e se casou com

---

[*] Supostamente, os rivais de Atenas, os espartanos, seriam descendentes dos filhos de Héracles.

uma mulher mortal, Ino, que detestava seus enteados. Causou uma grande carestia ao convencer as mulheres da Beócia a assarem as sementes. Quando a colheita se mostrou pobre, Átamas consultou o oráculo de Delfos. Ino convenceu os mensageiros a dizer que o oráculo exigiu o sacrifício de Frixo. Os beócios forçaram Átamas a fazer o sacrifício, mas Néfele apareceu na última hora. Ela chegou montada num carneiro dourado voador, que levou seu filho e sua filha para longe do perigo.

As crianças voam para o norte. Ao se aproximarem do Mar Negro, Hele escorrega e se afoga. A água onde ela desapareceu recebe o nome de Helesponto (mar de Hele) em sua homenagem. Frixo chegou a terra da Cólquida e é recebido com hospitalidade pelo rei Eetes. Ele se casa com uma das filhas de Eetes e tem quatro filhos. Ele sacrifica o carneiro em oferenda a Zeus e entrega o seu couro (ou tosão) a Eetes, que o pendura num dos carvalhos de um pomar dedicado a Ares.

37. A Viagem do *Argo*

Fonte: Apolônio de Rodes, *As Argonáuticas* (Era Helenística)

O tio de Jasão, Pélias, usurpou o trono do reino de Iolco do pai de Jasão, Esão. Jasão foi criado na floresta por Quíron, o centauro. Ao chegar à idade adulta, Jasão foi a Iolco com a esperança de recuperar seu trono. Ao atravessar um rio, perde uma sandália. Um oráculo havia dito a Pélias que ele deveria tomar cuidado com o homem com uma sandália. Ele decide se livrar de Jasão ordenando-lhe que recupere o velocino de ouro, o tesouro guardado pelo rei Eetes no reino da Cólquida, nas margens do Mar Negro.

Jasão aceita a tarefa. Com a ajuda de Atenas, ele constrói um navio chamado *Argo* e recruta heróis da Grécia toda — notadamente Meléagro, mais tarde famoso por organizar a caçada ao javali da Caledônia, os irmãos de Helena, Polideuces* e Castor, Héracles (acompanhado por seu namorado, Hilas), Peleu, pai de Aquiles, e Zetes e Calais, filhos com pés alados de Bóreas, o vento Norte.

A primeira parada do *Argo* dá-se na ilha de Lemnos, onde não havia homem algum. Um ano antes, os homens da ilha começaram a negligenciar suas esposas, preferindo as jovens da Trácia capturadas em suas incursões. As

---

* Mais conhecido como Pólux. (N.T.)

mulheres de Lemnos retaliaram, matando os maridos e suas namoradas da Trácia. Só a princesa Hipsípile poupou seu pai, o rei, ajudando-o a escapar pelo mar num baú de madeira. Hipsípile dá as boas-vindas a Jasão e aos Argonautas, convidando-os a permanecer na ilha. Jasão recusa a oferta, mas ele e seus homens participam de alegres confraternizações com as mulheres. Só Héracles permanece distante. A festa continua até Héracles aparecer, sugerindo ironicamente aos Argonautas bêbados que abandonem sua busca. Envergonhados, os heróis voltam ao *Argo*.

A seguir, chegam à terra dos doliones, onde um jovem rei recém-casado recebe os Argonautas com hospitalidade. Gigantes de seis braços vivem nas colinas próximas. Nunca incomodam os doliones, mas atacam o *Argo*. Liderados por Héracles, os Argonautas matam as criaturas, retomam viagem, mas ventos desfavoráveis impelem-nos de volta à terra dos doliones. Não sabem onde estão, e, no escuro, os doliones os confundem com piratas. Segue-se uma batalha, e o jovem rei é morto. Quando chega a aurora, todos os envolvidos são tomados pelo remorso. A jovem viúva do rei se enforca. Os Argonautas só partem depois de assistirem aos funerais.

De volta ao mar, os Argonautas competem para ver quem consegue remar por mais tempo. Em determinado momento, resta apenas Héracles, que move o navio todo apenas com um remo. Então, seu remo se quebra. Os Argonautas atracam e levantam acampamento. Enquanto Héracles está na floresta confeccionando um novo remo de pinho, seu namorado, Hilas, procura água. Ele é capturado por uma ninfa da água e arrastado sob as águas para ser seu marido. Héracles ouve seus gritos e vasculha a floresta à sua procura. Acontece que os outros Argonautas se levantam e zarpam na manhã seguinte, bem cedo. Já estão em mar aberto quando dão pela falta de Héracles. Estão prestes a voltar para buscá-lo quando o deus do mar, Glauco, aparece e lhes diz que ele não está predestinado a completar a viagem.

O reino seguinte é governado pelo cruel Âmico, que insiste em boxear com viajantes que passam por seu reino, quase chegando a matá-los. Polideuces luta em nome dos Argonautas e mata Âmico com um golpe na têmpora, depois de uma longa disputa.

Então, os Argonautas visitam Fineu. Fineu é um profeta que Zeus está punindo por revelar muito sobre o futuro. Sempre que Fineu tenta comer alguma coisa, as Harpias, monstruosas criaturas, metade ave, metade mulher, furtam boa parte de seu alimento, borrifando o resto com um cheiro insuportável.

Dessa vez, quando as Harpias atacam, Zetes e Calais, os filhos voadores de Bo-reas, espantam-nas. Só a intervenção de Íris, deusa do arco da chuva, impede-os de matarem as Harpias. Recebem ordens para deixar Fineu sozinho no futuro. Grato, Fineu ensina os Argonautas a lidarem com as Rochas Esmaga-doras, aconselhando-os a buscar ajuda na ilha de Ares.

Rapidamente, os Argonautas encontram as Rochas Esmagadoras. Como Fineu sugeriu, mandam primeiro um pombo voar entre elas. Ele consegue fa-zê-lo, perdendo apenas uma pena da cauda. Esse é um bom presságio, e o *Argo* passa por elas. Entre as rochas, o navio é retardado por grandes ondas e está prestes a ser esmagado. Surge Atena, que impele o barco para um lugar seguro. As rochas atingem apenas um ornamento da popa e nada mais.

A seguir, tem início uma série de estranhas e breves aventuras. Os Argo-nautas se sentem desestimulados durante algum tempo quando seu profeta é morto por um javali e seu piloto fica doente. Chegam a um reino com amazo-nas hostis, mas fogem antes de serem atacados. Visitam os calibes, lendários mineradores de ferro; uma segunda tribo, na qual os homens sentem as dores do parto quando suas esposas dão à luz; e uma terceira, cujos membros man-têm intercurso sexual e outros atos privados em público. Depois disso, atin-gem a ilha de Ares. Ela está infestada de aves que soltam penas aguçadas de aço nos intrusos. Seguindo o conselho de Fineu, eles entram na ilha, fazendo uma cobertura com seus escudos. Na praia, encontram quatro filhos de Frixo que naufragaram lá quando tentavam velejar até a Grécia. (Frixo foi o grego que levou o velocino de ouro para Eetes.) Gratos por serem salvos, os quatro tornam-se auxiliares leais de Jasão ao saberem da situação na Cólquida.

Pouco depois, o *Argo* ancora no rio Fasis, escondendo-se entre caniços. A Cólquida fica a poucos quilômetros rio acima.

No Olimpo, Hera e Atena, que têm disposição favorável a Jasão, pedem a Afrodite que o ajude, fazendo com que a filha de Eetes, Medeia, apaixone-se por ele. Afrodite faz um acordo com Cupido, que está jogando dados com Ga-nímedes. Em troca de sua ajuda, ela lhe promete um brinquedo que pertenceu a Zeus quando bebê: uma bola de ouro que deixa uma trilha de fogo pelo ar, como um cometa.

Jasão, os filhos de Frixo e dois outros Argonautas seguem até o palácio de Eetes, onde são recebidos de forma amigável. Cupido se infiltra na multidão, acerta uma flecha invisível em Medeia e sai voando.

Depois do jantar, o filho mais velho de Frixo explica a missão de Jasão. O fato de pedirem o velocino de ouro enfurece Eetes, mas Jasão insiste de maneira tão educada que Eetes acaba fazendo uma proposta: Jasão pode ficar com o tosão desde que realize uma tarefa que o próprio Eetes executa regularmente. Ele tem dois touros que respiram fogo e que têm cascos de bronze. Ele põe uma canga neles, ara um campo de certo porte e semeia nele dentes de dragão. Guerreiros fortemente armados brotam do campo, e Eetes os mata. Ele faz isso num único dia. Se Jasão conseguir fazer o mesmo, será considerado digno do tosão. Jasão fica atônito, mas acaba aceitando a oferta.

De volta ao *Argo*, Jasão consulta seus companheiros. Um dos filhos de Frixo sugere um encontro entre a irmã de sua mãe, Medeia, e Jasão. Ele explica que Medeia é uma sacerdotisa de Hécate com poderes mágicos e pode ser útil.

Quando o filho de Frixo pede-lhe para se encontrar com Jasão, Medeia hesita, mas acaba cedendo a seus sentimentos românticos. Ela pega um pouco de *prometeum* de um estojo. Essa unção, feita com uma flor que brotou do sangue de Prometeu, torna a pessoa invulnerável durante um dia. Com isso, ela vai ao templo de Hécate para se encontrar com Jasão. Ele segue na mesma direção, com a aparência embelezada pela magia de Hera. No começo, está acompanhado por um vidente chamado Mopso, mas um corvo inspirado pelos deuses lhe diz que será melhor que Jasão e Medeia estejam sozinhos.

No templo, Medeia entrega o *prometeum* a Jasão. Os dois se sentem atraídos um pelo outro e prolongam a conversa com elaborados cumprimentos. Na manhã seguinte, Jasão chega para seu ordálio, protegido pela unção. Ele consegue pôr a canga nos bois, arar o campo e plantar os dentes de dragão. Os homens armados aparecem, como se esperava. Jasão joga uma pedra entre eles e se esconde. Eles começam a se matar mutuamente. Jasão corre até lá para dar cabo da matança, liquidando alguns enquanto ainda estão saindo do chão. Eetes volta furioso ao palácio.

Aterrorizada diante do que viu, Medeia corre até o acampamento dos Argonautas. Jasão promete casar-se com ela. Todos sobem no *Argo* e zarpam para o pomar onde o tosão é guardado. Quem o vigia é uma serpente gigantesca. Medeia faz a serpente adormecer com uma canção e uma poção borrifada sobre seus olhos. Jasão arranca o tosão que estava pendurado num carvalho.

Então, o *Argo* sai do território da Cólquida, com os homens de Eetes perseguindo-os de perto. Lembrando-se de que Fineu lhes disse para seguirem uma rota diferente para casa, rumam para a foz do Danúbio. Lá, o *Argo* é surpreendido por uma parte da frota da Cólquida liderada por Absirto, irmão de Medeia. Ele concorda em deixar que Jasão fique com o tosão, desde que deixe Medeia num templo de Ártemis perto dali, até seu caso ser decidido por árbitros. Medeia opõe-se veementemente a esse acordo, mas Jasão diz que a população local é favorável à Cólquida e reluta em aceitá-lo. Nesse momento, Medeia assume o controle.

Fingindo que quer trair Jasão, Medeia manda uma mensagem a seu irmão, dizendo para encontrá-la sozinha no templo de Ártemis. Quando Absirto chega lá, Jasão o aguarda numa emboscada. Ele o corta com a espada, e Medeia desvia o olhar. Num ritual para evitar castigos por assassinar alguém à traição, Jasão decepa os braços e as pernas de Absirto, lambe três vezes o sangue de seus ferimentos e cospe. Medeia ergue uma tocha como sinal para a tripulação do *Argo*, que imediatamente ataca o navio de Absirto e mata toda a tripulação. O *Argo* sai da área sob o manto da escuridão. Os habitantes locais ficam indignados e querem perseguir os Argonautas, mas Hera os impede de fazê-lo com uma tempestade.

O *Argo* navega para o oeste pelo Danúbio. Durante uma tormenta, uma viga do navio começa a falar. Era feita de um carvalho sagrado do oráculo de Zeus em Dodona, no norte da Grécia. Por causa do assassinato de Absirto, diz, os Argonautas precisam ser purificados pela deusa Circe. Outros rios* levam o *Argo* até o Mediterrâneo, a oeste da Itália, e a Eeia, ilha de Circe. Ela realiza o ritual necessário.

Então, os Argonautas passam pela ilha das Sereias. Quando o canto das sereias começa a distrair a tripulação, Orfeu o neutraliza, tocando a lira. Depois, surge uma ameaça tripla, representada por Cila e Caribidis, que guardam os dois lados de um canal estreito; a única alternativa são as Rochas Flutuantes. Hera requisitou a ajuda de Tétis e de suas irmãs, as Nereidas, para protegerem o *Argo*. Tétis foi casada com Peleu e teve com ele Aquiles. (Contudo, Peleu e Tétis estão separados neste momento. Tétis teve a esperança de tornar Aquiles imortal mergulhando-o em fogo. Peleu a interrompeu enquanto ela estava realizando o ritual, e ela saiu furiosa e nunca mais voltou.) O *Argo* zarpa na direção das Rochas Flutuantes — e do desastre inevitável. Tétis e suas irmãs sobem nas rochas, pegam o navio e o jogam pelo ar, de rocha em rocha, até ele cair em mar aberto.

---

* A rota hipotética dos Argonautas é impossível em termos geográficos.

Em seguida, o *Argo* lança âncora na Faécia.* Os navios da Cólquida chegam ao mesmo tempo e exigem que o rei da Faécia, Alcínoo, entregue-lhes Medeia. Naquela noite, na cama, Alcínoo revela sua decisão à rainha Arete. Ele vai entregar Medeia, a menos que ela se case com Jasão. Arete foi enfeitiçada por Medeia. Quando Alcínoo dorme, ela manda uma mensagem a Jasão, dizendo-lhe para se casarem imediatamente. Na manhã seguinte, o casamento termina no momento exato em que Alcínoo anuncia sua decisão. Os soldados da Cólquida receiam voltar a Eetes com as mãos vazias, e por isso ficam na Faécia.

De volta ao mar, o *Argo* vislumbra a Grécia, mas é desviado do curso e acaba nas Sirtes, temíveis baixios próximos do litoral do norte da África. Surgem ninfas líbias que aconselham Jasão a "retribuir sua mãe por levá-lo no ventre". Jasão deduz que o *Argo* é sua mãe figurativa e que agora os Argonautas terão de carregá-lo. Com isso, atracam e levam o navio pelo deserto. Finalmente, atingem o lago salgado Tritonis, morada do deus marinho Tritão. Em busca de água potável, chegam ao jardim das Hespérides, deusas que guardam maçãs douradas. Na verdade, algumas dessas maçãs tinham sido furtadas recentemente por Héracles. Elas guiam Jasão até uma fonte de água doce que Héracles criou chutando uma pedra.

Os Argonautas içam vela pelo Tritonis e são orientados de volta ao Mediterrâneo por Tritão. Chegam rapidamente a Creta, mas um gigante chamado Talos impede-os de ancorar jogando pedras contra a nau. Ele é o último membro sobrevivente da Era do Bronze. Sua única vulnerabilidade é uma veia exposta em seu tornozelo. Oferecendo-se para lidar com ele, Medeia fica sobre o convés entoando canções letais, até Talos raspar o tornozelo numa pedra aguçada. Seu sangue divino, ou *ichor*, jorra. Ele cai e morre.

Perto de Creta, o *Argo* é envolvido por uma escuridão absoluta. Jasão reza para Apolo, que aparece e ilumina o caminho até uma pequena ilha, que os Argonautas batizam de Anafe (Revelação). De lá, navegam suavemente até Iolco.

38. A Morte de Pélias, Tio de Jasão

Fonte: Apolodoro, *A Biblioteca*, I.9.27 (Era Helenística)

Enquanto Jasão e os Argonautas estiveram longe, seu tio malvado, Pélias, forçou o pai de Jasão, Esão, a cometer suicídio bebendo o sangue de um touro

---

* Segundo a *Odisseia*, de Homero, os faécios são o povo hospitaleiro que permitiu que Odisseu fosse para casa, em Ítaca, após dez anos de perambulações.

sacrificado. A mãe de Jasão amaldiçoou Pélias e se enforcou. Pélias, por sua vez, assassinou o irmão de Jasão, já órfão.

Quando Jasão voltou, entregou o tosão a Pélias. Seguiu até o Istmo de Corinto com os Argonautas e dedicou o *Argo* a Posêidon. Depois, pediu a Medeia para ajudá-lo a punir Pélias.

Medeia vai a Iolco e demonstra seus poderes mágicos para as filhas de Pélias, cortando em pedacinhos um velho carneiro, fervendo as partes num caldeirão e produzindo um jovem cordeiro. Incentivadas por Medeia, as meninas cortam Pélias em pedaços e fervem-nos no mesmo caldeirão, mas ele não se recupera. Seus restos são enterrados por seu filho, Acasto, que também era um dos Argonautas. Apoiado pelos cidadãos de Iolco, Acasto expulsa Jasão e Medeia.

39. Medeia Mata seus Filhos

Fonte: Eurípides, *Medeia* (Tragédia Grega Clássica)

Jasão e Medeia vivem exilados no reino de Corinto, governado por um rei chamado Creonte.* Do lado de fora da casa, a aia idosa de Medeia descreve a situação. Diz que desejava que Jasão nunca tivesse ido à Cólquida. Agora, ele planeja se divorciar de Medeia para se casar com a filha do rei Creonte. Medeia fica furiosa e pode fazer alguma coisa desesperada.

Surge um educador acompanhando os dois filhos de Medeia, e ele pergunta à aia por que está sozinha do lado de fora da casa, falando consigo mesma. A aia diz que ela está alucinada de dor. São interrompidos pelo som de Medeia chorando do lado de dentro.

Um coro de mulheres coríntias vem visitar Medeia. Esta aparece. Ela apresenta seu sofrimento no amplo contexto da triste sina das mulheres. A mulher adquire, com seu dote, um senhor na forma de um marido. Se ele for ruim, não há escapatória, pois o divórcio arruína a reputação da mulher. Quando o homem se cansa da vida familiar, pode buscar distrações fora de casa. A mulher não. As pessoas dizem que as mulheres têm vida fácil, pois não precisam ir à guerra, mas Medeia diz que preferiria ficar três vezes em batalha a dar à luz uma vez. Seu discurso conquista o coro, que promete não revelar nenhum de seus segredos.

---

* Que não deve ser confundido com Creonte, de Tebas, cunhado e tio de Édipo.

Entra o rei Creonte, anunciando que Medeia deve sair imediatamente da cidade — bem, francamente, é porque ele tem medo dela. Medeia implora por mais um dia para se aprontar. Finalmente, Creonte cede, contra seu melhor juízo. Diz que, por não ter uma "vontade tirânica", volta e meia teve problemas. Quando ele sai, Medeia confidencia ao coro que esse atraso vai permitir que ela mate o rei, sua filha e Jasão. Basta ter um lugar seguro para onde fugir.

Surge Jasão, oferecendo dinheiro a Medeia para ajudá-la no exílio. Ela se recusa a receber o dinheiro, e os dois discutem. Jasão diz que Medeia provocou seu exílio por causa de seu discurso agressivo. Sua dívida com ela, diz, não é tão grande quanto ela afirma. Ela só salvou sua vida na Cólquida porque Afrodite fez com que ela o amasse. Ele fez muito por ela, levando-a para a terra civilizada da Grécia. A única razão pela qual ele quer se casar com a princesa é para proporcionar segurança financeira para seus filhos. Medeia está apenas com ciúme. Como a maioria das mulheres, conclui Jasão, ela está obcecada pelo sexo.

Quando Jasão sai, furioso, o rei Egeu de Atenas aparece por ali. Está voltando de Delfos, com um oráculo para curar a falta de filhos: foi-lhe dito que ele não deveria "abrir o odre de vinho" até voltar para casa. Ele fez um desvio por Troezen para pedir uma interpretação ao rei santo, Piteu. Quando Medeia fala sobre seu divórcio, ele se mostra simpático e lhe oferece refúgio em Atenas, caso precise de um lugar para ficar. Após sua saída, Medeia fica contentíssima. Então, diz ao coro que vai matar a princesa e seus próprios filhos, deixando Jasão sem nada. Depois, vai morar em Atenas. O coro lhe implora para que mude de ideia.

Em vez disso, Medeia chama Jasão e finge estar arrependida por ter perdido a calma. Apesar de se exilar, diz, preocupa-se em saber se permitirão que as crianças fiquem em Corinto. Talvez Jasão pudesse convencer a princesa a interceder junto ao rei. Para ajudar, ela faz um vestido e uma coroa para que as crianças deem à princesa. Jasão concorda e vai ao palácio com os filhos, o educador e os presentes de Medeia.

O educador e as crianças voltam logo. O educador conta que o pedido foi concedido. Para seu espanto, isso perturba Medeia. Ela dispensa sua presença e fica com os filhos, num solilóquio no qual ela questiona se realmente pode matá-los. Em dado instante, parece que ela decide não fazê-lo. Depois, a ideia de saber que seus inimigos vão rir dela faz com que perceba que matar seus filhos é o único caminho aberto para ela. Então leva os garotos para dentro de casa.

Ouve-se um breve canto coral sobre a questão das preocupações e das tristezas das pessoas que têm filhos.

Medeia sai da casa, dizendo que aguarda ansiosamente as novidades do palácio. Um mensageiro sem fôlego vem correndo de lá. Diz que Medeia deve fugir porque cometeu um crime terrível. Medeia quer saber com detalhes o ocorrido. O mensageiro conta que a princesa torceu o nariz ao ver as crianças, mas ficou encantada com os presentes, vestindo-se na frente de um espelho. Ao fazê-lo, sentiu-se subitamente mal e se sentou num sofá. A cor se esvaiu de seu rosto, seus olhos reviraram, sua boca espumou. Então, a princesa começou a berrar. Sua coroa pegou fogo, e o vestido começou a corroer sua pele. Ela se levantou, agitando a cabeça para soltar a coroa, mas isso só estimulou as chamas. Finalmente, ela caiu morta no chão, quase irreconhecível. Seu pai chega, ajoelha-se perto dela e a beija. "*Oimoi!*",* grita. "Gostaria de poder morrer com você, minha filha!"

Ele tenta se levantar, mas descobre que o vestido estava grudado nele como a hera na árvore, rasgando sua pele. Segue-se "uma horrenda luta corporal". O velho se esforça, mas não consegue se livrar. Finalmente, ele desiste e morre.

Medeia entra em casa. Ouvem-se gritos de dentro dela. "*Oimoi!* O que podemos fazer para escapar das mãos da mamãe?" "Não sei, querido irmão. Estamos sendo assassinados!"

Chega Jasão para "proteger seus filhos". Medeia aparece sobre o palco num carro voador, um presente de seu avô, Hélio. Ela segura os corpos dos filhos. Ela e Jasão trocam insultos e acusações. Recusando-se a deixar Jasão tocar em seus filhos ou participar de seu enterro, ela voa para Atenas. Enquanto desaparece, o coro canta "Deus encontra um modo de fazer com que o inesperado aconteça".

40. Os Primeiros Reis de Atenas

Fonte: Apolodoro, *A Biblioteca*, 3.186-190 (Era Helenística)

Cécrope, nascido na Terra, foi o primeiro rei de Atenas. Foi sucedido por Cranau, Anfictião e Erictônio. Este último era filho de Hefesto e de Atena, tal como segue. Atena procurou Hefesto para que ele lhe confeccionasse algumas armas. Negligenciado por sua esposa, Afrodite, Hefesto se excitou ao ver Atena.

---

* Expressão usada para demonstrar horror, medo ou desgosto. (N.T.)

Ele a perseguiu, e ela fugiu. Finalmente, agarrou-a após grande esforço, pois era coxo. No embate que se seguiu, acabou derramando seu sêmen na perna dela. Enojada, Atena limpou-se com um pedaço de lã (*erion* em grego) e jogou o pano no chão, que caiu na terra (*chthon* em grego). Como resultado, nasceu Erictônio.

Atena colocou o pequeno Erictônio numa cesta selada e o entregou às filhas de Cécrope, com instruções estritas para que não olhassem seu conteúdo. Abrindo a cesta por curiosidade, viram uma serpente em volta do bebê. Foram mortas pela serpente ou enlouqueceram e se suicidaram pulando da acrópole. Erictônio foi criado por Atena em seu templo.

Quando Erictônio cresceu, derrubou Anfictião e se tornou o quarto rei de Atenas. Entre outras coisas, ele estabeleceu o grande festival quadrienal, a Panateneia, em homenagem a Atena.

Com a morte de Erictônio, o sucessor foi seu filho, Pandião.

41. Procne e Filomela

Fonte: Ovídio, *Metamorfoses*, 6.418-678 (Período Romano)

Durante o reinado de Pandião, Atenas foi sitiada por invasores bárbaros. A cidade foi salva pelas forças de um aliado, o rei Tereu, da Trácia. Em gratidão, Pandião permite que Tereu se case com sua filha, Procne. Ela deixa Atenas para morar na Trácia com seu marido, e em pouco tempo tem um filho com ele, Ítis.

Depois de cinco anos de casamento, Procne pede que Tereu traga sua amada irmã, Filomela, para uma visita. Tereu consente e vai a Atenas para organizar a visita. Quando conhece Filomela, é tomado pelo desejo. Adotando um novo plano em segredo, convence Pandião a mandar Filomela e ele à Trácia em seu navio.

Quando Tereu e Filomela chegam à Trácia, ele a arrasta até uma casa na floresta e a violenta. Ela fica indignada e promete denunciar esse crime terrível. Com medo e com raiva, Tereu puxa sua espada e amarra as mãos de Filomela com correntes por trás dela. Filomela lhe oferece seu pescoço, esperando, e até desejando, que a mate. Em vez disso, ele puxa sua língua com uma tenaz e a corta. Enquanto sua língua se debate e se retorce pelo chão, Tereu a possui outra vez e ainda outra vez. Finalmente, ele a deixa na casa com um guarda.

De volta a seu palácio, Tereu diz a Procne que sua irmã morreu na viagem. Passa-se um ano. Finalmente, Filomela descobre um modo de se comunicar com o mundo exterior. Ela tece sua história numa tapeçaria e, com gestos, instrui uma serva a levá-la para a rainha.

Quando Procne vê a tapeçaria, compreende o que aconteceu. É a noite na qual as mulheres da Trácia organizam uma festa ao ar livre em homenagem a Baco. Procne leva as mênades até a casa na floresta. Resgatam Filomela e a levam ao palácio. Lá, as irmãs estão pensando numa vingança apropriada, quando Ítis, o jovem filho de Procne — que é a imagem de seu pai — entra no recinto. Apesar de seus sentimentos maternais, Procne se enche de raiva. Ela se pergunta "Por que este garoto pode fazer belos discursos e minha irmã permanece muda?". Ela e Filomela matam Ítis e assam sua carne.

No dia seguinte, Procne convida Tereu para uma festa. Tereu come com gosto e pergunta por Ítis. "Ele está dentro de você", diz Procne. Com isso, Filomela salta de um esconderijo com a cabeça de Ítis nas mãos. Tereu ataca as mulheres para matá-las, mas todos se transformam em aves. Tereu transforma-se em uma poupa. As mulheres viram outras aves. Todas têm alguma plumagem vermelha por causa do sangue que derramaram.

A tristeza causada por esse evento abreviou a vida do rei Pandião. Ele foi sucedido por Erecteu, que teve quatro filhos e quatro filhas. Uma das filhas, Orítia, foi raptada por Bóreas, o Vento Norte.

42. Céfalo e Prócris

Fonte: Ovídio, *Metamorfoses*, 7.690-862 (Período Romano)

A irmã de Orítia, Prócris, casa-se com Céfalo, príncipe de Fócis, distrito no qual se localiza Delfos. Céfalo é um ávido caçador. Um dia, Aurora o vê caçando e o leva para que seja seu amante. Entretanto, Céfalo ama Prócris e não para de pensar nela — e nem de falar nela. Finalmente, frustrada, Aurora o liberta, mas prevê que Céfalo viverá para se arrepender de seu casamento com Prócris.

O aviso de Aurora e seu comportamento libidinoso levam Céfalo a imaginar se Prócris lhe é fiel. Com a ajuda de Aurora, disfarça-se como um estranho e testa Prócris, procurando seduzi-la com presentes caros. Prócris rejeita suas investidas. Céfalo vai melhorando os presentes prometidos, até ela parecer hesitar. Então, ele revela sua verdadeira identidade — e a chama de falsa. Envergonhada e zangada, Prócris corre para a mata e vai morar com Diana.

Não demora para que Céfalo sinta falta dela. Ele implora seu perdão, admite que estava errado e que teria fracassado num teste similar. Prócris retorna e leva dois presentes para Céfalo, conseguidos com Diana: o mais veloz de todos os cães de caça e um dardo que nunca erra seu alvo.

O cão exibe sua habilidade quando uma raposa monstruosa aparece no território de Tebas. Céfalo e seu cão são recrutados para matar a raposa. Quando ela surge, Céfalo solta o cão. Ele corre tão depressa que parece ter desaparecido, deixando apenas suas pegadas. Raposa e cão correm pela planície até ambos ficarem imobilizados, transformados em mármore. Algum deus desejou que nenhum deles perecesse.

O dardo de Céfalo, porém, causa uma tragédia. Apesar de amar sua esposa, sai todas as manhãs para caçar. Depois, relaxa em vales refrescantes. Desenvolve o hábito de conversar com a brisa, *aura* em latim. "Oh, aura", diz, "venha reconfortar-me. Refresca meu calor."

Um dia, alguém ouve Céfalo conversando com a brisa presume que ele tenha uma amante e conta a Prócris. Muito aborrecida, Prócris se esgueira entre os arbustos para espreitar Céfalo. Ouvindo um ruído, ele arremessa seu dardo, que perfura o peito dela. Reconhecendo seu grito, Céfalo corre até ela e a abraça. Sabendo que está morrendo, ela faz um último pedido. Implora que Céfalo nunca deixe "Aura" mudar-se para a casa que compartilharam. Percebendo o que havia acontecido, Céfalo oferece suas explicações. Prócris morre em seus braços, olhando amavelmente em seus olhos.

43. A Origem do Minotauro

Fonte: Apolodoro, *A Biblioteca*, III.1.3-4 (Era Helenística)

Europa, uma princesa fenícia, é levada a Creta por Zeus na forma de um touro. Lá, ela dá à luz três filhos dele: Minos, Sarpedonte e Radamanto. Depois, casa-se com um governante de Creta chamado Astério, que cria esses filhos como se fossem seus. Quando eles crescem, discutem e seguem caminhos distintos. Só Minos fica em Creta. Ele se casa com uma dama local chamada Pasífae. Com a morte de Astério, Minos quer governar Creta, mas tem opositores. Ele afirma que os deuses desejam que seja rei, e que vão lhe conceder o alvo de suas preces. Para provar isso, ele reza a Posêidon para que faça aparecer um touro do mar, acrescentando que promete sacrificá-lo.

Posêidon cria um belíssimo touro, e Minos fica com o reino. Minos, porém, acrescenta o touro ao seu rebanho e sacrifica outro. Furioso com a atitude, Posêidon faz com que Pasífae se apaixone pelo touro. Sem saber como consumar seu amor, Pasífae busca a ajuda de um inventor, Dédalo. Ele vive em

Creta após ter sido exilado de Atenas, onde cometeu assassinato: matou seu jovem sobrinho, que o deixou enciumado ao inventar o serrote.

Dédalo cria uma vaca oca de madeira sobre rodas, cobre-a com couro de vaca, acomoda Pasífae dentro dela e a leva até o prado no qual o touro pasta. O touro monta a vaca e, após o tempo devido, Pasífae gera um filho monstruoso chamado Astério, que é mais conhecido como Minotauro (Minos-touro). Tem a face de um touro, mas o restante é humano.

Obedecendo aos oráculos, Minos confina o Minotauro no Labirinto.

44. As Aventuras de Teseu

Fonte: Apolodoro, *A Biblioteca*, 3.15-Epítome 1.21 (Era Helenística)

O rei Pandião, de Atenas, foi exilado por uma família rival, mas seus quatro filhos, liderados por Egeu, recuperaram o controle da cidade. Egeu não tinha filhos e receava a concorrência dos irmãos. Por isso, consultou a sacerdotisa de Apolo em Delfos para saber se teria filhos. Ela respondeu: "não abra o odre repleto de vinho enquanto não chegar às alturas de Atenas". Egeu não entendeu o oráculo. Voltou a Atenas através da pequena cidade de Troezen, onde ficou com o rei Piteu. Este compreendeu a frase e fez com que Egeu se deitasse com sua filha, Etra. Na mesma noite, Posêidon também se deitou com Etra.

Egeu disse a Etra que se tivessem um menino como fruto de sua união, ela deveria educá-lo sem dizer quem era seu pai. Ele deixou uma espada e sandálias sob uma rocha, dizendo que quando o menino conseguisse empurrar a rocha e pegá-los, ela deveria mandá-lo para Atenas.

Já em Atenas, Egeu celebrou os Jogos Panatenaicos. Androgeu, filho do rei Minos, de Creta, venceu todos os concursos. Então, Egeu mandou-o enfrentar o touro de Maratona, e ele foi morto. Outros dizem que Androgeu foi assassinado por rivais invejosos enquanto se dirigia a Tebas para participar de outros jogos. Enfurecido, Minos declarou guerra a Atenas. Incapaz de tomar a cidade, rezou a Zeus, pedindo vingança. Como resultado, a cidade foi assolada pela praga e pela fome. Quando os atenienses perguntaram ao oráculo o que deveriam fazer, foi-lhes dito que deveriam dar a Minos o que quer que ele exigisse. Minos, por sua vez, ordenou-lhes que enviassem sete rapazes e sete moças a Creta, todos os anos, como alimento para o Minotauro.

Em Troezen, Etra deu à luz Teseu. Já mais velho, ele empurrou a rocha, pegou a espada e a sandália e correu a pé até Atenas. No caminho, limpou a estrada exterminando os malfeitores. Matou Perifetes, chamado de "Homem-

-bastão" por causa do bastão de ferro que levava. Teseu o arrancou dele e o guardou. Matou Sínis, o "Enverga-pinheiros", que fazia com que os transeuntes dobrassem os pinheiros até ficarem fracos demais para fazê-lo. Assim, eram lançados no ar e sofriam uma morte terrível. Teseu matou Sínis do mesmo modo.

Liquidou uma porca gigante chamada Fea depois de matar sua criadora, uma idosa. Depois, foi a vez de Cirão, que vivia nos penhascos de Mégara. Cirão forçava os viajantes a lavar seus pés. Enquanto o faziam, ele os chutava para o mar, onde eram devorados por uma tartaruga gigante. Teseu lançou-o ao mar pelos pés.

Em Elêusis, Teseu matou Cercião, que forçava os viajantes a lutar e sempre os matava. Teseu ergueu-o bem alto e o lançou no chão.

Damastes* vivia ao lado da estrada e tinha duas camas, uma pequena e outra grande. Convidando transeuntes a passarem a noite, ele punha os homens baixos deitados na cama grande e os esticava até se ajustarem à medida. Os altos se deitavam na cama menor, e Damastes cortava as partes do corpo que se projetassem além dela.

Depois de limpar a estrada, Teseu chega a Atenas. Nessa época, Medeia era casada com Egeu e o convenceu de que Teseu era um traidor. Sem perceber que, na verdade, Teseu era seu filho, Egeu manda-o enfrentar o touro de Maratona, que Teseu mata.

Depois, seguindo o conselho de Medeia, Egeu dá a Teseu uma taça com vinho envenenado. Quando está prestes a bebê-lo, Teseu mostra sua espada a Egeu. Este arranca a taça das mãos de Teseu. Medeia é exilada.

Teseu foi escolhido como um dos que seriam enviados ao Minotauro. Alguns dizem que ele se ofereceu. O navio em que embarcou tinha uma vela preta por causa da natureza triste de sua viagem. Egeu pediu a Teseu para alçar velas brancas na viagem de volta — se ele conseguisse voltar vivo.

Quando Teseu chegou a Creta, a filha de Minos, Ariadne, apaixonou-se por ele e ofereceu-se para ajudá-lo, desde que ele a levasse para Atenas como sua esposa. Teseu concordou. Ela perguntou a Dédalo como Teseu poderia fugir do Labirinto. Seguindo a sugestão do inventor, ela deu a Teseu um novelo

---

* Mais conhecido como Procusto, nome que é dado ao instrumento de tortura inspirado em sua história, o "leito de Procusto". (N.T.)

de barbante. Teseu amarrou-o na porta e foi desenrolando o fio atrás de si pelo Labirinto.

Teseu encontrou o Minotauro na última parte do Labirinto. Ele o matou com um único soco e encontrou a saída acompanhando o barbante.

Nessa noite, ele chegou com Ariadne à ilha de Naxos. Lá, Dionísio se apaixonou por Ariadne e a levou a Lemnos, onde ela teve quatro de seus filhos. Pesaroso por Ariadne, Teseu se esqueceu de içar velas brancas. Vendo o navio com a vela preta e pensando que Teseu havia morrido, Egeu se jogou da acrópole ateniense e morreu.

Ao saber da fuga de Teseu, Minos aprisionou Dédalo e seu filho, Ícaro, no Labirinto. Dédalo construiu asas para si mesmo e para seu filho, e advertiu-o para não voar alto demais, para que a cola não derretesse ao sol, e para não se aproximar do oceano, para que as penas não ficassem excessivamente úmidas. Tolo, Ícaro ignorou o conselho do pai, voou cada vez mais alto até a cola derreter, caiu no mar e pereceu. Dédalo conseguiu alcançar a Sicília em segurança.

Teseu uniu-se a Héracles em sua expedição contra as amazonas e raptou Antíope, que alguns chamam de Hipólita. As amazonas marcharam contra Atenas, mas foram derrotadas pelas forças de Teseu.

Embora Teseu tenha tido um filho com Antíope, Hipólito, divorciou-se dela e se casou com Fedra, filha de Minos. Antíope foi morta quando apareceu armada no casamento de Teseu e Fedra.

Depois de ter tido dois filhos com Teseu, Fedra apaixonou-se por Hipólito e pediu-lhe que se deitasse com ela. Ele evitou suas abordagens porque detestava todas as mulheres. Temendo o que ele pudesse dizer, Fedra arrebentou as portas de seu quarto, rasgou as próprias roupas e acusou falsamente Hipólito de tê-la estuprado. Teseu acreditou nela e rezou para Posêidon, pedindo que Hipólito perecesse. Quando Hipólito andava em seu carro perto da praia, Posêidon mandou um touro sair do mar. Os cavalos se assustaram, o carro se despedaçou, e Hipólito ficou emaranhado nas rédeas, sendo arrastado até a morte. Quando a história se tornou pública, Fedra se enforcou.

Enquanto isso, no céu, um homem chamado Ixião tentou seduzir Hera. Para se assegurar de sua culpa, Zeus fez uma nuvem com a aparência de Hera e a colocou deitada ao lado de Ixião. Quando este se gabou de ter dormido com Hera, Zeus atou-o a uma roda, na qual ele será sempre girado pelos ventos. Essa foi a sua pena. A nuvem, grávida de Ixião, deu à luz os Centauros, criaturas de cabeça e torso humanos e corpos e pernas de cavalos.

Ixião era um líder da tribo dos lápitas. Teve, com uma mulher mortal, um filho chamado Pirítoo. Quando Pirítoo estava se casando com sua noiva, festejou com os Centauros, que eram seus meios-irmãos. No entanto, os Centauros se embriagaram e, quando a noiva apareceu, tentaram violentá-la. Teseu, que também estava no casamento, ajudou Pirítoo a dominar os Centauros, matando muitos deles.

Mais tarde, Teseu e Pirítoo concordaram que deviam se casar com as filhas de Zeus. Com a ajuda de Pirítoo, Teseu tirou Helena, então com 12 anos, de Esparta. Foram até o Hades e tentaram raptar Perséfone para que se casasse com Pirítoo.

Enquanto estavam no mundo inferior, os irmãos de Helena, Castor e Pólux, recapturaram-na, aprisionaram Etra, a mãe de Teseu, puseram um homem chamado Menesteu no trono de Atenas.

No mundo inferior, fingindo ser amigo de ambos, Hades sugeriu que Teseu e Pirítoo se sentassem na Cadeira do Perdão. Ao fazê-lo, grudaram-se a ela e ficaram presos por serpentes. Pirítoo permaneceu nela para sempre. Héracles salvou Teseu e o mandou de volta para Atenas. Entretanto, foi rechaçado por Menesteu e se refugiou com Licomedes na ilha de Ciros. Licomedes, porém, jogou-o num buraco profundo e o matou.

45. A Morte de Hipólito (*Hipólito,* de Eurípides)

Fonte: Eurípides, *Hipólito* (Tragédia Grega Clássica)

Afrodite aparece do lado do palácio de Troezen para explicar a situação. Diz que Hipólito é filho ilegítimo de Teseu e da amazona Hipólita, já falecida, e protegido de Piteu, rei de Troezen. Ele homenageia Ártemis, passando seu tempo caçando com ela, mas desdenha Afrodite e a chama de vil. Afrodite está preparando sua vingança.

Ela faz com que a nova esposa de Teseu, a princesa Fedra, de Creta, se apaixone por Hipólito quando ele visita Atenas, pouco antes. Agora, Teseu estava exilado de Atenas, tendo de ficar um ano em Troezen por ter assassinado alguns parentes numa disputa. Fedra também foi a Troezen e está louca de desejo por seu enteado, mas não revelou esse segredo a ninguém. Porém, ficou gravemente enferma, e ninguém sabe a razão. Afrodite diz que fará a verdade se revelar de tal modo que Teseu irá invocar a ajuda de Posêidon e causar a morte de Hipólito. Posêidon, diz, concedeu a Teseu a realização de três desejos, quaisquer que sejam.

Quando Hipólito volta da caçada e chega ao palácio, Afrodite sai dizendo "Ele não sabe que os portões do Hades estão abertos, e que esta será a última vez em que verá a luz do dia".

Hipólito oferece uma prece e uma guirlanda a uma estátua de Ártemis que fica do lado de fora do palácio. Um servo idoso diz que ele deve homenagear a poderosa Afrodite, cuja estátua também está presente. Hipólito rejeita a sugestão, dizendo que nenhuma divindade que trabalha no escuro lhe interessa, e sai.

Entra um coro de mulheres para saber mais sobre a doença de Fedra. Ouviram dizer que ela não come faz três dias, e imaginam que ela tenha ofendido alguma divindade — ou descoberto que seu marido tem uma amante, ou que um ente querido morreu em Creta.

Fedra é levada para fora do palácio por servos, entre os quais sua antiga aia. Esta diz a Fedra que agora ela está sob a luz do sol, como pediu. Ela pergunta a Fedra o que a aflige, mas Fedra responde com frases aparentemente incoerentes, como o desejo de ir caçar. A aia explica ao coro que ela não conseguiu descobrir a causa da doença de Fedra. Teseu não pode ajudar, pois está fora da cidade, consultando um oráculo.

A aia questiona Fedra com insistência e toma sua mão num gesto de súplica. Finalmente, Fedra cede, admitindo que o problema é o amor, e que o homem envolvido é "o filho da amazona". A aia e as mulheres do coro ficam chocadas e atônitas.

Fedra explica que tinha a esperança de que sua loucura amainasse, mas agora percebe que isso não vai acontecer e que precisa morrer para preservar sua honra. Diante disso, a aia ameniza a gravidade da situação, dizendo que todos sucumbem ao amor. Quando Fedra se recusa a pensar na ideia de dar asas a seus desejos, a aia se oferece para encontrar para Fedra um feitiço que a cure. Ela se recusa a entrar em detalhes sobre o feitiço, dizendo apenas que Fedra precisa conseguir alguns cabelos de Hipólito ou um pedaço de roupa dele para que o feitiço funcione. Fedra implora para que ela não revele seu segredo, aconteça o que acontecer. A aia diz-lhe para não se preocupar e sai.

O coro fala do poder de Afrodite e Eros. O canto cessa quando Fedra ouve gritos no palácio. Não demora para que se saiba que a aia contou seu segredo a Hipólito, que, zangado, acusa-a de ser uma cafetina e traidora. Fedra sai, dizendo que precisa morrer logo.

Hipólito e a aia saem do palácio. Evidentemente, a aia conseguiu a promessa de sigilo de Hipólito antes de lhe falar do amor de Fedra. Hipólito diz que isso é a única coisa que o impede de contar toda a história a Teseu. Ele denuncia a aia, Fedra e as mulheres em geral. Diz que Zeus deveria deixar as pessoas comprarem crianças nos templos em vez de propagá-las por intermédio das mulheres. Acrescenta que, como as mulheres usam servos para realizar seus esquemas malignos, só deveriam ser servidas por animais tolos. Diz que nunca conseguirá odiar suficientemente as mulheres.

Fedra amaldiçoa a aia por sua interferência e a manda embora, recusando-se a ouvir outra sugestão que ela quer fazer. Fedra faz com que o coro jure que nunca vai revelar nenhum de seus segredos. Ela diz que agora vai morrer, mas que o fará de modo a preservar a honra de sua família pelo bem de seus filhos, obtendo também uma vingança. Ela entra no palácio.

A canção do coro, desejando uma existência despreocupada, termina com gritos da aia vindos do palácio: Fedra se enforcou.

Teseu volta do oráculo com guirlandas na cabeça, mostrando que recebeu uma mensagem favorável. Ouvindo as lamúrias, ele pergunta quem morreu e fica arrasado ao saber que foi sua jovem esposa. Após uma longa passagem de lamentações líricas, ele percebe uma pequena tabuleta no pulso de Fedra. Ao lê-la, seu pesar aumenta. Segundo a mensagem que deixou, Fedra matou-se porque Hipólito a violentou.

Teseu reza a Posêidon, pedindo que lhe conceda um de seus três desejos, matando Hipólito nesse mesmo dia. O coro roga-lhe para voltar atrás, mas Teseu se recusa. Acrescenta um decreto de banimento à sua maldição. Ou Posêidon mata Hipólito, ou Hipólito passa sua vida como um errante sem-teto.

Hipólito entra porque ouviu os lamentos de Teseu. Este expressa o desejo de que existisse algum sinal pelo qual fosse possível distinguir as pessoas honestas das mentirosas, e acusa Hipólito de hipócrita. Hipólito, diz, afirmava ser o mais santo dos homens, afastando-se da carne, realizando rituais inventados por Orfeu e lendo livros sagrados, mas seu verdadeiro caráter foi revelado pela morte de Fedra. Hipólito jura inocência. Diz que é virgem e ignorante em termos de sexo, exceto por aquilo que ouviu em conversas ou viu em imagens, e que nem mesmo gosta de vê-las. Ademais, não deseja sequer substituir Teseu como governante. Num comentário paralelo, Hipólito pensa em romper o juramento e dizer a Teseu o que aconteceu de fato, mas percebe que Teseu não iria acreditar nele de qualquer modo. Teseu ordena que Hipólito se exile. Hipólito parte com um grupo de amigos.

Depois de um canto coral, entra um servo com a notícia de que Hipólito está morrendo. Ele saiu de Troezen num carro com vários amigos a acompanhá-lo pela praia. Quando chegou na fronteira do país, uma enorme onda se quebrou na praia e vomitou um touro gigantesco. Os cavalos de Hipólito entraram em pânico. Ele tentou dominá-los, mas os animais saíram galopando descontroladamente, perseguidos pelo touro até uma área rochosa. Lá, o carro se espatifou, e Hipólito foi ferido mortalmente. O servo acrescentou que ele próprio não acreditava que Hipólito pudesse ter cometido um estupro, mesmo que todas as mulheres do mundo se enforcassem. Teseu dá permissão ao servo para que leve Hipólito ao palácio. Ele quer que Hipólito admita sua culpa à luz de seu castigo divino.

Enquanto Teseu espera Hipólito, Ártemis aparece do alto e diz a Teseu que Hipólito era inocente. Explica que Fedra o acusou falsamente com medo de que a verdade de sua paixão ilícita pudesse vir à tona. Acrescenta que Teseu foi tolo por usar um de seus três desejos para matar seu filho. Não deveria ter agido tão apressadamente. Teseu diz que quer morrer.

Entra Hipólito, agonizante, apoiado por servos. Ártemis revela que foi Afrodite a causadora de todos os problemas. Teseu diz que não sente mais alegria na vida e que foi enganado pelos deuses. Hipólito deseja que os humanos pudessem ser capazes de esmagar os deuses, tal como os deuses esmagam os humanos. Ártemis lhe diz que vai ajustar as contas, matando o seguidor mortal predileto de Afrodite. Além disso, nos anos seguintes, as noivas de Troezen dedicarão uma mecha de cabelos ao fantasma de Hipólito. Ela sai, dizendo que não é bom que os deuses poluam os olhos com a visão de uma pessoa que está morrendo.

Hipólito agoniza nos braços do pai. Inocenta formalmente Teseu da culpa por sua morte, chamando Ártemis para testemunhar sua declaração. Teseu diz que chora pela nobreza e virtude de Hipólito. Este lhe diz que reze para que seus filhos legítimos sejam igualmente virtuosos, e pede a Teseu para cobrir seu rosto quando ele morrer. Teseu diz que vai pensar para sempre nos males causados por Afrodite.

46. A Fundação de Tebas por Cadmo

Fonte: Ovídio, *Metamorfoses*, 2.836-3.130 (Período Romano)

Júpiter convoca Mercúrio. Sem revelar que um de seus casos amorosos é a razão, diz que ele deve ir até a cidade fenícia de Sídon, encontrar o gado real e conduzi-lo até a praia. Em pouco tempo, o gado ruma para o local indicado, que é justamente onde a filha do rei, Europa, costuma brincar com outras jovens. O pai e governante dos deuses assume a aparência de um touro e se une ao rebanho, mugindo e pastando. Ele é branco como a neve fresca. Seus chifres são retorcidos e brilhantes como joias. Sua face é serena e amigável.

Europa se encanta com aquele belo touro e lhe oferece flores para comer. Ele beija suas mãos, brinca na grama, deita-se na areia e deixa-a afagar seu peito e pôr guirlandas em seus chifres. A jovem princesa até ousa se sentar em suas costas. Pouco a pouco, o touro entra na água e vai se afastando da margem. Antes que Europa perceba o que está acontecendo, ele a levou até águas profundas. Ela estremece, olha para a praia e segura firmemente em seus chifres. Finalmente, o deus se livra do disfarce, revela sua verdadeira identidade e chega à ilha de Creta.*

O pai de Europa, Agenor, ordena que seu filho, Cadmo, descubra o que aconteceu com sua irmã desaparecida e acrescenta que a pena pelo fracasso será o exílio. Percorrendo o mundo em vão, Cadmo consulta o oráculo de Apolo a respeito de um novo lar. O oráculo diz que Cadmo vai encontrar uma novilha (*bos* em latim) num campo deserto. Ele deve seguir a novilha até ela se deitar na grama. Nesse ponto, deve construir uma cidade e chamar a nova terra de Beócia.

Cadmo encontra a novilha pouco depois. Quando ela se deita na grama, ele decide sacrificá-la em oferenda aos deuses. Manda seus homens até a mata próxima para buscar água. Eles encontram um córrego emergindo de uma caverna. Uma grande serpente consagrada a Marte vive na caverna. Quando os homens mergulham os jarros na água, a serpente põe a cabeça para fora. Ela se ergue bem alto, acima das árvores, e ataca os homens, matando alguns com suas presas ou com seu hálito venenoso e esmagando outros em suas espirais.

---

* O filho que Europa tem com Júpiter ou Zeus é Minos, rei de Cnossos, capital de Creta.

Como os homens não voltam, Cadmo sai para verificar o que havia aconteceu e enfrenta a serpente. Depois de uma luta furiosa, ele leva o monstro até um carvalho e atravessa sua garganta com uma lança, imobilizando-o.

Minerva desce suavemente do céu e ordena a Cadmo que plante os dentes da serpente no solo. Ao fazê-lo, veem-se pontas de lanças saindo do chão, depois capacetes com cristas esvoaçantes, depois o peito dos soldados, seus braços e o resto de seus corpos, no momento em que a cortina desce sobre o palco no início de uma peça.

Os soldados lutam ferozmente uns com os outros, até restarem apenas cinco. Minerva diz que devem fazer as pazes. Eles se unem a Cadmo na fundação da nova cidade. Não tarda para a cidade estar completa, e Cadmo se casa com Harmonia, a filha de Vênus e de Marte.

47. Cadmo: O Capítulo Final

Fonte: Ovídio, *Metamorfoses*, 4.563-603 (Período Romano)

Muitos e muitos anos depois, desesperados pelos incontáveis infortúnios que se abateram sobre seus filhos e netos, Cadmo e Harmonia deixam Tebas. Depois de muito perambular, chegam à Ilíria. Lá, Cadmo diz: "Teria sido *sagrada* a serpente que liquidei quando vim de Sídon? Se for esse o pecado pelo qual os deuses estão me punindo, que eu me transforme numa serpente!". Mal acabou de dizer isso e sentiu escamas crescendo sobre sua pele endurecida. Ele cai sobre o estômago. Suas pernas se fundem e seus braços encolhem. Com o que resta deles, procura sua esposa. Lágrimas escorrem por seu rosto, ainda humano. "Segure a minha mão", diz, "enquanto ainda tenho uma." Ele quer dizer mais alguma coisa, mas subitamente sua língua fica dividida. "Oh, deuses", lamenta sua esposa, "por que não me transformaram também?" Cadmo lambe o rosto da esposa e se enrodilha em seu busto e em seu pescoço. Embora os transeuntes olhem horrorizados, ela apenas afaga seu pescoço reluzente. Subitamente, veem-se duas cobras enroladas uma na outra. Não demora para que se escondam nas sombras da floresta próxima. Até hoje, são serpentes pacíficas, fugindo dos homens sem nunca atacá-los, pois se recordam do que foram anteriormente.

48. Anfião e Zeto, Reis de Tebas

Fonte: Apolodoro, *A Biblioteca*, 3.5.5-6 (Era Helenística)

Depois de Cadmo, Tebas foi governada por seu filho, Polidoro, e depois pelo filho de Polidoro, Lábdaco, que morreu opondo-se à adoração a Dionísio, tal como Penteu. Como o filho de Lábdaco, Laio, ainda era pequeno nessa época, o poder real foi tomado por Lico, tio-avô materno de Lábdaco.

O irmão de Lico, Nicteu, tinha uma filha chamada Antíope, que foi seduzida por Zeus. Ela engravidou e, quando sua gravidez foi descoberta, refugiou-se em desgraça na cidade vizinha de Sícion, onde se casou com o rei. Seu pai, Nicteu, suicidou-se. Antes de morrer, pediu a Lico para punir sua filha e seu novo marido.

Lico atacou Sícion, matou o marido de Antíope e levou-a prisioneira. Enquanto marchavam para Tebas, ela deu à luz gêmeos. Os garotos foram deixados ao relento para morrer. Contudo, um pastor os encontrou e criou-os como se fossem seus filhos. Foram chamados Anfião e Zeto. Mais velho, Anfião ganhou uma lira de Hermes e tornou-se um grande músico. Zeto tornou-se boiadeiro, como seu pai adotivo.

Já em Tebas, Lico e sua esposa, Dirce, aprisionaram Antíope no palácio e trataram-na com desdém. Um dia, depois de muitos anos, seus jugos se afrouxaram sozinhos. Na fuga, ela chegou à cabana de seus filhos. Ouvindo sua história e descobrindo que ela era sua mãe, os jovens mataram Lico e Dirce. Livraram-se desta amarrando-a a um touro e lançando seu corpo inerte numa fonte, hoje chamada de "Dirce" em sua homenagem.

Assumindo o controle da cidade, Anfião e Zeto construíram seus muros. As pedras obedeceram à lira de Anfião. Zeto casou-se com uma deusa local chamada Tebas e deu à cidade esse nome. Anfião casou-se com Níobe, que lhe deu sete filhos e sete filhas. Níobe gabou-se de ser mais abençoada por ter mais filhos do que Leto. Insultada, Leto incitou seus filhos, Ártemis e Apolo, à luta. Ártemis liquidou as filhas de Níobe em casa; Apolo matou os filhos enquanto caçavam. Níobe saiu de Tebas e foi para a casa de seu pai, Tântalo, que morava no Monte Sípilo, na Ásia Menor. Lá, depois de rezar para Zeus, foi transformada numa pedra da qual fluem lágrimas, noite e dia. Em Tebas, com a morte de Anfião, Laio ascendeu ao trono.

49. Rei Édipo Descobre sua Verdadeira Identidade

Fonte: Sófocles, *Édipo Rei* (Tragédia Grega Clássica)

Os pais de Édipo eram o rei Laio e a rainha Jocasta, de Tebas. Ao saber por um oráculo que morreria pelas mãos de seu filho, Laio mandou que o bebê Édipo fosse deixado numa montanha com um prego transfixado em seus tornozelos. O servo a que fora confiada a tarefa de abandonar o bebê era conhecido apenas como um homem de Laio, um boiadeiro. Por piedade, ignorou as ordens recebidas e entregou o bebê a um pastor coríntio para que ele o desse a pais adotivos. O coríntio deu o bebê ao casal real de Corinto, Políbio e Mérope, que o criaram como se fosse seu próprio filho e lhe deram o nome de Édipo ("Pés Inchados") por causa dos efeitos do prego.

Anos depois, um bêbado em Corinto acusou Édipo, agora jovem, de ser ilegítimo. Isso incomodou Édipo, que foi ao oráculo de Delfos para saber quem eram seus verdadeiros pais. Em vez de responder à pergunta, o oráculo disse a Édipo que ele estava destinado a se deitar com sua mãe, "gerando filhos profanos", e a matar seu pai. No mesmo instante, Édipo resolveu evitar o destino fugindo de Corinto para não mais voltar, e saiu do oráculo.

Chegando a uma encruzilhada, resolveu ir a Tebas. Lá, encontrou um idoso com um grupo de servos. Discutiram sobre a preferência de passagem. Quando o idoso o golpeou com um aguilhão, Édipo o jogou para fora de seu carro e o matou, bem como a todos os seus servos — pelo menos, foi o que imaginou. Na verdade, houve um sobrevivente: um homem de Laio. Ele correu até Tebas com a história de que um bando de assaltantes tinha assassinado o rei Laio e o resto de seu séquito.

Os cidadãos não puderam investigar o regicídio porque um monstro, a Esfinge, apareceu no campo, apresentando um enigma para as pessoas e matando-as se não lhe dessem a resposta certa. Nessa conjuntura, Édipo chegou à cidade. Vendo-o, o homem de Laio pediu licença a Jocasta para trabalhar no campo, longe da cidade, e teve seu desejo concedido, pois sempre fora um bom servo. Édipo enfrentou a Esfinge, deu a resposta certa para o Enigma, e a Esfinge se matou. Gratos, os cidadãos de Tebas fizeram de Édipo seu novo rei. Ele se casou com a rainha viúva, Jocasta.

A peça de Sófocles começa alguns anos depois. Édipo e Jocasta têm filhos já crescidos, dois meninos e duas meninas. Uma praga dizima a cidade. O cunhado de Édipo, Creonte, vai a Delfos para descobrir por que os deuses estão zangados, e lhe dizem que o assassino de Laio precisa ser punido.

Édipo concorda em investigar o crime. Ele questiona o velho vidente cego, Tirésias, que subitamente se lembra da verdade, a qual vinha escondendo. Ele diz: "Conhecia bem essa história, mas a esqueci. Do contrário, não teria vindo". Tirésias procura não falar. Como Édipo começa a insistir, Tirésias murmura que o próprio Édipo é o criminoso que ele procura. Édipo se irrita. Acusa Tirésias e Creonte de usarem um oráculo falso para destroná-lo. Mais tarde, Creonte tenta se defender, mas Édipo também o trata com desdém.

Jocasta sai do palácio para consolar Édipo. Ao saber que a discussão gira em torno de oráculos, ela faz pouco deles, dizendo a Édipo que certa vez um oráculo previu que seu falecido marido seria assassinado por seu filho. Ela diz que, na verdade, ele havia sido assassinado por um bando de assaltantes — numa encruzilhada. A referência a uma encruzilhada perturba Édipo. Ele fala da viagem que o levou de Corinto até uma encruzilhada, onde matou um homem idoso cuja descrição se assemelha à de Laio. Ele manda chamar o homem de Laio, esperando que este confirme a antiga história sobre um bando de assaltantes.

Enquanto esperam o homem de Laio, um coríntio aparece com notícias para Édipo. Seu "pai", Políbio, morreu de velhice, e os cidadãos de Corinto querem fazer de Édipo seu rei. Jocasta e Édipo ficam aliviados ao saber da morte de Políbio porque aparentemente o oráculo fez a predição de que Édipo iria matá-lo. Édipo diz ao coríntio que não pode voltar por causa da outra parte do oráculo — a de que iria se casar com sua mãe. Achando que esta informação iria servir de alívio, o coríntio diz a Édipo que Políbio e Mérope não eram seus pais verdadeiros. O coríntio sabe que Édipo fora adotado, porque ele não é outro senão o antigo pastor que deu Édipo, ainda bebê, a Políbio. Contudo, ele não sabe dizer a Édipo quem eram seus pais verdadeiros. Só um servo chamado de "homem de Laio" saberia dizê-lo. Durante essas revelações, Jocasta sai do palco.

Finalmente, chega o homem de Laio. Édipo exige que lhe diga quem eram seus pais e o ameaça com violência caso se recuse a falar. Relutante, o homem de Laio diz-lhe que ele é filho de Laio e Jocasta. Ao ouvir isso, Édipo corre na direção do palácio, gritando que tudo ficou claro. O coro canta uma canção sobre a incerteza da felicidade humana. Num instante, Édipo parecia ser o mais feliz dos homens. Agora, ele é o mais miserável dentre eles!

Um servo saído do palácio descreve os eventos recentes. Primeiro, Jocasta correu até seu quarto, chorando e gemendo. Os servos ficaram preocupados, mas foram distraídos por Édipo, que correu até o palácio, pediu uma espada e exigiu ver a rainha. Como se fosse guiado por um poder invisível, abriu com fúria as portas do quarto de Jocasta. Lá dentro, vê que ela se enforcou. Ele a põe sobre a cama, tira os broches de sua túnica e vaza os olhos com eles, golpeando-os tantas vezes e com tanta força, que produz não só filetes de sangue, mas um "furacão de sanguinolência".

Cego, Édipo aparece pela última vez no palco. Dirigindo-se ao coro horrorizado, ele pede para ser exilado o mais depressa possível. Surge Creonte. Diante da ruína de Édipo, ele assumiu o poder real. Diz a Édipo que quer perguntar ao oráculo o que deve fazer. Por enquanto, quer que Édipo volte ao palácio e fique longe do público. Como consolo, embora modesto, leva as duas filhas de Édipo para reconfortarem o pai. As moças saem do palácio. Édipo lamenta o sofrimento causado a todos, e finalmente Creonte o convence a entrar no palácio.

Enquanto o faz, o coro canta:

"Morador nativo de Tebas, veja Édipo,
Aquele que resolveu o famoso enigma, o mais poderoso dos homens.
Todos que o viam sentiam inveja de sua sina.
Que maré de triste infortúnio o assoma agora!
Assim, aprendemos como é necessário ver o dia final
Para julgar melhor os mortais. Se não pudermos fazê-lo, silenciemos.
Felicidade é encerrar a vida sem ser esmagado pela dor."

50. A Morte de Édipo

Fonte: Sófocles, *Édipo em Colono* (Tragédia Grega Clássica)

Errantes sem-teto, o cego Édipo e sua filha Antígona chegam ao território ateniense. Édipo se senta numa rocha. Um ateniense dali pede-lhe para sair, pois está numa área consagrada às Fúrias. Édipo diz que precisa ficar ali. Descobre que o rei daquela terra é Teseu e pede que o ateniense o chame. O ateniense diz que precisa convocar outros cidadãos para analisarem o pedido.

Quando o ateniense sai, Édipo fala a Antígona sobre uma profecia. Segundo esta, ele precisa dar cabo de sua vida numa área consagrada às Fúrias. Ele será uma bênção para aqueles que o receberem, uma maldição para os que o enxotarem.

Aparece um coro de atenienses e convence Édipo a sair temporariamente do local sagrado. Depois, pressionam-no para que revele seu nome. Como conhecem sua história, ficam horrorizados quando ele diz quem é, e pedem para que saia de uma vez da região. No entanto, quando Édipo e Antígona pedem que tenham compaixão, concordam em esperar Teseu, respeitando sua decisão.

A outra filha de Édipo, Ismênia, chega a cavalo. Enquanto Antígona acompanhava Édipo em suas perambulações, Ismênia os procurava para levar notícias da cidade. Diz que seus filhos, que antes planejavam deixar Creonte governar, estão brigando pelo poder real. O mais novo, Etéocles, tomou o poder, conquistando as graças do povo.

Exilado, o mais velho, Polinice, casou-se, formou alianças na região de Micenas e espera conquistar Tebas. Nesse meio-tempo, os oráculos falam da importância de Édipo nesse conflito iminente. Por isso, Creonte está a caminho para pedir que Édipo volte e fique morando na fronteira de Tebas — para respeitar os oráculos sem causar interferência.

Édipo se lembra de que quis morrer quando descobriu o segredo de sua identidade. Depois, quando se acalmou e desejou viver normalmente, foi expulso da cidade, e seus filhos nada fizeram para ajudá-lo, tampouco fizeram qualquer coisa por ele depois. Só suas filhas, diz, agiram como homens. Édipo está determinado a não ajudar nenhum de seus filhos varões.

Membros do coro dizem que devem ser oferecidas libações às Fúrias para aplacá-las pelo fato de Édipo ter violado o pomar. Ismênia se oferece para a tarefa. Ela vai buscar água na outra extremidade do pomar.

Chega Teseu e pergunta a Édipo que favor ele deseja. Ele diz que deseja ser enterrado em Atenas. Édipo acrescenta que isso vai beneficiar Atenas, pois seu espírito vai levar a cidade à vitória sobre Tebas caso cheguem a guerrear. Entretanto, adverte-o de que Creonte e seus filhos podem tentar barrá-lo para impedir que seja enterrado em Atenas. Teseu lhe assegura de que não permitirá que isso aconteça.

Depois de um interlúdio do coral, em que o lugar da ação é identificado como Colono (subúrbio de Atenas), Antígona anuncia a vinda de Creonte. Ao chegar, declara que todo o povo de Tebas quer a volta de Édipo e que é uma vergonha para Antígona viver uma vida tão miserável. Édipo se recusa a voltar, enfatizando novamente que foi exilado quando quis ficar em Tebas. Então, Creonte revela que seus homens capturaram Ismênia. Pior: ele ordena a prisão de Antígona. Ela é arrastada para fora do palco entre gritos e lamentos.

Chega Teseu. Ele ordena que o exército ateniense se reúna para salvar as moças e repreende Creonte por seu comportamento ilegal. Creonte diz que só agiu assim porque não imaginava que Atenas quisesse proteger um homem acusado de parricídio e incesto.

Isso provoca uma réplica furiosa em Édipo. Ele exige saber como pode ser considerado responsável por crimes profetizados antes mesmo que fosse concebido. Ele diz que Laio tentou matá-lo na encruzilhada. "Se alguém tentasse matá-lo", pergunta a Creonte, "você se defenderia ou perguntaria antes se ele é seu pai?" Teseu interrompe a discussão para agir. Sai com Creonte para alcançar os tebanos, que estão com as moças.

O coro prevê que Teseu e seus homens vão salvar as jovens. Quando seu canto termina, Teseu as devolve para os braços de Édipo. Depois que se abraçam, Teseu diz a Édipo que um homem do sul assumiu uma posição suplicante num altar de Posêidon e deseja falar com ele. Édipo descobre que ele é seu filho, Polinice. Ele não quer ouvi-lo, mas Teseu e Antígona o convencem.

Polinice chega lamentando seus infortúnios e os de Édipo. Explica que Etéocles conquistou o poder em Tebas graças ao povo. Em Argos, ele montou um exército com sete líderes, dentre os quais ele próprio. Os oráculos indicam que a vitória será do lado que Édipo favorecer. Se Polinice ganhar, vai levar Édipo de volta ao poder em Tebas. Ele deseja apenas o perdão do pai.

Édipo responde que está disposto a conversar com Polinice, mas só como um favor para Teseu. Polinice e Etéocles são responsáveis pela condição miserável de Édipo. Ele amaldiçoa os dois, prevendo que ambos vão se matar em combate.

As esperanças de Polinice se esvaem. Ele pede a Antígona que providencie um enterro apropriado para ele caso a maldição de Édipo se cumpra, e caso ela já tenha voltado a Tebas quando isso acontecer. Antígona lhe implora para desistir do ataque a Tebas. Polinice diz que não pode agir com tanta covardia. Antígona quer saber quem vai se dispor a segui-lo depois que as pessoas souberem da maldição de Édipo. Ele diz que, como bom general, vai ocultar a verdade. Despedem-se em lágrimas.

Soa o trovão. Édipo diz que isso assinala sua morte e que é muito importante falar com Teseu. Este ouve as pessoas a chamá-lo e volta. Édipo diz

106

que vai levar apenas Teseu até o lugar secreto onde ele, Édipo, vai morrer. O conhecimento desse local e de outros segredos que Édipo vai lhe transmitir manterão Atenas sempre livre de ataques de Tebas. Embora esteja cego, Édipo leva Teseu e suas filhas ao bosque sagrado.

Após um breve interlúdio coral, aparece um mensageiro com a notícia de que Édipo morreu. Diz que ele levou até uma bacia o grupo que o acompanhava. Nela, banhou-se e disse adeus às filhas. "Tudo que fui pereceu", diz. "Não terão mais o trabalho de cuidar de mim. Sei como foi difícil, minhas filhas, mas uma única palavra dissolve todos esses problemas: amor. Não existe homem que as tenha amado mais." Depois de uma despedida lacrimosa, manda que se afastem.

Quando o grupo olha à distância, o mensageiro acrescenta, Édipo se foi, e Teseu cobre os olhos, como se quisesse evitar uma visão assustadora. "Ou foi um mensageiro enviado pelos deuses, ou um poder de baixo que cindiu a terra. Ele morreu sem dor ou doença, um fim maravilhoso, que nenhum outro mortal já teve."

As jovens se lamentam. Antígona pede que Teseu mostre onde fica o túmulo de Édipo, mas ele se recusa a fazê-lo. Decidem voltar a Tebas para tentar impedir que seus irmãos se matem.

51. A Morte de Antígona

Fonte: Sófocles, *Antígona* (Tragédia Grega Clássica)

Antígona conversa com sua irmã, Ismênia, fora das muralhas de Tebas. Ela pergunta se Ismênia ouviu falar do mais recente infortúnio a recair sobre sua miserável família. Ismênia diz que sabe apenas que seus irmãos se mataram em combate e que o exército invasor de Argos se afastou. Antígona lhe diz que o rei Creonte promulgou um decreto proibindo o enterro do irmão delas, Polinice, porque ele era um rebelde. A pena para quem o fizer será a morte por apedrejamento. Antígona quer saber se Ismênia vai ajudá-la a enterrar Polinice. Ismênia diz que não pode desafiar a lei da cidade. Antígona despreza essa atitude, dizendo que agora não aceitaria sua ajuda mesmo que ela mudasse de ideia e a oferecesse.

Convocado por Creonte, entra um coro de cidadãos proeminentes cantando sobre a gloriosa vitória de Tebas. Creonte aparece e repete sua proclamação, proibindo o enterro de Polinice. O coro diz que irá apoiá-lo.

Aparece um soldado com notícias para Creonte. Ele se esforça e reluta muito em dizer o que tem para dizer. Finalmente, revela que apareceu poeira sobre o corpo de Polinice. Ele foi o infeliz soldado, escolhido pela sorte, para dar a notícia a Creonte.

O coro se pergunta se os deuses seriam os responsáveis. Creonte ridiculariza a ideia, pois Polinice tinha a intenção de pilhar os templos dos deuses. Ele acha que os culpados são pessoas que se opõem a ele por motivos financeiros. Creonte manda o guarda embora, dando ordens severas para que descubram quem espalhou a poeira. O guarda fica aliviado por estar saindo com vida. "Não há como", diz a Creonte, "você tornar a me ver aqui novamente."

O coro entoa uma ode louvando a raça humana por sua inventividade: "Há muitas coisas espantosas, mas nada mais espantoso do que o homem. Ele atravessa o mar cinzento sob a fúria da tormenta" etc. O único problema para o qual o homem não encontrou solução é a morte.

O soldado do episódio anterior torna a aparecer no palco, acompanhando Antígona. Revela com satisfação que flagrou-a enterrando Polinice. Explica que ele e seus colegas de guarnição tinham tirado a poeira do cadáver e o estavam guardando com atenção, sentados do lado do vento para evitar o cheiro. Ao meio-dia, houve uma nuvem de poeira. Quando o céu clareou, Antígona estava em pé sobre o corpo, chorando e jogando poeira nele. Ela não negou sua culpa.

Creonte pergunta a Antígona se ela sabia do decreto. Ela responde que sim, mas não achou que essa proclamação "permitiria a qualquer mortal violar as leis não escritas e seguras dos deuses, pois elas não existem apenas desde hoje ou de ontem, mas vivem para sempre, e ninguém conhece sua fonte".

Isso enfurece Creonte. Ele diz que não seria um homem se Antígona o vencesse nessa questão. Ele deduz que Ismênia deve ter colaborado e ordena sua prisão. Quando Ismênia é levada até ele, diz que é culpada, mas Antígona nega e continua a tratá-la com desprezo. Diz que Ismênia não tem o direito de compartilhar sua morte.

Ismênia lembra a Creonte que seu filho, Hémon, vai se casar com Antígona, esperando que isso faça com que mude de ideia, mas ele se mostra inabalável. "Outras pessoas", diz, "têm campos que podem ser arados."

Depois de um interlúdio coral, chega Hémon. Ele começa dizendo muito educadamente que respeita o julgamento de Creonte. Este justifica a condenação de Antígona com o argumento de que nada é mais importante do que a obediência à autoridade. "É necessário proteger a autoridade", diz, "e nunca ser derrotado por uma mulher. Se é para cair, melhor ser vencido por um homem. Não queremos ser considerados inferiores às mulheres"

Hémon sugere respeitosamente que Creonte leve em conta o consenso na cidade, que diz que é injusto executar Antígona. Creonte responde dizendo que o povo não governa a cidade, mas ele sim, e acusa Hémon de ter sido escravizado por uma mulher. Hémon fica furioso. Diz que, se Antígona morrer, ela vai destruir alguém. Creonte interpreta isso como uma ameaça contra sua própria vida. Ordena que lhe tragam Antígona para ser executada diante dos olhos de Hémon. Ele diz que isso nunca vai acontecer e sai.

Creonte ordena que as jovens sejam trazidas para sua execução. O coro pergunta se realmente quer mandar matar as duas. Na mesma hora, muda de ideia e diz que só Antígona deve morrer. Ele vai aprisioná-la viva numa caverna rochosa com comida suficiente para não ser acusado de assassinato.

Antígona é levada à prisão, trocando lamentações com o coro. Creonte repete que será sua escolha viver ou morrer na caverna. Antígona faz uma pausa para explicar sua devoção ao irmão. Diz que um marido ou um filho poderiam ser substituídos, mas, como seus pais estão mortos, nunca terá outro irmão.

Depois de um breve interlúdio coral, entra Tirésias. Diz que o comportamento das aves e a aparência das carnes oferecidas em sacrifício mostram que os deuses estão muito irritados, evidentemente por causa do tratamento dado ao corpo de Polinice e pela punição a Antígona. Creonte deveria reconsiderar sua decisão.

Inicialmente, Creonte dispensa Tirésias, acusando todos os videntes de só se interessarem por dinheiro. Depois, Tirésias faz uma profecia terrível. Creonte vai pagar pelo corpo que negou a Hades com um cadáver de sua própria família, e cidades vão se insurgir contra ele.

Tirésias deixa Creonte abalado. Depois de uma breve conversa com o coro, Creonte muda de ideia e sai da cidade com servos para enterrar Polinice e libertar Antígona.

O coro entoa um canto em homenagem a Dionísio, a divindade nascida em Tebas. Nesse momento, surge um mensageiro com a notícia de que Hémon está morto. A comoção ao lado do palácio chama a atenção de Eurídice, esposa de Creonte e mãe de Hémon. Ela sai do palácio e pergunta o que aconteceu.

O mensageiro diz que não há motivo para poupar seus sentimentos. Ele era um dos servos que acompanhava Creonte. Primeiro, pararam para queimar o que restava do corpo de Polinice e, depois, correram até a caverna de Antígona. Quando se aproximavam, ouviram gemidos de dor, cuja origem Creonte identificou como sendo de seu filho, Hémon. Na caverna, descobriram que Antígona tinha se enforcado. Hémon estava abraçado à sua cintura.

Creonte pede que saia. Hémon olha alucinado para ele, cospe no seu rosto e o ataca com a espada, mas erra. Depois, mergulha a espada no próprio peito e cai sobre a jovem, borrifando com seu sangue vermelho o rosto claro da moça.

Ao final da mensagem, membros do coro percebem que a rainha saiu dali. O mensageiro entra para descobrir o que aconteceu.

Surge Creonte com o corpo de Hémon, amaldiçoando sua cegueira anterior.

Um mensageiro vindo do palácio anuncia que a rainha Eurídice se matou. As portas do palácio se abrem para mostrar seu corpo. O mensageiro diz que ela se apunhalou no estômago diante de um altar, após amaldiçoar Creonte pela morte de Hémon.

Creonte pede para ser levado dali, "como um tolo que matou seu filho e sua esposa sem ter a intenção de fazê-lo". O coro não tem palavras de conforto. Tudo que podem dizer é que a sabedoria é o ingrediente mais importante da felicidade.

52. O Início da Guerra de Troia

Fonte: Resumo bizantino de *A Cípria*, de Estasino (Grego Arcaico)

Zeus planeja com Têmis o início da Guerra de Troia para aliviar o fardo superpopulacional da Terra. Surge Éris ("discórdia") enquanto os deuses festejam o casamento entre Peleu e Tétis e tem início uma briga entre Hera, Atena e Afrodite, que querem saber qual é a mais bela. Por ordem de Zeus, são levadas por Hermes até Páris no Monte Ida, que faz vista para Troia. Atraído pela promessa de casamento com Helena, Páris decide a favor de Afrodite.

Depois, por sugestão de Afrodite, Páris constrói navios. Aporta na Lacedemônia e é recebido por Menelau, de Esparta. Ele dá presentes a Helena. Mais tarde, Menelau iça velas para Creta, ordenando a Helena que cuide do convidado. Nesse ponto, Afrodite aproxima Helena e Páris. Depois de fazerem amor, reúnem a maior parte dos bens de Helena e zarpam à noite. Hera cria uma tempestade sobre o navio. Lançando âncora em Sídon, Páris toma a cidade. Navegando até Troia, casa-se com Helena.

Íris narra a Menelau o ocorrido. De volta à Grécia, Menelau e seu irmão, Agamenon, planejam uma expedição contra Troia. Viajam pela Grécia toda recrutando líderes.

Os líderes se reúnem em Áulis. Zarpam, chegam a uma cidade da Ásia Menor chamada Teutrânia e a saqueiam achando que é Troia. Descobrindo o erro, tornam a se reunir em Áulis. Agamenon mata um veado e alardeia que supera Ártemis na caça. A deusa manda ventos tempestuosos que impedem a frota de zarpar. Calcas, sacerdote dos gregos, diz que devem sacrificar Ifigênia, filha de Agamenon, e oferecê-la a Ártemis. Ifigênia é chamada, achando que iria casar-se com Aquiles, mas em vez disso é levada ao sacrifício. No último instante, Ártemis a leva para a terra de Táurida no Mar Negro, torna-a imortal e coloca uma corça no altar no lugar dela.

Pouco antes de a frota chegar a Troia, o guerreiro grego Filoctetes é picado por uma cobra. Como seu ferimento exala um odor terrível, ele é deixado na ilha de Lemnos.

Os gregos tentam ancorar em Troia. No início, os troianos os impedem. Protesilau, o primeiro grego a pisar na praia, é morto por Heitor. Depois, Aquiles mata Cycnus, filho de Posêidon, e faz com que os troianos recuem. Os gregos recolhem seus mortos e mandam emissários aos troianos exigindo a entrega de Helena e de seu tesouro. Os troianos se recusam a obedecer. Os gregos atacam a cidade e, depois, devastam o campo e as cidades próximas.

A maioria dos gregos quer voltar para casa, mas é impedida por Aquiles. Ele afugenta o gado de Eneias, saqueia Lirnesso e outras cidades vizinhas e mata Troilo. Dentre os espólios dessas vitórias, Aquiles recebe como prêmio uma jovem chamada Briseida. Agamenon é presenteado com Criseida.

53. O Julgamento de Páris

Fonte: Luciano, *Diálogos dos Deuses*, 20 (Grego, Século II d.C.)

Afrodite, Atena e Hera estão discutindo por causa de uma maçã que leva a inscrição "A mais bela pode me devorar". Zeus instrui Hermes que as leve até Páris, no Monte Ida, para um julgamento. Páris tem sangue real, é parente de Ganímedes; é um rapaz do interior, sem máculas. As deusas concordam. No caminho, Afrodite pergunta a Hermes se Páris é casado e fica sabendo que ele mora com uma camponesa, mas não é casado com ela.

Embora tenham voado até Ida, as divindades vão até Páris a pé para não assustá-lo. Hera comenta que Afrodite conhece o caminho porque visitou

Anquises antes. Hermes diz que foi na mesma área em que ele ajudou Zeus, disfarçado de águia, a sequestrar Ganímedes, que estava tocando a flauta para seu rebanho naquele momento. Zeus levou o garoto aterrorizado em suas garras e voou até o céu. Hermes recolheu a flauta que o jovem deixou cair.

Páris recebe as divindades. Ao tomar conhecimento da situação, diz que está muito encantado pela beleza das deusas e que não consegue se decidir entre elas. Hermes lembra que as ordens de Zeus não podem ser ignoradas. Páris pergunta se ele deveria ver as deusas nuas. Hermes diz que cabe a Páris decidir. Páris pede que as deusas tirem suas roupas e conversa com cada uma separadamente.

Hera promete fazer dele o rei de toda a "Ásia" (ou seja, a Ásia Menor) caso a escolha. Páris diz que seu julgamento não será influenciado por presentes. Atena o tenta com a promessa de que ele nunca será derrotado em batalha. Páris diz que não se interessa pela guerra, pois o reino de seu pai é pacífico.

Afrodite incentiva Páris a examiná-la com atenção e diz que ele é o jovem mais belo do reino de seu pai. Sua boa aparência, diz, está sendo desperdiçada no campo. Ele deveria casar-se com alguém como Helena, de Esparta. Ela é filha de Leda e Zeus na forma de um cisne. É branca como um cisne, tão delicada quanto se deveria esperar de uma garota que cresceu num ovo em formação e gosta de ginástica e de lutas. Foi a causa da guerra quando Teseu, de Atenas, a sequestrou na infância. Mais tarde, os gregos mais nobres a cortejaram, e ela foi dada a Menelau. Afrodite diz que pode arranjar um casamento entre ela e Páris.

Páris não vê como seria possível conquistar o amor de uma mulher casada. Afrodite diz que vai obter a ajuda de Desejo, Amor e as Três Graças. Páris se convence e entrega a maçã a Afrodite quando ela lhe promete Helena.

54. Peleu e Tétis

Fonte: Apolodoro, *A Biblioteca*, 3.13.5-7 (Era Helenística)

Peleu foge de sua terra natal, a ilha de Egina, porque matou um irmão por ciúme. Torna-se governante da Ftia, na Tessália. Lá, casa-se com Tétis, filha de Nereu. Ela foi cortejada por Zeus e Posêidon, mas Têmis profetizou que seu filho seria mais poderoso do que seu pai, e eles recuaram. Outros dizem que, como foi criada por Hera, Tétis não iria querer nada com Zeus.

Quíron, o centauro sábio, disse a Peleu como poderia conquistar Tétis. Ele teria que agarrá-la e segurá-la com presteza, apesar de ela poder mudar de forma. Ele esperou sua oportunidade e a levou — apesar de ela se transformar em fogo, água e em uma fera.

Casaram-se no Monte Pélion. Os deuses celebraram o casamento com música e banquetes. Quíron deu a Peleu uma lança de freixo. Posêidon deu-lhe cavalos imortais.

Quando Tétis teve um filho de Peleu, quis torná-lo imortal. Sem que Peleu soubesse, ela escondia o bebê na fogueira à noite para destruir o elemento mortal, e de dia o untava com ambrosia.* Mas Peleu a espionou e, vendo o filho retorcendo-se no fogo, gritou. Impedida de realizar seu propósito, Tétis abandonou o bebê e voltou à companhia das Nereidas. Peleu levou a criança a Quíron, que o recebeu e o alimentou com as entranhas de leões e de suínos selvagens e com o tutano de ursos. Deu-lhe o nome de Aquiles, porque seus lábios não conheceram peito; antes disso, seu nome era Ligyron.**

55. Aquiles em Ciros (*Aquileida*, de Estácio)

Fonte: Estácio, *Aquileida* (Período Romano)

Estácio invoca a ajuda da Musa e de Apolo para contar toda a história de Aquiles, desde que se escondeu na ilha de Ciros até sua morte em Troia.***

Tétis vê Páris voltando a Troia com Helena. Sabendo do perigo que isso representa para seu filho, Tétis tenta convencer Netuno a afundar o navio de Páris, mas fracassa. Depois, procura o mestre de Aquiles, Quíron, o centauro, no interior da Tessália. Afirma que precisa levar Aquiles com ela para realizar um rito mágico de purificação. Aquiles chega da caçada com seu amigo, Pátroclo, abraça sua mãe e adormece abraçado a Quíron. Tétis decide levá-lo à ilha de Ciros, onde as filhas do rei Licomedes estão sendo criadas. É um lugar menos belicoso do que outros esconderijos possíveis. Tétis convoca sua carruagem puxada por golfinhos, pega Aquiles ainda dormindo e navega com ele sobre as ondas.

---

* Na *Aquileida* (história 48), Estácio alude à história que diz que Tétis mergulhou Aquiles no rio Estige para torná-lo invulnerável. O primeiro a mencionar explicitamente o calcanhar de Aquiles como seu único ponto vulnerável é Fulgêncio (século V d.C.).

** O prefixo grego "a-" equivale a "não-" em português; *cheilé* significa "lábios". Apolodoro pensa que Aquiles significa, grosso modo, "não lábios". Ligyron significa "timbre agudo".

*** Por ter morrido em 96 d.C., Estácio não pôde concluir o poema, que termina bruscamente após Aquiles sair de Ciros.

Quando Aquiles acorda, Tétis explica que quer que ele ponha roupas de mulher para esconder-se dos gregos entre as princesas da ilha. Essas meninas estão brincando na praia. Aquiles vê Deidamia, a mais bonita delas, e é tomado de desejo pela primeira vez. Por isso, segue o plano de sua mãe. Ela lhe diz como parecer feminino e o leva ao rei Licomedes. Apresenta Aquiles como "a irmã de Aquiles", e pede a Licomedes que cuide da educação "dela", pois Tétis está atarefada cuidando de seu filho, Aquiles. Licomedes aceita a incumbência com satisfação.

Enquanto isso, a febre da guerra afetou a Grécia toda por causa do crime de Páris. Os soldados gregos se reúnem em Áulis. Estão irritados porque Aquiles não está presente. Mesmo sendo apenas o jovem pupilo de Quíron, Aquiles tornou-se famoso. Consultam seu vidente, Calcas, para descobrir o paradeiro do filho de Tétis. Ele vê a verdade: Aquiles está escondido em Ciros, disfarçado de moça. Diomedes e Ulisses se oferecem para ir buscá-lo.

De volta a Ciros, Deidamia começa a suspeitar do segredo de Aquiles. Ele está sempre olhando para ela, buscando sua companhia, oferecendo-lhe flores em tom de brincadeira e cutucando-a com um bastão. Ele lhe dá aulas de lira e trabalha com o tear com sua orientação. A verdade vem à tona quando ele e as filhas de Licomedes acompanham um festival de Baco num canto secreto do bosque. Não é permitida a entrada de homens. Na calada da noite, Aquiles tira proveito da escuridão e do isolamento para possuir Deidamia. Seus gritos despertam suas irmãs, mas elas interpretam o ruído como um sinal para dançarem em homenagem a Baco, e o fazem. Aquiles convence Deidamia a não revelar o que aconteceu. Só sua aia fica sabendo da verdade e ajuda Deidamia a ocultar sua gravidez e o nascimento de um filho.

Ulisses e Diomedes chegam a Ciros. Dizem que estão estudando os acessos a Troia como preparativo para a invasão grega. Licomedes lhes oferece um banquete. Deidamia mal consegue impedir que Aquiles se revele, enquanto Ulisses fala da gloriosa batalha que está prestes a começar. No dia seguinte, Aquiles e as filhas de Licomedes dançam para entreter os visitantes gregos e entram no palácio, onde Diomedes mostra os presentes que levou para eles. Na maior parte, são artigos que agradam às mulheres: tirsos, címbalos, peles decoradas e turbantes, mas também há uma espada e um escudo, que atraem Aquiles, ainda disfarçado. Quando ele olha para as armas, Ulisses sussurra que é hora de agir como homem. Então, como Ulisses tinha planejado, soa uma trombeta de guerra.

As filhas de Licomedes se espalham em pânico, mas Aquiles pega a espada e o escudo enquanto sua túnica escorrega pelos ombros.

Ouvindo o pranto de Deidamia, Aquiles — nu, mas com seu escudo e sua espada — dirige-se ao rei Licomedes. Pede permissão para se casar com sua filha, acrescentando que já a possuiu. Como prova, ordena que ponham seu filho aos pés de Licomedes. Quando Ulisses e Diomedes se juntam ao apelo, Licomedes acaba cedendo.

Depois de uma noite de paz conjugal, Aquiles se despede em lágrimas de Deidamia e zarpa com Ulisses e Diomedes. Ulisses lhe conta a história do julgamento de Páris. Aquiles fala a Ulisses sobre sua juventude aos cuidados de Quíron. Ele passou a maior parte do tempo caçando ferozes animais selvagens — leões, tigres, lobos, ursos — e viveu de sua carne.

56. O Sacrifício de Ifigênia

Fonte: Eurípides, *Ifigênia em Áulis* (Tragédia Grega Clássica)

Tarde da noite, no acampamento grego em Áulis, Agamenon elabora uma carta à luz de uma lamparina. Chama um velho servo e lhe explica seu problema. Os gregos se reuniram para guerrear contra Troia porque Páris fugiu com a esposa de Menelau, Helena. Calcas, o sacerdote, anuncia aos líderes gregos que a expedição jamais chegará a Troia se Agamenon não sacrificar sua filha, Ifigênia, e oferecê-la a Ártemis. Agamenon pensa em dispensar o exército, mas Menelau tenta convencê-lo da necessidade de sacrificar a filha. Agamenon acaba cedendo e envia uma mensagem à esposa, Clitemnestra, dizendo-lhe para levar Ifigênia a Troia para se casar com Aquiles. Depois, Agamenon muda de ideia. Escreve uma segunda mensagem para sua esposa dizendo-lhe para não ir porque o casamento tem de ser adiado.

Agamenon sela a nova mensagem e a entrega a seu servo, dizendo-lhe que deve levá-la a Clitemnestra o mais depressa possível, cuidando para ficar de olho em sua carruagem, pois ela pode estar a caminho de Áulis.

Entra um coro de garotas locais, descrevendo as cenas no acampamento grego. Ficaram particularmente impressionadas ao ver o lépido Aquiles correndo contra um carro de guerra puxado por quatro cavalos — e empatando a corrida.

Entra Menelau, arrastando o servo idoso. Estava aguardando a chegada de Ifigênia, viu o homem, agarrou-o e leu a mensagem. Menelau foi denunciar

Agamenon. Lembra que Agamenon mandou chamar Ifigênia voluntariamente. Depois, mudou de ideia, e ao fazê-lo revelou que não é um líder digno.

Agamenon retruca dizendo que aquela guerra é irracional. Está sendo travada porque Menelau deseja reaver uma esposa adúltera. Diz que não vai matar sua filha. Se o fizer, vai se arrepender todos os dias de sua vida.

Surge um mensageiro com a notícia de que Clitemnestra e Ifigênia chegaram a Áulis e estão descansando numa campina. O exército está ciente de sua chegada, e são intensos os rumores. Agamenon está pasmo. Pergunta o que poderá dizer à esposa.

Subitamente, Menelau muda de ideia. Diz que sente profunda pena de Ifigênia. Foi louco em pensar que deveria sacrificar o amor de um excelente irmão para reaver uma má esposa. Diz que Agamenon deve dispensar o exército.

Agamenon antevê dificuldades. Teme que Calcas revele a profecia aos soldados e que eles se voltem contra Agamenon. Menelau diz que seria uma simples questão de matar Calcas. Agamenon concorda que ele e todos os profetas deveriam ser mortos, mas lembra-se de um problema pior: Odisseu conhece a história toda. Vai insuflar o exército para que matem Agamenon e Menelau, e depois Ifigênia. Agamenon não vê como evitar o sacrifício.

O coro louva o amor moderado, que contrasta com a paixão alucinada entre Páris e Helena, que causou muitos problemas.

Clitemnestra surge numa carruagem com Ifigênia. A jovem fica radiante ao ver seu pai e corre para abraçá-lo. Clitemnestra a deixa ir, dizendo que, de todos os filhos, Ifigênia é a mais dedicada a Agamenon. Ifigênia abraça e beija Agamenon, mas percebe seu ar triste. Ele finge que está distraído com preocupações rotineiras e com a perspectiva de se afastar de Ifigênia. Ela não só vai zarpar rumo a Troia como também vai precisar fazer uma longa viagem. Com lágrimas nos olhos, ele a conduz até sua tenda com um beijo.

Agamenon desculpa-se com Clitemnestra, dizendo que é sempre difícil para um pai abrir mão de sua filha. Responde às perguntas de Clitemnestra sobre os ancestrais e a formação de Aquiles. Diz que o casamento vai acontecer durante a próxima lua cheia e sugere que Clitemnestra volte a Micenas para cuidar dos outros filhos.

Clitemnestra se recusa terminantemente a sair dali. Agamenon não sabe mais o que fazer para que ela mude de ideia. Sai desesperado e vai organizar o sacrifício junto a Calcas. O coro fala do triste destino das jovens de Troia, fadadas a cair nas mãos dos conquistadores gregos por causa de Helena.

Entra Aquiles, exigindo falar com Agamenon sobre a demora na partida dos navios. Fica surpreso ao ver Clitemnestra saindo da tenda. Por modéstia, começa a se afastar depois de cumprimentá-la. Ela sugere que fique, pois em breve serão parentes pelo casamento. Aquiles fica atônito com essa afirmação. Com a conversa, fica óbvio que Agamenon levou Clitemnestra e Ifigênia até Áulis valendo-se de argumentos falsos. O servo idoso que tentou levar a mensagem de Agamenon no começo da peça estava escutando tudo e entra para explicar a história.

Clitemnestra é possuída pela dor, e Aquiles fica furioso. Não gostou do fato de Agamenon ter usado seu nome sem sua permissão para atrair Ifigênia, e jura que não vai permitir que esse sacrifício ocorra. Clitemnestra pergunta se ele gostaria de conhecer Ifigênia, mas ele se recusa — receoso de que tal encontro dê margem a rumores. Embora esteja pronto para agir, Aquiles pede a Clitemnestra que procure convencer Agamenon a cancelar o sacrifício por vontade própria.

O coro fala sobre o casamento de Peleu e Tétis e do sacrifício iminente de Ifigênia, um destino estranho para quem foi criada para se casar com um rei.

Clitemnestra sai da tenda para procurar Agamenon. Diz que Ifigênia descobriu a verdade e está chorando copiosamente dentro da tenda.

Agamenon volta do encontro com Calcas. Diz que veio para levar Ifigênia a um sacrifício antes do casamento. Clitemnestra a chama para fora da tenda. Agamenon pergunta por que ela está chorando. Em vez de explicar, Clitemnestra pergunta se ele pode responder a uma única pergunta. Agamenon diz que teria muita satisfação em fazê-lo. A pergunta de Clitemnestra é: "Você tem a intenção de matar nossa filha?". Agamenon não consegue responder diretamente, dizendo que é uma pergunta descabida, e amaldiçoa seu destino resmungando em voz baixa.

Clitemnestra lhe implora para mudar de ideia. Lembra que ele matou seu primeiro marido e seu bebê, e que quase foi morto, por sua vez, pelos irmãos de Clitemnestra — Castor e Pólux. Contudo, o pai de Clitemnestra, Tindareu, interveio e fez com que se casassem. Desde então, diz Clitemnestra, tem sido uma boa esposa, mas que não espere que continue assim caso mate sua filha. E que Agamenon não espere contar com o amor de seus outros filhos caso mate a irmã deles.

Ifigênia também implora por sua vida. Diz que foi a primeira filha de Agamenon e que se lembra de estar sentada no seu colo, dizendo que um dia teria um ótimo casamento e que tomaria conta do pai na velhice. Além disso, adora a vida. A luz, diz, é a coisa mais agradável de se ver. Viver mal é melhor do que morrer bem.

Agamenon sai, dizendo que está sendo forçado a agir pelo exército grego, que irá a Argos e matará toda a família caso se recuse ao sacrifício. Ifigênia continua a lamentar seu destino, desejando que Páris não tivesse sido criado por um pastor quando foi exposto no Monte Ida ainda bebê, e que os gregos nunca tivessem desembarcado em Áulis.

Aquiles aparece com a notícia de que o exército grego está exigindo o sacrifício de Ifigênia. Diz que se mostrou contrário à ideia e que quase foi apedrejado até a morte por suas próprias tropas, entre outras. Contudo, pede sua couraça e está preparado para lutar até a morte e salvar Ifigênia.

Ifigênia rompe seu silêncio para dizer que reconsiderou a questão. Decidiu que está disposta — até ansiosa — para morrer pela Grécia. Com seu sacrifício, vai garantir que os bárbaros não mais arrastem as mulheres gregas para longe de seus lares. Milhares de homens vão morrer pela Grécia nessa guerra. Não seria justo ela se recusar a abrir mão de uma única vida. Com efeito, a vida de um homem vale por milhares de mulheres. Finalmente, se Ártemis exige o sacrifício, é errado ela, Ifigênia, opor-se à vontade divina.

A nobreza de Ifigênia causa uma impressão muito forte em Aquiles. Ele diz que a coragem que ela está mostrando agora faz com que ele a ame com paixão. Pode ser que ela venha a se arrepender de sua decisão. Ele estará de prontidão com sua couraça, pronto para salvá-la, no momento em que pedir, mesmo se a lâmina já estiver encostando em sua garganta.

Aquiles sai, e Ifigênia diz adeus a Clitemnestra. Ela proíbe o luto. Clitemnestra pergunta se há alguma coisa que pode fazer por ela. Ifigênia pede-lhe para não odiar Agamenon. Em vez de concordar, Clitemnestra exclama que ele foi traiçoeiro e indigno.

Ifigênia pede que um empregado a conduza ao sacrifício. Não deixa que Clitemnestra a acompanhe. Parte cantando louvores a Ártemis e rezando pela vitória da Grécia. O coro ecoa seus sentimentos. Oram para que Ártemis faça da morte de Ifigênia uma vitória gloriosa, coroando a cabeça de Agamenon com a glória eterna.

Um mensageiro retorna do local do sacrifício. Ele o descreve a Clitemnestra. Agamenon chora com seu manto puxado sobre os olhos. Calcas coloca uma coroa de louros sobre a cabeça de Ifigênia, enquanto Aquiles asperge água e cevada em torno do altar, rezando para que o sacrifício da moça traga a vitória. Calcas apanha a faca e analisa o pescoço de Ifigênia. Então, todos ouvem o golpe da faca, mas, de algum modo, ninguém vê a moça desaparecer. Em seu lugar, um grande veado está deitado sobre o altar, arfando e com sangue escorrendo do pescoço. Calcas anuncia que a deusa substituiu o animal pela jovem e agora abençoava a expedição grega. O mensageiro diz que Agamenon o enviou como testemunha ocular do fato de que sua filha não morreu, mas foi levada para o céu, e que a dor e o ódio de Clitemnestra deveriam cessar.

"Oh, criança", grita Clitemnestra, "que deus a levou? Como posso conversar com você? Como posso não concluir que essas são apenas palavras vazias, destinadas a fazer cessar esta dor amarga?".

Chega Agamenon dizendo que devem se rejubilar porque sua filha uniu-se aos deuses. Agora, Clitemnestra deve voltar para casa. A frota está pronta para zarpar. Vai demorar até que volte de Troia. Ele espera que tudo fique bem com ela.

57. A Ira de Aquiles

Fonte: Homero, *A Ilíada* (Grego Arcaico)

O exército grego está reunido nas cercanias de Troia, onde luta há dez anos. Aproxima-se um idoso com um carrinho de mão repleto de tesouros. Ele segura um bastão de ouro decorado com fitas. É Crises, sacerdote de Apolo. Os gregos levaram sua filha, Criseida, como prisioneira quando atacaram a cidade. Agora, ele é escravo de Agamenon, rei de Micenas e supremo comandante grego. Crises deseja o bem dos gregos e pede-lhes para trocar sua filha pelos presentes que levou. Os outros gregos são favoráveis à oferta, mas Agamenon a rejeita, dizendo que Criseida vai envelhecer a seu serviço, tecendo e fazendo-lhe companhia na cama. Se vir Crises novamente no acampamento, seu bastão sagrado não vai protegê-lo.

Aterrorizado, Crises volta pela praia, rezando para que Apolo puna os gregos. Apolo ouve a prece e corre até o acampamento grego com sua aljava balançando. Ajoelhando-se perto dele, lança suas flechas, que causam uma praga mortal. Primeiro, morrem as mulas e os cães, depois os soldados, e o acampamento fica repleto de piras funerárias.

Depois de nove dias, Aquiles convoca uma assembleia. Quer perguntar a algum homem santo por que Apolo lhes mandou uma praga. O sacerdote dos gregos, Calcas, diz que está disposto a falar, mas pede que Aquiles prometa que irá protegê-lo, pois suas palavras podem enfurecer um grande rei. Aquiles promete.

Calcas diz que os gregos precisam libertar a filha de Crises sem pedir resgate para que a praga termine. Isso irrita Agamenon, que diz que as profecias de Calcas nunca são benéficas para ele. Quer manter Criseida porque a prefere à sua própria esposa, Clitemnestra. Vai abrir mão dela para salvar o exército, mas exige ser compensado com um novo prêmio.

Aquiles reclama e chama Agamenon de o mais ganancioso dos homens. Lembra que os gregos não têm prêmios de reserva. Distribuíram todo o butim que conseguiram. Depois de conquistarem Troia, diz, vão compensar Agamenon pela perda de Criseida.

Agamenon rejeita a sugestão. Diz que não vai ficar sem um prêmio. Ou os gregos lhe dão um, ou ele vai pegar um — de quem quiser, até mesmo de Aquiles.

Isso deixa Aquiles indignado. Ele não tem nada pessoal contra os troianos, diz. Luta apenas como um favor a Agamenon e seu irmão Menelau. Faz mais do que sua parte no trabalho enquanto Agamenon consegue os maiores presentes. Ele vai para casa.

Agamenon não se importa que ele vá. Mesmo assim, vai tomar o prêmio de Aquiles, a escrava Briseida, como compensação pela perda de Criseida. Ao ouvir isso, Aquiles procura sua espada. Está a ponto de matar Agamenon, mas, antes que o faça, Atena aparece apenas para ele. Ela segura os cabelos da parte de trás de sua cabeça e lhe diz para baixar a espada. Ele será compensado pelo insulto no futuro.

Aquiles obedece. Chamando Agamenon de "um odre com olhos de cão e coração de veado", ele jura formalmente que os gregos irão procurá-lo em vão algum dia, quando estiverem sendo massacrados por Heitor, o troiano.

Depois que o idoso rei Nestor fracassa na tentativa de reconciliar Agamenon e Aquiles, a assembleia se desfaz. Odisseu acompanha Criseida até seu pai. Agamenon manda arautos até a tenda de Aquiles para tomarem Briseida. Aquiles os recebe com cortesia e pede que seu companheiro, Pátroclo, leve a garota para eles.

Aquiles vai até um ponto solitário da praia, chora e chama sua mãe Tétis, a deusa do mar. Quando ela chega, Aquiles descreve o que aconteceu. Ele a recorda de que ela alega ter influência sobre Zeus. Supostamente, Tétis o teria salvado de uma rebelião promovida por Hera, Posêidon e Atena, levando-lhe um gigante de cem braços para servir de guarda-costas. Agora, poderia pedir que Zeus punisse os gregos na batalha, para ensinar uma lição a Agamenon? Tétis concorda em fazê-lo — em doze dias, quando Zeus voltar da Etiópia, onde está participando de um banquete.

Doze dias depois, Tétis voa até o Olimpo, encontra Zeus sozinho no pico mais alto da montanha e explica o que quer. Zeus faz com que saiba que o pedido não é tão simples assim, pois sua esposa Hera anda reclamando que ele ajuda demais os troianos. Mesmo assim, concorda. O Olimpo treme quando ele assente com a cabeça.

Durante a noite, Zeus envia um sonho enganoso a Agamenon, prometendo-lhe que Troia irá cair se ele liderar o exército em combate naquela manhã. Agamenon acorda, conta seu sonho para os outros generais e reúne a hoste toda, embora Aquiles e seus homens fiquem em suas tendas.

Na assembleia, Agamenon testa o moral das tropas, fingindo estar desencorajado e sugerindo que voltem para casa. Na mesma hora, a assembleia se desfaz, e os soldados correm para os navios. A única coisa que impede a guerra de terminar nesse momento é o fato de Hera mandar Atena até o local. Ela procura Odisseu e lhe diz para convencer os homens a voltar. Odisseu persegue os soldados em retirada, argumentando com os reis e fustigando os homens comuns. O exército volta a se reunir.

Agora, quem se dirige aos soldados é um homem chamado Térsites. Com pernas tortas e coxo, é o homem mais feio do exército, com ombros redondos, peito cavado, careca e com cabeça pontuda; e ele adora criticar seus líderes. Incita os gregos a desistir e ir para casa. Agamenon, diz, é cobiçoso demais, e agora ofendeu o melhor guerreiro do exército. Odisseu se levanta para fazer com que Térsites se cale. Diz que ele não tem o direito de criticar soldados superiores e, se tornar a falar, Odisseu vai arrancar sua roupa e açoitá-lo. Então, para júbilo dos outros soldados, Odisseu atinge Térsites nas costas com o cetro que tem nas mãos, fazendo com que ele saia aos prantos.

A seguir, Odisseu lembra o exército de um sinal que viram ao saírem rumo a Troia. Uma cobra subiu numa árvore, devorou a mãe pardal e oito filhotes, e foi transformada em pedra pelos deuses. Naquela ocasião, Calcas previu que

Troia iria se manter durante nove anos, e que cairia no décimo. E aquele é o décimo ano.

Os gregos se dispersam para o desjejum e, depois, se reúnem em formação de batalha, representando as diversas tribos da Grécia. Ájax, o Menor, lidera os lócrios. Ele é pequeno e se veste com trajes de linho, mas é bom espadachim. Ájax, o Grande, lidera uma pequena frota da ilha de Salamina. Diomedes lidera uma grande frota de Argos e Tirins. Agamenon, o maior dos reis, lidera a maior frota de Micenas. Seu irmão, Menelau, conduz os homens de Esparta. Está ansioso para vingar a perda de Helena. O idoso Nestor é o líder dos homens de Pilos. Odisseu lidera uma pequena frota de Ítaca e de outras ilhas próximas. Idomeneu lidera os homens de Creta. Aquiles comanda os homens da Ftia e de regiões próximas. São conhecidos como mirmidões. Eles ficam em suas tendas por causa da fúria de Aquiles. Os demais marcham pela planície.

Em Troia, o velho rei Príamo está realizando uma assembleia quando a deusa Íris, disfarçada como jovem vigia troiano, anuncia que os gregos estão marchando contra a cidade. Os troianos marcham para enfrentá-los. São liderados pelo filho de Príamo, Heitor. Outros líderes troianos são Eneias, filho de Afrodite e Anquises, e o arqueiro Pândaro. Aliados estrangeiros completam o exército troiano. Entre eles, acham-se Sarpedão, da Lícia, e seu companheiro Glauco.

Quando os exércitos ficam próximos um do outro, o irmão de Heitor, Páris, avista Menelau e se esconde atrás das linhas de frente. Heitor o repreende por levar a esposa de Menelau e por não ser homem o suficiente para enfrentá-lo em combate — onde a boa aparência não ajuda. Páris reconhece a justiça das palavras de Heitor e se oferece para enfrentar Menelau num único combate para encerrar a guerra. Heitor cavalga entre os exércitos e faz com que todos se sentem para que possa ser organizada uma trégua e um combate individual. Os soldados de ambos os lados mostram-se muito satisfeitos com isso.

Não tarda para que a luta comece. Depois de se arrojarem lanças, Menelau ataca Páris com a espada em riste e a espatifa no capacete do adversário. Frustrado, agarra o capacete pela mão, faz com que Páris rodopie e o arrasta para as linhas gregas — e para a morte certa. Afrodite, contudo, quebra a presilha do capacete, que sai na mão de Menelau. Quando este se volta, Afrodite envolve Páris numa névoa escura, recolhe-o e o leva até seu quarto. Lá, disfarçada como uma velha costureira, ela encontra Helena e lhe diz para visitar Páris no quarto dele. Ela diz que ele parece ter saído de um baile e não de uma batalha. Helena percebe a mão de Afrodite por trás do disfarce e se recusa a sair por causa do que as troianas poderiam dizer. Isso provoca uma reprimenda irritada de Afrodite, que ameaça abandonar Helena à fúria dos gregos e dos troianos. Helena se assusta e obedece.

No quarto, Helena censura Páris por ter afirmado que era melhor guerreiro do que Menelau. Páris diz que Menelau simplesmente tem os deuses do seu lado. Eles vão lutar novamente no futuro. Naquele momento, eles devem ir juntos para a cama. Ele nunca a desejou tanto, nem mesmo quando fizeram amor pela primeira vez na ilha de Cranae, quando estavam navegando e se afastando de Esparta. Helena cede.

Do lado de fora da muralha da cidade, Menelau está furioso, indo de lá para cá à procura de Páris. Agamenon anuncia que seu irmão venceu e que a guerra deve terminar segundo as condições dos gregos. Zeus, entretanto, manda Atena ao campo de combate para que a guerra recomece. Ela cruza o céu na forma de um cometa e depois, aparece na planície disfarçada como um jovem nobre troiano. Ela fica ao lado de Pândaro, o arqueiro, e ordena-lhe que arremesse uma flecha em Menelau. Páris, ela diz, vai lhe dar uma grande recompensa por tê-lo matado. Convencido, Pândaro dispara, mas a flecha pega de raspão na cintura de Menelau. Ao ver o sangue escorrendo pela perna — como corante vermelho no marfim —, Agamenon teme o pior e chama os médicos, que rapidamente tratam o ferimento. Enquanto isso, os dois lados recolocam suas armaduras e retomam a marcha para um embate frontal. Os gregos avançam em silêncio; os troianos soltam balidos, como ovelhas. Em pouco tempo, a batalha tem início, com incontáveis mortes dos dois lados.

O grego Diomedes é ferido no pé por Pândaro. Então, revivido por Atena, dá início a uma chacina. Um dos primeiros a cair é o próprio Pândaro. A lança de Diomedes entra no rosto de Pândaro ao lado do olho, corta sua língua e sai por baixo de sua mandíbula. Quando Afrodite leva Eneias, ferido, para longe do perigo, Diomedes chega a feri-la no punho. Depois, com a ajuda de Atena, ele ataca o próprio Ares na barriga e faz com que ele se afaste da batalha.

Finalmente, Diomedes reduz seu ritmo quando está prestes a enfrentar o aliado de Troia, Glauco. Ele pergunta a Glauco se ele é um deus ou um mortal, pois não quer lutar contra os deuses. Glauco responde:

"Dinâmico filho de Tideu, por que pergunta sobre minhas origens?
Gerações de homens são como gerações de folhas.

Algumas folhas vão ao chão levadas pela brisa, e outras
irrompem vivas nos bosques quando vem a primavera.
Assim é que nasce uma geração de homens; outra fenece."

Glauco explica que é neto de um grande herói, Belerofonte. Ao ouvir isso,
Diomedes exclama que seu próprio avô, Eneu, era amigo de Belerofonte. Por
isso, ele e Glauco têm uma conexão antiga. Em vez de lutar, os dois heróis
trocam presentes e concordam em se evitar mutuamente na batalha. Glauco
perde na troca de presentes, dando a Diomedes uma couraça de ouro em troca
por uma de bronze.

Como os troianos estão perdendo, Heitor entra na cidade para pedir às
mulheres troianas que façam orações especiais, pedindo a ajuda de Atena. Antes de voltar à batalha, Heitor para no quarto de Páris. Este diz que está se
aprontando para a luta.

Heitor também procura sua esposa, Andrômaca. Ela foi até as muralhas da
cidade com o filho pequeno para assistir à batalha. Vendo Heitor, diz-lhe que
é cruel de sua parte arriscar sua vida. Ela nasceu numa cidade próxima que
foi atacada pelos gregos. Aquiles matou seu pai e sete irmãos num único dia.
Depois, sua mãe morreu por doença. Heitor é tudo que lhe resta. Ela lhe diz
que, em vez de lutar na planície, ele deveria adotar uma estratégia defensiva,
fortalecendo os pontos fracos da muralha.

Heitor responde que seu orgulho não lhe permite agir como covarde. Ele
sabe que Troia vai cair. A pior parte é saber que Andrômaca será levada como
escrava pelos gregos. Heitor diz que quer estar morto antes que isso aconteça.

Heitor estende os braços para pegar seu filho. O bebê chora assustado com
o capacete de guerra do pai. Heitor e Andrômaca riem. Heitor tira o capacete,
pega o menino e pede aos deuses que ele cresça e se torne um poderoso guerreiro, levando para casa espólios sangrentos para a alegria do coração de sua
mãe.

Dirigindo-se a Andrômaca, Heitor lhe diz para não chorar sua falta. Ele
não vai morrer antes da hora predestinada. Ela deve voltar a seu trabalho no
tear. A guerra, ele diz, é assunto para homens, especialmente para ele. Quando
Heitor está voltando para o campo de batalha, une-se a ele um entusiasmado
Páris, indo na mesma direção.

Depois de muitas lutas, os deuses inspiram um profeta troiano que sugere
um único combate para fazer com que a batalha se encerre naquele dia. Ele

passa a sugestão a Heitor, que separa os exércitos e desafia qualquer grego a lutar com ele, um contra o outro. Após um longo silêncio, Menelau se oferece relutante, mas é imediatamente substituído por Agamenon, que diz que ele não teria chances contra Heitor. Nestor critica os gregos por terem medo de Heitor e diz que gostaria de ser jovem novamente, como na ocasião em que matou um gigante em combate individual. Instigados por essas palavras, todos os gregos se oferecem — exceto Menelau.

A escolha acaba sendo feita aleatoriamente. A sorte favorece o melhor guerreiro — Ájax, o Grande. Ele e Heitor lutam. Ájax domina, mas cai a noite, e os arautos os separam. Trocam presentes, e os dois exércitos se recolhem para passar a noite. Dá-se uma trégua, durante a qual os dois lados enterram seus mortos, e os gregos constroem uma muralha defensiva e uma trincheira de defesa diante de seu acampamento.

No próximo dia de combate, os troianos, auxiliados por Zeus e pela ausência de Aquiles, levam vantagem, impelindo os gregos de volta para sua muralha. Quando a noite cai, os troianos, em júbilo, armam acampamento na planície.

Encontrando-se com os outros reis, Agamenon mostra-se desesperançoso e se arrepende de ter brigado com Aquiles. Ele envia três embaixadores — Odisseu; Ájax, o Grande; e Fênix, o tutor idoso de Aquiles — até ele para pedir-lhe que volte à luta. Agamenon promete que, se Aquiles concordar, ele lhe entregará sete trípodes, dez talentos de ouro, vinte caldeirões de bronze, doze cavalos e sete escravas de Lesbos, além de devolver Briseida ilesa. Depois da guerra, Aquiles pode escolher vinte troianas à vontade, qualquer uma das três filhas de Agamenon em casamento e sete das cidades de Agamenon. Os embaixadores transmitem a oferta de Agamenon em longos discursos, mas Aquiles a rejeita. Está pensando em ir para casa. Conta que, segundo sua mãe, ele vai morrer se ficar em Troia, embora possa conquistar uma glória duradoura. Se for para casa, terá uma vida longa, mas perderá a glória. De qualquer modo, os presentes de Agamenon não significam nada para ele. Não pode perdoar seus insultos.

Mais tarde, naquela mesma noite, Diomedes e Odisseu se infiltram no acampamento troiano, matam um rei trácio que acabara de chegar para ajudar Troia e roubam seus magníficos cavalos, brancos como a neve.

Uma nova batalha tem início. Os gregos estão sendo vencidos. Agamenon, Diomedes e Odisseu são feridos e saem do combate. Depois, o próprio médico grego Macaon é ferido e levado para o acampamento por Nestor. Observando a batalha da proa de seu navio, Aquiles percebe o ocorrido e manda Pátroclo perguntar a Nestor se o soldado ferido é mesmo Macaon. Nestor confirma e detém Pátroclo, dizendo-lhe que a situação dos gregos é desesperadora. Sugere que Pátroclo vista a couraça de Aquiles para assustar os troianos e lidere os mirmidões em combate, só para impedir os troianos de destruírem a frota grega. Pátroclo sai e vai perguntar a Aquiles o que ele acha disso, mas detém-se no caminho para aplicar bandagens nos ferimentos de um soldado.

Sarpedão e Heitor lideram um ataque contra a muralha grega. Finalmente, Heitor rompe o portão com uma grande rocha, e os troianos invadem o acampamento grego. Os gregos correm, e a batalha se desenrola. Os melhores guerreiros gregos ainda em combate são os dois Ájax, Idomeneu, de Creta, Menelau e o jovem filho de Nestor, Antíloco.

Os gregos recebem algum incentivo de Posêidon, mas este não os ajuda abertamente, pois Zeus proibiu os deuses de interferirem na batalha, e fica observando a cena do alto do Monte Ida, ao sul de Troia. Percebendo isso, Hera decide fazer com que Zeus adormeça. Banhando-se e vestindo-se, pede a Afrodite que lhe empreste sua amabilidade e desejabilidade. Hera afirma que está prestes a apaziguar uma disputa entre seus pais, Oceano e Tétis. Afrodite dá-lhe uma roupa íntima ricamente bordada e diz que Hera deve vesti-la. Com certeza, vai conseguir o que deseja.

A seguir, Hera visita o deus do Sono e pede-lhe para descer sobre Zeus depois que ela tiver se deitado com ele. A princípio, Sono se recusa a fazê-lo, com medo de Zeus, mas Hera o conquista oferecendo-lhe Pasítea em casamento, uma das Graças mais jovens, que ele sempre amou.

Enquanto Sono observa, na forma de uma ave pousada num galho de pinheiro, Hera se aproxima de Zeus. Mais uma vez, ela diz que vai visitar Oceano e Tétis. Zeus pede que se deite com ele em vez de ir vê-los. Declara que nunca desejou tanto uma mulher ou uma deusa — nem quando teve Pirítoo com a esposa de Íxion, Perseu com Dânae, Minos com Europa, Dionísio com Sêmele ou Héracles com Alcmene, nem quando fez amor com Deméter ou com Leto — ou com a própria Hera. Hera argumenta que alguém pode vê-los se fizerem amor ao ar livre. Zeus toma providências, cercando-os com uma nuvem dourada. Quando se deitam, brotam do solo folhas de relva, cravos, jacintos e açafrão para acomodá-los. Logo depois, Zeus fica inconsciente.

Sono corre até a planície para dizer que Posêidon pode ajudar os gregos da maneira que desejar. Posêidon instiga os dois Ájax, que lideram um grande ataque. Em pouco tempo, os troianos estão correndo para fora do acampamento. Ájax derruba Heitor com uma pedrada. Então, Zeus acorda e descobre o que está acontecendo. Manda Íris com instruções para tirar Posêidon da batalha e para que Apolo reanime Heitor. Com a ajuda de Apolo, Heitor conduz novamente os troianos até o acampamento grego, chegando até os navios.

Enquanto Ájax, o Grande, lidera uma defesa desesperadora dos navios, sem conseguir que Heitor os incendeie, Pátroclo procura Aquiles em lágrimas, pedindo-lhe para deixá-lo salvar os navios. Aquiles faz troça, dizendo que ele parece uma garotinha correndo para a mãe, mas concorda com seu pedido. Os mirmidões se preparam para a batalha. Enquanto o fazem, Heitor finalmente faz com que Ájax recue, e ateia fogo ao primeiro navio.

Pátroclo e os mirmidões correm para o combate. A maré vira. Em pouco tempo, os troianos recuam pela planície. Apesar da instrução de Aquiles e de sua própria promessa, Pátroclo não recua. Continua o ataque, esperando que Troia caia naquele mesmo dia.

Entre os soldados que mata está Sarpedão, filho de Zeus e o melhor aliado de Troia. Zeus pensa em salvar Sarpedão desse destino, mas Hera o convence a não fazê-lo. Quando Sarpedão cai, Zeus chora lágrimas de sangue e manda Sono e Morte levarem o corpo até sua terra natal, a Lícia.

Pátroclo atinge as muralhas de Troia. Mas a cidade não está fadada a cair nesse momento. Para salvá-la, Apolo se esgueira por trás de Pátroclo e lhe dá um tapa nas costas, derrubando sua couraça, quebrando sua lança e deixando-o tonto. Um troiano chamado Euforbo golpeia-o nas costas com um dardo e foge. Finalmente, Heitor enfia a espada em seu estômago, matando-o.

Heitor toma a couraça de Aquiles, usada por Pátroclo, mas segue-se uma grande batalha por causa do corpo de Pátroclo. Antíloco é enviado ao acampamento para dizer a Aquiles que Pátroclo morreu. Aquiles revira-se no chão, chorando. Sua mãe o ouve e chega com um grupo de deusas do mar para reconfortá-lo. Ele diz que precisa se vingar da morte de Pátroclo matando Heitor. Ela o lembra de que sua sina será morrer pouco depois de Heitor, mas isso não abala sua decisão. Quer entrar em combate imediatamente. Ela lhe diz para esperar pela nova couraça que lhe trará, feita por Hefesto.

Enquanto isso, os dois Ájax e Menelau esforçam-se para tirar o corpo de Pátroclo do campo de batalha, mal conseguindo afastar Heitor. Desarmado,

Aquiles entra na vala. Graças a Atena, irrompe uma grande chama de sua cabeça. Ele dá um grito de guerra que põe os troianos em pânico. Eles fogem tão desordenadamente que doze deles morrem sob seus próprios carros e lanças. Os gregos levam Pátroclo com facilidade pelo resto do caminho até seu acampamento.

Tétis chega à casa de Hefesto e lhe pede para fazer uma nova couraça para Aquiles. Ele a faz com satisfação. A peça mais espetacular é um enorme escudo, no qual numerosas cenas de guerra e paz, de agricultura e pecuária são exibidas em ouro, prata e bronze. As figuras do escudo se movem. A terra fica escura por baixo dos arados dos fazendeiros em uma das cenas, enquanto uma batalha se desenrola na outra; um casamento está sendo celebrado numa terceira.

Na manhã seguinte, Tétis leva a couraça, tão bela que aterroriza os mirmidões. Chega Agamenon. Ele e Aquiles anunciam o fim de seu desentendimento. Aquiles diz que foi tolice deixar que uma mulher causasse tanto sofrimento e deseja que Briseida tivesse morrido no dia em que foi capturada. Agamenon atribui seu comportamento a uma deusa, Atē (Cegueira), filha de Zeus. Ele entrega os presentes prometidos, inclusive Briseida, e jura que nunca dormiu com ela. Aquiles quer entrar em combate imediatamente, mas Odisseu o convence de que antes os soldados precisam se alimentar. Enquanto Aquiles se prepara para a batalha, diz com tristeza aos cavalos que puxam seu carro que devem cuidar dele melhor do que fizeram com Pátroclo. O principal cavalo, Xanto (Dourado), recebe de Hera o poder da fala. Diz que a morte de Pátroclo não se deu por culpa deles; ele foi morto por Apolo, e não havia nada que pudessem fazer para salvá-lo. Nesse dia, vão levar Aquiles de volta, mas ele está mesmo fadado a morrer em breve, e tampouco podem impedir que isso aconteça.

Aquiles leva os gregos à batalha e trucida os troianos. Muitos fogem para um rio, o Escamandro, coalhado de cadáveres de troianos mortos por Aquiles. O próprio rio ganha vida e pede a Aquiles que pare de poluir suas águas. Como Aquiles se recusa, o rio o ataca, golpeando-o com ondas. Aquiles recebe forças adicionais de Posêidon e Atena, mas o Escamandro também ganha o reforço de seus afluentes. Finalmente, Hera pede para Hefesto pôr fogo em torno do rio para que a água comece a ferver. O rio se acalma timidamente, implorando misericórdia.

Para fazer com que os troianos escapem do ataque de Aquiles, Apolo se disfarça de troiano e atrai Aquiles para longe da cidade, provocando-o e correndo. Quando Apolo se revela, já estão a certa distância, e a maioria dos troianos está em segurança dentro dos portões da cidade. Heitor, porém, continua do lado de fora.

Nas muralhas de Troia, o pai e a mãe de Heitor imploram-lhe para preservar a própria vida e as chances de sobrevivência de Troia vindo para dentro. Do contrário, Príamo antevê sua morte em mãos gregas, com seus cães devorando seu cadáver, mutilando sua cabeça e sua barba grisalhas e suas partes íntimas. A mãe de Heitor, Hécuba, desnuda seus seios e aperta a mão dele sobre um deles, pedindo a Heitor para ter piedade daquela que o amamentou quando bebê.

Mesmo com os apelos, Heitor fica. Ele dialoga com seu próprio espírito. Seria vergonhoso recuar agora, pensa. Talvez devesse retirar a couraça e negociar com Aquiles. Poderia prometer que devolveria Helena e seu tesouro, deixando os gregos levarem toda a riqueza de Troia. Por outro lado, Aquiles poderia matá-lo como uma mulher caso se aproximasse dele desarmado. Decide que não há como evitar a luta.

No entanto, com a aproximação de Aquiles, Heitor acaba entrando em pânico, fugindo. Aquiles o persegue três vezes em torno das muralhas de Troia. A cada vez, passam pelas duas fontes, uma quente e outra fria, onde as troianas lavam roupas em tempos de paz. Quando se aproximam pela quarta vez das fontes, Atena se alinha com Heitor. Está disfarçada como seu irmão, Dêifobo, e se oferece para ajudá-lo a enfrentar Aquiles.

Heitor se vira para enfrentar seu inimigo com a ajuda de "Dêifobo". Arremessam lanças, mas ninguém tira sangue. Heitor pede outra lança ao falso Dêifobo, mas não há ninguém ali. "Não era Dêifobo", diz, "mas Atena me enganando. Os deuses estão me convocando para a morte. Deve ter sido esse o plano de Zeus desde o princípio. Todavia, não vou morrer sem um embate glorioso." Com isso, Heitor desembainha a espada e ataca. Aquiles percebe um ponto vulnerável na couraça de Heitor, na base do pescoço, e ataca esse ponto com a lança. Fere-o fatalmente, mas não corta a traqueia de Heitor. Com a respiração entrecortada, agonizante, Heitor pede a Aquiles que permita que seus pais fiquem com seu cadáver e o enterrem. Aquiles diz que não devolveria o corpo de Heitor nem se recebesse seu peso em ouro. Ele perfura os tendões entre o calcanhar e o tornozelo de Heitor. Inserindo correias de couro, amarra Heitor em seu carro de guerra e o arrasta em torno de Troia.

Na muralha, os troianos se lamentam. Andrômaca estava preparando um banho morno para Heitor. Ela ouve os gritos, corre até a muralha e vê Heitor sendo arrastado. Primeiro, ela desmaia. Depois, recupera-se e passa a se lamentar. Agora que o filho de Heitor está sem pai, ela diz, seus colegas vão tratá-lo com desprezo, batendo nele e expulsando-o de seus banquetes.

Aquiles volta ao acampamento com o corpo de Heitor e o arrasta até o ataúde de Pátroclo, deixando-o para que os cães o mutilem. Porém, Apolo e Afrodite o protegem de danos. Naquela noite, o fantasma de Pátroclo aparece diante de Aquiles num sonho e lhe pede para que seu corpo seja cremado, pois não vão permitir que atravesse o rio até a casa de Hades enquanto isso não acontecer. No dia seguinte, Pátroclo é cremado numa grande pira com trinta metros quadrados. Reses e ovelhas são sacrificadas. Aquiles corta a garganta de quatro cavalos, dois cães e doze jovens prisioneiros troianos e também os queima na pira. Depois, organiza jogos fúnebres com prêmios vultosos em homenagem a Pátroclo. Diomedes vence a corrida de carros de guerra porque o favorito sofre um acidente. Odisseu provoca Ájax, o Menor, na corrida a pé, quando este escorrega e cai de cara no estrume deixado pelas reses que iam ser sacrificadas.

Depois do funeral, Aquiles ainda está triste por causa de Pátroclo. Ele passa o tempo todo chorando. De vez em quando, arrasta o corpo de Heitor com seu carro. Os deuses se enfurecem com esse comportamento. Tétis procura Aquiles por ordem de Zeus, e diz que Zeus quer que Aquiles aceite um resgate em troca do corpo. Aquiles consente. Enquanto isso, Íris aparece para Príamo, que está em luto profundo, e lhe diz que pode resgatar o corpo de Heitor, que está em posse de Aquiles. Hermes vai acompanhá-lo em segurança até o acampamento grego.

Príamo enche de tesouros uma carroça puxada a burro e atravessa a planície ao pôr do sol. Hermes, disfarçado de jovem mirmidão, o encontra. Com a ajuda de Hermes, Príamo vai até a tenda de Aquiles e se lança diante dele, que acabara de jantar. Ele pede misericórdia a Aquiles. Houve época em que ele tinha cinquenta filhos, dezenove da mesma mãe. Agora, a maior parte está morta, inclusive o melhor deles, e ele fez algo que nunca alguém tinha visto antes: beijou as mãos do homem que matou seus filhos.

O apelo comove Aquiles até levá-lo às lágrimas, pois ele se lembra de seu próprio pai. Aquiles diz a Príamo que Zeus tem duas urnas ao lado do trono, uma com bênçãos e a outra com malefícios, e que distribui de uma e de outra indiscriminadamente. Depois, quando Príamo pergunta se pode receber o corpo de Heitor naquele momento, Aquiles se irrita. Diz que vai abrir mão do corpo porque sua mãe lhe entregou uma mensagem de Zeus dizendo-lhe para fazê-lo. Além disso, está ciente de que Príamo deve ter obtido ajuda divina para entrar em sua tenda. Aquiles sai e manda os servos descarregarem o resgate levado por Príamo, lavarem e ungirem o corpo de Heitor e levá-lo para o carro. Depois, ele e Príamo comem juntos, e Príamo recebe um lugar para dormir. No meio da noite, Hermes desperta Príamo e lhe diz para sair antes de ser descoberto pelos outros gregos. Quando o sol se levanta, a filha de Príamo, Cassandra, em pé na cidadela troiana, vê o pai regressando à cidade e convoca o povo de Troia. Andrômaca, Hécuba e Helena lamentam por Heitor. Helena tem a última palavra, dizendo que Heitor nunca deixou os troianos falarem duramente com ela. Príamo anuncia que Aquiles concedeu uma trégua de doze dias aos troianos. Nesse meio-tempo, enterram Heitor, domador de cavalos.

58. A Morte de Aquiles

Fonte: Resumo bizantino de *A Etiópida*, de Arctino de Mileto (Grego Arcaico)

Pentesileia, a amazona, chega para lutar pelos troianos. Ela é filha de Ares e nasceu na Trácia. Aquiles a mata enquanto ela luta valentemente. Os troianos a enterram. Aquiles mata o grego covarde Térsites por acusá-lo de ter se apaixonado por Pentesileia.

Mêmnon, filho de Eos (Aurora) e Titono, aparece para ajudar os troianos. Ele enverga uma couraça feita por Hefesto. Na batalha seguinte, o filho de Nestor, Antíloco, é morto por Mêmnon. Depois, Aquiles mata Mêmnon. Obtendo a permissão de Zeus, Eos confere a imortalidade a Mêmnon. Aquiles avança sobre os troianos. Ao entrar na cidade, ele é morto por Páris e por Apolo.* Segue-se uma intensa batalha por seu corpo. Ájax o leva para os navios,

---

* Não existe um relato detalhado da morte de Aquiles entre os primeiros autores. A declaração de que Aquiles morreu por causa de uma flechada no calcanhar aparece pela primeira vez nas *Fabulae*, de Higino, breves sinopses de mitos que parecem ter sido escritas no século II d.C.

enquanto Odisseu combate os troianos. Os gregos enterram Antíloco e deixam o corpo de Aquiles no estado em que se encontra. Tétis aparece com suas irmãs e com as Musas para prantear por seu filho. Depois, arranca o corpo do filho da pira e o transporta até a Ilha Branca. Os gregos edificam um monte fúnebre e promovem um concurso, tendo como prêmio a couraça de Aquiles. Odisseu e Ájax lutam por ela.

59. A Morte de Ájax

Fonte: Sófocles, *Ájax* (Tragédia Grega Clássica)

Odisseu está espreitando na praia de Troia, perto da tenda de Ájax, o Grande. Atena surge no céu e lhe pergunta o que está fazendo. Ele diz que foi espionar seu inimigo. Há o relato de que Ájax teria atacado os rebanhos gregos durante a noite. Atena conta o que aconteceu de fato. Furioso por não ter vencido o concurso pela couraça de Aquiles, Ájax resolveu matar Agamenon, Menelau e Odisseu. Atena observa enquanto Ájax se aproveita da noite e entra furtivamente pela porta de Agamenon. Então, ela o deixa tão ensandecido que ele ataca as reses pensando que fossem homens. Ele chega a arrastar algumas reses até sua tenda e as tortura.

Para demonstrar seu poder, Atena chama Ájax para fora da tenda, sob os protestos de um aterrorizado Odisseu. Entretanto, Ájax não consegue ver Odisseu. Ele diz a Atena que um de seus "prisioneiros" é Odisseu e que tem a intenção de açoitá-lo e matá-lo. Quando Ájax volta para sua tenda, Odisseu diz que sente pena dele, embora seja seu inimigo.

Com a saída de Odisseu, entra um coro de marinheiros. São seguidores de Ájax, nativos de sua ilha, Salamina. Ouviram histórias terríveis sobre a violência de Ájax — espalhadas por Odisseu — e esperam que ele as desminta. Tecmessa sai da tenda. Ela é a amada cativa frígia de Ájax e mãe de seu jovem filho, Eurísace. Ela descreve como Ájax saiu de seu abrigo no meio da noite, com a espada em riste. Quando Tecmessa lhe perguntou o que estava fazendo, ele respondeu com um provérbio curto: "O silêncio se transforma em mulheres". Pouco depois, ele volta à tenda levando touros, cães e ovelhas. Lá dentro, decapita alguns, maltrata outros e os espanca como se fossem seres humanos. Ele amarra um carneiro a um pilar e o açoita. Então sua sanidade começa a voltar. Ao se conscientizar plenamente do que fez, senta-se entre as carcaças mutiladas, segurando a cabeça com as mãos, em silêncio. Depois, começa a chorar, gemendo terrivelmente, de uma maneira que ele mesmo teria considerado feminina antes disso.

Tecmessa abre a porta da tenda para que os marinheiros possam tentar reconfortar seu líder. Ájax denuncia Agamenon e Menelau por outorgarem a couraça de Aquiles a Odisseu. Depois, diz que decidiu se matar. Sente que não pode voltar para casa em desgraça. Obviamente, os deuses o detestam, bem como gregos e troianos. Poderia buscar a morte na batalha, mas se o fizesse agradaria os comandantes gregos, que ele detesta.

Tecmessa implora a Ájax, pedindo-lhe que mude de ideia. Diz que, desde que ele destruiu sua cidade e a levou cativa, sua vida tem sido invejável. Sem ele, ela e seu filho ficariam indefesos. Além disso, o pai e a mãe de Ájax anseiam por vê-lo em segurança em casa.

Sem responder, Ájax pede que levem seu filho para fora da tenda. Reza para que o filho tenha mais sorte do que o pai, mas que se assemelhe a ele em outros aspectos. Se for assim, diz, ele não será mau. Entrega seu grande escudo ao filho e pede à sua tripulação que garanta que seu meio-irmão, Teucro, que saiu em campanha, cuide dele. Temendo o pior, Tecmessa implora novamente a Ájax para que mude de ideia. Ele lhe diz que ela já falou demais e volta à tenda.

Após um interlúdio coral, Ájax emerge da tenda, aparentemente num estado alterado de consciência. Diz que tudo muda com o decorrer do tempo e que ele próprio passou de uma resolução férrea à ternura feminina por influência de sua esposa. Afirma que pretende ir a uma campina próximo ao mar para se banhar e rezar para que Atena o livre da loucura. Além disso, diz que vai enterrar sua espada. Foi um presente de seu inimigo Heitor, dada a ele depois de lutarem um contra o outro; ela não trouxe a Ájax nada que não fosse má sorte. Ele diz que, no futuro, será mais flexível, curvando-se à necessidade, assim como a neve se derrete no verão, e a noite cede à aurora.

Depois que o coro entoa uma canção expressando alívio, surge um mensageiro. Ele foi enviado por Teucro, que acabava de voltar da campanha. A mensagem é que Ájax não deve sair de seu abrigo nesse dia. Esse pedido baseia-se num conselho dado a Teucro pelo sacerdote grego Calcas. Segundo este, Atena está temporariamente irritada com Ájax porque certa vez ele se vangloriou de que poderia ser vitorioso em Troia sem a ajuda dos deuses. Qualquer fracote, declarou, pode triunfar com a assistência divina.

Ouvindo isso, Tecmessa e o coro saem à procura de Ájax, deixando o palco vazio. Quando Ájax entra, imagina-se que a cena se passa numa campina à beira-mar. Ele enterra cuidadosamente a espada no chão e reza a Zeus para que Teucro, e não um inimigo, recolha seu corpo. Dá adeus à luz do sol, a Salamina e a Atenas, a seus companheiros e aos parentes em Troia — e cai sobre a espada, morrendo e rolando na direção dos arbustos, e desaparece.

O coro entra na área de danças quando Tecmessa aparece no palco. Não demora até que comece a se lamentar terrivelmente diante do corpo de Ájax. Teucro aparece e também é tomado pela dor.

Entram Menelau e Agamenon. Tentam baixar um decreto negando um enterro apropriado para Ájax. Teucro está determinado a desafiá-lo. Antes que tudo acabe em violência, Odisseu intervém. Diz que apesar de Ájax ser seu inimigo, obviamente era corajoso e nobre. Além disso, uma vitória sobre um cadáver não produz honras. Respeitando suas palavras, Agamenon e Menelau permitem o funeral.

60. Filoctetes

Fonte: Sófocles, *Filoctetes* (Tragédia Grega Clássica)

Depois da morte de Aquiles e da chegada de seu filho Neoptólemo, os gregos que estavam em Troia ficaram sabendo, graças ao profeta Heleno, que teriam de obter o arco e as flechas de Héracles para vencer a guerra. Ambos pertenciam a um guerreiro grego chamado Filoctetes. A caminho de Troia, porém, Filoctetes foi picado por uma cobra venenosa, e o ferimento resultante dessa picada tinha um odor tão nauseabundo e os gemidos de Filoctetes eram tão perturbadores que ele foi abandonado na ilha deserta de Lemnos. Desde então, tem vivido lá.

Odisseu e Neoptólemo aparecem diante da caverna de Filoctetes em Lemnos. Foram buscar as armas de Héracles. Ao inspecionar a caverna, Odisseu explica que é necessário ter cautela. Diz que, tendo em vista o que aconteceu dez anos antes, sem dúvida, Filoctetes vai querer matar Odisseu no momento em que o vir. Ele nunca irá ajudar voluntariamente os gregos. Terão de enganá--lo para atingirem seu objetivo. Odisseu diz que Neoptólemo deve buscar Filoctetes, fingindo não saber quem ele é, e apresentar-se como filho de Aquiles. Deve dizer que, depois que chegaram a Troia, ele ficou furioso pelo fato de suas armas terem sido dadas a Odisseu. Por isso, ele deixou Troia e está a caminho de casa. Dessa forma, vai conquistar a confiança de Filoctetes. Assim, será fácil apanhar o arco e as flechas. Neoptólemo não gosta de mentir, mas Odisseu lhe assegura de que isso é necessário e sai.

O coro de tripulantes de Neoptólemo entra; perguntam o que devem fazer. Neoptólemo diz-lhes que devem ficar prontos para cumprirem seu papel quando lhes der um sinal. Eles demonstram piedade por Filoctetes. Ouvem-se gritos de dor, e Filoctetes aparece mancando. Pergunta quem são Neoptólemo e seus marinheiros e por que estão ali. Neoptólemo se identifica e ouve a história de Filoctetes. Responde com a falsa versão dos eventos em Troia, inventada por Odisseu. Filoctetes pergunta como Ájax teria permitido que aquilo acontecesse e é informado do suicídio de Ájax e das mortes de muitos outros, dos quais pergunta. Filoctetes diz que os bons homens estão mortos, enquanto os maus vivem. Neoptólemo diz que está pronto a ir para a Grécia. Filoctetes implora para ser levado também, pondo fim a seu exílio. O coro representa seu papel, argumentando com Neoptólemo em prol de Filoctetes. Neoptólemo consente.

Chega um marinheiro grego, enviado por Odisseu. Ele está disfarçado de comerciante e diz que foi dar um aviso a Neoptólemo: os gregos estão vindo de Troia para levá-lo. Quanto a Filoctetes, Odisseu está a caminho para capturá-lo. Convencido do perigo, Filoctetes mostra-se, agora, desesperado para sair dali. Primeiro, porém, ele tem de pegar uma erva analgésica que cultiva na caverna. Neoptólemo pergunta se o arco que ele tem às costas é o famoso arco de Héracles; ao saber que é o mesmo, pergunta se pode tocar nele. Filoctetes autoriza-o a tocar no arco, e os dois entram na caverna.

O coro fala da situação miserável pela qual Filoctetes passou e da probabilidade de retornar à sua casa. Neoptólemo e Filoctetes voltam. O ferimento de Filoctetes se abre, causando-lhe um sofrimento atroz. Com a dor, ele entrega o arco a Neoptólemo, advertindo-o de que não deve deixar ninguém mais tocar nele. Quando a dor passa, ele adormece extenuado. Os tripulantes dizem que Neoptólemo deve sair dali com o arco, mas ele não consegue fazê-lo.

Filoctetes acorda, sentindo-se melhor, e agradece Neoptólemo e o coro por ficarem ao seu lado. Neoptólemo não consegue mais manter a farsa. Ele diz que Filoctetes precisa voltar a Troia. Filoctetes fica chocado e furioso e exige que lhe devolvam o arco.

Nesse momento, surge Odisseu. Longe de estar disposto a ir a Troia, Filoctetes o amaldiçoa e o acusa. Odisseu diz que basta levarem o arco de Filoctetes. Ele ordena que Neoptólemo o acompanhe e leve o arco.

Neoptólemo diz que os tripulantes devem esperar junto de Filoctetes até partirem, caso ele mude de ideia. Então ele sai, levando o arco, conforme as instruções de Odisseu.

Filoctetes fala de sua tristeza sem fim enquanto o coro canta para encorajá-lo a pensar nas vantagens de ir a Troia.

Subitamente, Odisseu e Neoptólemo reaparecem discutindo. Vendo-os, Filoctetes se recolhe em sua caverna. Na verdade, Neoptólemo foi devolver o arco e as flechas a Filoctetes. Odisseu o ameaça com a fúria de todo o exército grego se fizer isso, mas Neoptólemo está determinado, e Odisseu sai contrariado.

Neoptólemo chama Filoctetes. Ele se mostra atônito e aceita o arco de volta com satisfação. Odisseu retorna mais uma vez, ainda insistindo com Filoctetes para que este vá a Troia com ele. Filoctetes aponta uma flecha para Odisseu, mas Neoptólemo o impede de atirar. Odisseu sai em segurança.

Neoptólemo tenta convencer Filoctetes a perdoar os gregos. Quer o destino, diz, que a guerra termine logo com a ajuda de seu arco. Todavia, Filoctetes está convencido de que nada de bom vai acontecer a ele em Troia e lembra Neoptólemo de que prometera levá-lo para casa — e não para Troia. Neoptólemo diz que vai cumprir sua promessa, e os dois se preparam para ir para a Grécia.

O fantasma de Héracles aparece sobre a caverna. Tendo conquistado a imortalidade após a morte, agora Héracles vai proclamar a vontade de Zeus. Filoctetes, diz, deve ir a Troia, onde seu ferimento será curado por Asclépio. Usando seu arco, Filoctetes vai matar Páris. Voltará para casa com glória e riquezas após saquearem Troia. Neoptólemo e Filoctetes, atônitos, juram obedecer à ordem divina; o coro invoca a ajuda das ninfas do mar para sua viagem, e todos saem.

61. A Queda de Troia

Fonte: Resumos bizantinos de *A Pequena Ilíada*, de Lesco de Mitilene, e de *O Saque de Ílio*, de Arctino de Mileto (Grego Arcaico)

A outorga da couraça de Aquiles ocorre; Odisseu vence graças ao ardil de Atena. Ájax enlouquece, ataca o rebanho grego e se mata.

Odisseu captura o profeta troiano Heleno. Graças às suas profecias sobre a queda de Troia, Diomedes tira Filoctetes de Lemnos. Filoctetes é curado pelo médico grego e mata Páris num combate individual. O corpo de Páris é mutilado por Menelau, mas os troianos o recuperam para que seja enterrado.

O irmão de Páris, Dêifobo, casa-se com Helena. Odisseu traz Neoptólemo, filho de Aquiles, de Ciros e lhe entrega a couraça de seu pai.

Seguindo as instruções de Atena, um grego chamado Epeu constrói um grande cavalo de madeira. Então, colocando seus melhores homens dentro dele e queimando suas cabanas, os gregos zarpam para a ilha de Tenedos.

Os troianos suspeitam do cavalo e ficam à sua volta discutindo o que deveriam fazer com ele. Alguns querem destruí-lo, e outros, queimá-lo, mas há quem diga que ele deve ser dedicado a Atena em seu templo. Finalmente, esta última posição prevalece, e os troianos comemoram o fim da guerra. Quebram uma parte da muralha da cidade para que o cavalo entre e festejam como se tivessem conquistado os gregos.

Segue-se a queda da cidade. Menelau mata Dêifobo, mas poupa Helena quando a vê com os seios nus. Ájax, o Menor, captura Cassandra no templo de Atena, derrubando a estátua sagrada de Atena ao fazê-lo. Furiosos com isso, os gregos querem apedrejá-lo, mas ele se refugia no altar de Atena. O filho de Aquiles, Neoptólemo, mata Príamo, que se refugiava no templo de Zeus, e reclama a esposa de Heitor, Andrômaca, como parte de seu butim. Ele (ou Odisseu) agarra seu filho menor, Astíanax, e o leva à morte pela cidadela de Troia.

Os gregos queimam a cidade e sacrificam a filha de Príamo, Polixena, no túmulo de Aquiles.

62. A Família de Príamo em Cativeiro

Fonte: Eurípides, *As Troianas* (Drama Grego Clássico)

Posêidon aparece na arrebentação, perto de Troia. Diz que foi dizer adeus à cidade que amou desde que ele e Apolo construíram suas muralhas. Príamo está morto, e os gregos estão carregando seus navios com os tesouros de Troia. Algumas cativas foram separadas para serem escravas dos reis gregos. Estão esperando numa tenda próxima, junto de Helena. A rainha Hécuba, porém, está no chão, do lado de fora. Ainda não sabe que sua filha, Polixena, foi sacrificada no túmulo de Aquiles.

Entra Atena dizendo que quer pedir um favor a Posêidon. Ela está irritada porque Ájax, o Menor, arrastou Cassandra de seu templo, e os gregos nada fizeram para puni-lo. Quer que tempestades dizimem a frota. Zeus prometeu trovões. Ela precisa que Posêidon crie grandes ondas. Ele concorda em fazê-lo.

Hécuba acorda e entoa um canto de lamentação, culpando Helena. Entra um coro de troianas, unindo-se nessa canção. Temem que os gregos estejam se aprontando para levá-las embora.

O arauto grego, Taltíbio, entra e anuncia como as mulheres serão distribuídas.

Cassandra foi dada a Agamenon para ser sua amante secreta. A filha de Hécuba, Polixena, será uma "servidora do túmulo de Aquiles". Hécuba pergunta se Polixena "ainda verá a luz". Taltíbio responde que o "destino" a tem. Foi libertada de seu sofrimento. Em vez de pedir esclarecimentos, Hécuba pergunta sobre Andrômaca, esposa de Heitor, e fica sabendo que esta foi dada a Neoptólemo, filho de Aquiles. Finalmente, Hécuba fica sabendo que agora pertence a Odisseu. Ela fica furiosa e chama-o de sujo e desonesto.

Taltíbio diz que precisa levar Cassandra consigo e que depois voltará para buscar as outras. Então, ele percebe que há fogo na tenda das mulheres e imagina o que teria acontecido. Hécuba lhe assegura que é apenas "sua filha mênade, Cassandra".

Cassandra aparece segurando tochas ardentes e cantando um hino ironizando o casamento. "Abençoado seja o noivo! Feliz estou por me casar numa cama real em Argos! Enquanto vocês choram e se lamentam por Troia, acendo as tochas para o meu casamento."

Hécuba tira as tochas. Cassandra diz que ela deve ficar feliz, pois Agamenon vai morrer e seu casamento será envolvido. Em comparação com a casa de Agamenon, Troia é um lugar feliz.

Taltíbio diz que Cassandra deve acompanhá-lo até o navio de Agamenon. Como comentário à parte, diz que não se casaria com uma jovem tão maluca. Acrescenta que, como ela é louca, vai ignorar suas ameaças a Agamenon.

Cassandra prediz que Odisseu vai levar mais dez anos para chegar em casa e que vai encontrar novos infortúnios lá. Quanto a Agamenon, será enterrado sob más influências à noite.

O cadáver nu de Cassandra jazerá perto de seu túmulo para que as feras o devorem. Dizendo isso, ela remove as guirlandas e os ornamentos que indicam que é uma sacerdotisa de Apolo e diz que Taltíbio deve levá-la.

Hécuba cai e lamenta seus sofrimentos. O coro se une a ela com uma canção que relembra a celebração havida quando os troianos levaram o cavalo de madeira para dentro da cidade. Todos acharam que a paz tinha voltado. Em meio à celebração, a guerra recaiu sobre a cidade, homens foram assassinados e noivas foram violentadas.

Andrômaca, esposa de Heitor, aparece num vagão. Ela traz seu bebê, Astíanax, nos braços. A couraça de Heitor está a seus pés. Está sendo levada para Neoptólemo. Ela também lamenta sua sina.

Quando Hécuba menciona o destino de Cassandra, Andrômaca diz que há uma coisa que ela não sabe: Polixena morreu! Agora, Hécuba compreende o que Taltíbio quis dizer. Chora, dizendo que tem pena de Polixena, mas Andrômaca diz que seu destino é ainda pior. Morrer é como nunca ter nascido. Os mortos nada sentem. Pessoas que vão da boa fortuna para a má sentem a falta de sua antiga felicidade.

Andrômaca diz que fez tudo direito. Evitou aparecer em público e falar com ironia. Ficou quieta na presença de seu marido, mas impôs sua vontade quando foi necessário. Agora, precisava escolher entre trair Heitor e ser odiada por seu novo senhor. Ela diz que normalmente é preciso apenas uma noite de amor para conquistar o coração de uma mulher, mas que despreza mulheres que aceitam um novo homem.

Hécuba diz que Andrômaca deve se esquecer de seu casamento com Heitor e conquistar o amor de seu senhor. Dessa forma, seu filho tornar-se-á um adulto. Um dia, ele ou seus filhos poderão reconstruir Troia.

Chega Taltíbio e diz que gostaria de não ter de anunciar essa terrível notícia. Por sugestão de Odisseu, os gregos decretaram que o pequeno Astíanax deve ser jogado das muralhas da cidade. Taltíbio diz que Andrômaca deve entregar o bebê sem maldizer os gregos. Se assim for, o bebê terá um enterro decente. Andrômaca o entrega chorando. Ela amaldiçoa Helena, dizendo que ela não é filha de Zeus, mas de Vingança, Inveja, Chacina, Morte e todos os males da Terra. Quanto a ela, diz que os gregos podem jogá-la no navio. Ela terá seu "lindo casamento" depois que matarem seu filho.

O coro entoa um canto sobre Ganímedes e Titono, amados, respectivamente, por Zeus e pela deusa Eos (Aurora). Os deuses, dizem, amavam Troia antes, mas agora se esqueceram dela.

Menelau chega para resgatar Helena, que se acha entre as cativas. Diz que a guerra não foi travada para recuperá-la, mas para punir Páris. Ele tem a intenção de levar Helena novamente para a Grécia, onde ela será apedrejada até a morte.

Helena é levada e pede uma chance de implorar por sua vida. Hécuba pede que Menelau conceda seu pedido, que a própria Hécuba vai rejeitar. Menelau consente.

Helena diz que, em última análise, a culpa pela guerra é de Hécuba, porque ela permitiu que o bebê Páris vivesse apesar de um aviso: Helena sonhou que ela havia levado uma tocha ardente que destruiu a cidade. Acrescenta que seu próprio destino estava selado quando Páris julgou as deusas. Se tivesse escolhido Atena ou Hera, sua recompensa seria o poder real ou o talento na guerra. De qualquer maneira, teria derrotado os gregos. Logo, Helena poupou a Grécia de um governante asiático. Depois que Páris morreu em combate, Helena tentou escapar várias vezes, mas sempre foi detida pelos guardas troianos ao tentar descer pelas muralhas com uma corda. Finalmente, Dêifobo casou-se à força com ela.

Hécuba responde que a história do julgamento de Páris é inacreditável. Hera e Atena não teriam sido tão fúteis e infantis. Afrodite não foi à Grécia com Páris. Como deusa, poderia simplesmente ter transportado Helena até Troia caso desejasse. Helena viu que Páris tinha boa aparência e usava trajes caros e finos, e foi tomada pelo desejo. Sua mente tornou-se "Afrodite". Com efeito, Afrodite significa apenas tolice. Seu nome até começa como "intemperança" (*aphrosyne*). Helena deve ter ido por vontade própria. Do contrário, seus irmãos, Castor e Pólux, teriam ouvido seus gritos e ido salvá-la. Em Troia, nunca soltou cordas pelas muralhas, nunca fez uma forca e nem amolou uma adaga para se matar, como qualquer esposa decente teria feito. Hécuba diz que Menelau deve matar Helena para mostrar que o preço do adultério é a morte.

Menelau diz que concorda. Fará com que a apedrejem na Grécia. Helena pede misericórdia de joelhos, mas Menelau manda seus servos levarem-na dali. Hécuba pede-lhe para que não viaje no navio de Helena. Menelau diz que não o fará.

O coro chama Zeus, rezando para que o navio de Helena seja destruído por um raio.

Taltíbio leva o corpo de Astíanax sobre o escudo de Heitor. Diz que Neoptólemo teve de partir porque recebeu a notícia de que seu avô, Peleu, estava enfrentando um invasor. Levou Andrômaca. Pediu para que Hécuba cuidasse do funeral do bebê, usando o escudo de Heitor como caixão. Taltíbio diz que vai providenciar uma cova para o garoto enquanto Hécuba prepara seu corpo para o enterro.

Hécuba chora sobre o cadáver ensanguentado de Astíanax. Ela se lembra de que uma vez ele prometeu dar *a ela* um enterro esplêndido. Ela acha que seu epitáfio deveria ser "Os gregos mataram este menino porque o temiam".

Escravas levam trajes e ornamentos para o cadáver. Hécuba o prepara, mas em pouco tempo pede que os soldados levem o corpo até seu humilde túmulo. "Acho que faz pouca diferença para os mortos", diz, "se seu funeral é rico ou não. Isso é uma ostentação fútil dos vivos."

Taltíbio aparece pela última vez. Ordena aos soldados gregos que queimem Troia e diz às mulheres que devem ir para os navios. Enquanto as mulheres são levadas para fora, veem chamas envolvendo a cidade e ouvem o estrondo de seus edifícios indo ao chão.

63. A Morte de Agamenon

Fonte: Ésquilo, *Agamenon* (Tragédia Grega Clássica)

O pai de Agamenon, Atreu, conquistou o poder real em Micenas depois de uma luta renhida com seu irmão, Tiestes. Entre as atrocidades recíprocas, Atreu matou os jovens filhos de Tiestes e, ardilosamente, fez com que ele comesse sua carne. Tiestes viveu o suficiente para ter outro filho, Egisto. Enquanto Agamenon estava em Troia, Egisto e Clitemnestra uniram forças. Ambos tinham motivos para odiar Agamenon.

Um escravo está em pé no telhado do palácio de Agamenon. Ele está lá para ver um sinal de fogo anunciando a captura de Troia pelos gregos. Reclama das dificuldades que tem enfrentado, dormindo no telhado. Então, vê o sinal pelo qual estava esperando e grita para acordar a rainha Clitemnestra. Diz que torce para que Agamenon chegue em casa em segurança. Quanto aos demais, diz, "um grande boi pisou na minha língua".

Um coro de anciões vai ao palácio para perguntar por que Clitemnestra está oferecendo sacrifícios jubilosos. Recebeu alguma notícia? Ao entrarem, eles entoam um canto sobre a ida dos gregos a Troia, enfatizando particularmente o sacrifício da filha de Agamenon, Ifigênia:

Ventos do Strímon estavam causando
inércia, fome e loucura,
problemas para ancorar os navios, arruinando cabos
e naus. A espera interminável

fez murchar a flor de Argos. E quando o vidente anunciou aos chefes
uma cura diferente e mais pesada
para a amarga tormenta, invocando
a vontade de Ártemis, os filhos de Atreu
golpearam o solo com seus cetros e choraram.

O monarca idoso falou:
"É pesado o ônus do desafio e pesado é matar minha adorável filha,
poluir as mãos paternas
com o sangue inocente no altar. Que caminho é isento de males?
Deixar os navios?
Decepcionar meus aliados?
Sua ânsia frenética e passional
pelo assassinato da jovem para deter o vento é justa.
Esperemos pelo melhor."

Aceitando o jugo da Necessidade,
um vento incerto, impuro,
poluído rodopiou em sua mente.
Decidiu que nada o deteria.
Os conselhos da ilusão geram
a tristeza ao tornar imprudentes os mortais.
Ousou matar a filha para apoiar uma guerra de vingança a uma mulher
e abençoar seus navios.
Sequiosos pelo embate,
seus julgadores ignoraram suas preces, sua idade inocente,
seus apelos ao pai.
Ela caiu no chão em preces,
envolvendo-se em sua túnica.
Ele ordenou a seus assistentes que a erguessem sobre o altar
como uma cabra de um ano, impedindo seus belos lábios
de murmurarem maldições

Com a força taciturna de uma mordaça.
Despindo o manto açafrão,
modesta como uma obra de arte, ela, por sua vez,
perfurou seus assassinos com os dardos de pena de seus olhos

e quis chamar seus nomes,
porque tantas vezes agraciou
os banquetes de seu pai com um hino amável
em sua voz inocente enquanto ele servia a terceira libação.

Vi e nada mais digo.
A arte de Calcas é eficiente.
A justiça distribui conhecimento aos que sofrem.
O futuro é conhecido quando acontece. Seja feliz até então.
Por que sofrer prematuramente?
Na aurora, a luz vai brilhar.

Entra Clitemnestra e diz ao coro que Troia caiu. O coro mostra-se cético, apesar de ela descrever os sinais de fogo. Fora combinado que, quando Troia caísse, seria acesa uma fogueira no Monte Ida. Seria o sinal para que os escravos de Lemnos acendessem uma fogueira similar, e assim por diante, passando pelo promontório de Atos, pela costa da Grécia, pelo Monte Citerão, pelo golfo de Saros e por Argos.

O coro fala da queda de Troia, que foi rebaixada pelo pecado de Páris, que "perseguiu uma ave como uma criança e levou uma desgraça insuportável à sua cidade". Refere-se ainda às vicissitudes da guerra do ponto de vista dos gregos. Ares é o "cambista dos corpos, mandando jarros de poeira bem compactada em troca dos homens". A dor do povo se mistura ao ressentimento com os filhos de Atreu.

O coro duvida da confiabilidade dos sinais de Clitemnestra. Veem um arauto que se aproxima e ficam ansiosos para saber a verdade. Ele confirma que os gregos foram vitoriosos e que Agamenon chegará em breve. O arauto descreve alguns dos sofrimentos do exército em Troia, mas diz que todos podem ser esquecidos, pois o final foi positivo.

Clitemnestra parece dizer que já conhecia a notícia dada pelo arauto. O arauto deve informar Agamenon que ela se manteve fiel a ele desde o dia em que zarpou. Não conheceu o prazer com outro homem, assim como não mergulhou bronze fundido em água fria.

Antes da saída do arauto, ele diz ao coro que o navio de Menelau se separou do de Agamenon durante uma grande tempestade a caminho de casa. Não se sabe o que aconteceu com ele.

O coro entoa uma canção sobre Helena, cuja beleza e cujo charme representaram a destruição para Troia. Comparam o destino de Troia a um homem que cria um alegre filhote de leão como animal de estimação. Com o tempo, ele revela a personalidade dos pais, atacando o rebanho e inundando a casa de sangue.

Agamenon aparece numa biga com Cassandra a seu lado. Saúda os deuses de Argos e lhes agradece pela vitória sobre Troia. Em breve, ele reunirá uma assembleia para organizar o Estado, usando remédios, chamas e amputações para corrigir os problemas que surgirem.

Clitemnestra dá as boas-vindas a Agamenon. Diz que volta e meia ouviu rumores sobre sua morte. Se Agamenon tivesse sido ferido todas as vezes que lhe disseram que foi, estaria tão cheio de furos quanto uma rede de pesca. Explica que mandou o filho deles, Orestes, para um amigo, Estrófio, de Focis, como forma de protegê-lo, pois estava preocupada com a possibilidade de uma revolução na ausência de Agamenon. Finalmente, sugere que Agamenon entre no palácio caminhando sobre uma fina tapeçaria púrpura que as servas estenderam diante dele.

Agamenon diz que o discurso de Clitemnestra foi apropriado para sua ausência, que foi bastante prolongada. No entanto, ele não quer arruinar uma tapeçaria tão cara. Clitemnestra insiste, dizendo que Príamo, rei de Troia, não teria tido receio de fazê-lo — e que seria gentil de sua parte ceder, pelo menos nessa questão. Relutante, Agamenon cede. Enquanto entra, ordena que seus servos tragam Cassandra ao palácio e solicita que ela seja bem recebida. Foi um presente do exército grego, a flor seleta de seu butim.

Ouve-se um interlúdio coral. O coro está ansioso, mas não consegue explicar a razão. "Por que este medo paira firmemente diante de meu coração profético?", perguntam.

Clitemnestra aparece e manda Cassandra entrar no palácio, mas ela não atende — nem à rainha nem ao coro, que a incentiva a obedecer. Clitemnestra diz que ela deve fazer alguma coisa, ou, caso não compreenda o que está sendo dito, que faça um sinal com a mão. Como nada acontece, Clitemnestra volta furiosa ao palácio.

Então, Cassandra começa a gemer, acusando Apolo de tê-la destruído. Fala de maneira obscura do palácio maldito, "bebês lamentando uma chacina, carne assada comida por um pai", e de uma nova atrocidade fermentando em seu interior. Finalmente, diz que sua profecia não vai mais "olhar timidamente por trás de um véu, como uma jovem noiva". Em resposta à pergunta do coro, diz que Apolo lhe deu poderes proféticos porque a amava.

"Vocês se uniram para produzir filhos?"

"Prometi a Apolo, mas menti."

"Então, como você escapou ilesa da fúria de Apolo?"

"Nunca consegui convencer ninguém de nada."

Cassandra profetiza que Agamenon será assassinado por uma cadela detestável, uma fêmea assassina do macho, uma Cila, uma víbora. Impressionado, o coro pergunta que *homem* cometerá esse crime horrível. Antes que Cassandra possa esclarecer, ela é tomada pela dor. Remove furiosamente as guirlandas que usa como sinal de seu *status* sagrado e entra no palácio no qual, diz, está fadada a morrer.

A canção seguinte do coro é interrompida pelos gritos de Agamenon. "*Oimoi*! Fui ferido aqui! *Oimoi*! Fui ferido novamente, um segundo golpe."

O coro não sabe ao certo o que está acontecendo e nem sabe se deve fazer alguma coisa. Antes que possa decidir, as portas do palácio se abrem, e Clitemnestra aparece — em pé sobre os cadáveres de Agamenon e Cassandra. Ela admite abertamente ter mentido por necessidade, mas sustenta que Agamenon mereceu morrer e que ela está feliz com o que fez. Morrendo, diz, Agamenon salpicou-a com gotas de sangue, e ela ficou radiante como um campo cujas flores desabrocham. O assassinato de Agamenon foi justificado, diz, por ele ter assassinado Ifigênia. Sente-se segura porque tem a proteção de seu amigo fiel, Egisto. Quanto a Cassandra, como esta compartilhou o leito de Agamenon, não foi inadequado compartilhar sua morte. E a morte de Cassandra acrescenta prazer à satisfação de Clitemnestra na cama.

Surge Egisto com guardas. Ele anuncia que participou do assassinato de Agamenon porque Atreu, pai de Agamenon, usurpou o trono de Argos de Tiestes, pai de Egisto, e o enganou, levando-o a comer a carne de seus filhos. Finalmente, esse crime foi vingado. O coro diz que Argos nunca permitirá que saia impune desse assassinato e o chama de covarde. Espera ainda que Orestes volte para casa e se vingue da morte do pai. A guarda de Egisto está prestes a atacar quando Clitemnestra intervém, pedindo que todos se acalmem. Diz que Egisto deve ignorar as palavras vazias do coro. Juntos, levarão ordem àquela casa.

64. As Mortes de Clitemnestra e Egisto

Fonte: Ésquilo, *As Coéforas* (Tragédia Grega Clássica)

Orestes e seu amigo, Pilades, chegam diante do túmulo de Agamenon, ao lado do palácio. Orestes deposita uma mecha de cabelos como oferenda. Aproximam-se mulheres com urnas, evidentemente para despejar libações sobre o túmulo. Orestes identifica sua irmã, Electra, entre elas. Ele e Pilades se escondem.

O coro de escravas revela que foram mandadas ao túmulo para fazer oferendas por causa de sonhos com maus presságios. Embora sejam escravas, lamentam por Agamenon. Electra lhes pergunta que espécie de preces elas podem fazer. Por sugestão delas, reza pelo bem-estar de Orestes e pelo aparecimento de um vingador.

Electra se espanta ao encontrar no túmulo uma mecha de cabelos parecidos com os seus. Pensa que deve ser de Orestes, mas hesita em acreditar que ele tenha voltado. Depois, como evidência adicional, encontra pegadas exatamente iguais às dela.

Orestes sai de seu esconderijo e se identifica, comprovando sua identidade ao mostrar que seus cabelos e os da mecha no túmulo são iguais, e mostrando a Electra sua capa, tecida por ela. Voltou porque o oráculo de Apolo ordenou que fosse matar os assassinos de seu pai. Apolo falou de punições terríveis caso Orestes negligenciasse seu dever: "Doenças atacando a pele com presas selvagens, úlceras devorando tecidos normais, pelos brancos crescendo na pele doente". Electra e Orestes rezam para que o fantasma de Agamenon os ajude.

Orestes pergunta por que Clitemnestra ordenou, de uma hora para outra, que fossem feitas oferendas no túmulo de Agamenon. O coro explica que ela foi movida por um sonho. "Ela sonhou que dava à luz uma serpente."

"E como terminava o sonho?", pergunta Orestes.

"Ela a envolvia em cueiros, como se fosse um bebê."

"E com que tipo de comida o bebê cobra se nutre?"

"No sonho, ela lhe oferece o seio."

"Como seu bico não se fere?"

"Na verdade, saiu um pouco de sangue com o leite."

Orestes interpreta o sonho como a antevisão da morte de sua mãe por suas mãos. Ele manda Electra voltar para casa. Ele e Pilades vão tentar entrar disfarçados como viajantes de Focis.

Depois de um interlúdio coral, Orestes bate na porta do palácio. Ele é recebido com educação por Clitemnestra, que lhe oferece comida e alojamento. Ele diz que um homem chamado Estrófio lhe pediu para transmitir a notícia de que Orestes tinha morrido. Clitemnestra reage com tristeza, dizendo que a maldição contra sua casa voltou a agir. Mesmo assim, ela faz com que Orestes e Pilades entrem no palácio. O fato de terem sido portadores de más notícias, diz, não vai reduzir sua hospitalidade.

Do lado de fora, enquanto o coro se pergunta se é possível ajudar Orestes, sua antiga ama de leite, Cilissa, sai do palácio. Enviaram-na para que ela convidasse Egisto a entrar e para que ele soubesse da morte de Orestes. Diz que Clitemnestra só fingiu que ficou triste com a notícia e que Egisto ficará radiante. Pessoalmente, a notícia a arrasou. Criou Orestes desde bebê e se lembra de como foi difícil. "Uma criança em seus cueiros", diz, "não informa se está com fome, com sede ou se precisa verter água. O jovem estômago de um bebê tem suas próprias leis. Tentei profetizar suas necessidades, mas errei com frequência, e me tornei uma lavadeira"

O coro pergunta se Clitemnestra quer que Egisto leve seu guarda-costas. Cilissa diz que sim. O coro lhe diz para alterar sua mensagem, dizendo a Egisto que vá *sozinho*. Cilissa não compreende o motivo, mas obedece com satisfação.

O coro reza para os deuses, pedindo que ajudem Orestes. Chega Egisto e pergunta como pode se informar sobre a morte de Orestes. O coro o dirige ao palácio. Pouco depois, ouve-se um grito em seu interior. Um escravo agitado sai do palácio, gritando que Egisto está morto. O escravo procura por Clitemnestra, pois "seu pescoço está quase sobre o cepo". Clitemnestra aparece e quer saber a causa da gritaria.

"O homem está vivo e matando os mortos!", exclama o escravo.

"Compreendo o enigma", diz Clitemnestra. "Vamos morrer graças a uma fraude, assim como matamos. Rápido, deem-me um machado!"

Surge Orestes, dirigindo-se a Clitemnestra. "Também procuro você", diz. Clitemnestra grita dizendo que o "querido Egisto" deve estar morto.

"Você o ama?", pergunta Orestes. "Então, vai se deitar no mesmo túmulo que ele. Se morrer, nunca lhe será infiel."

Clitemnestra desnuda o seio e pede piedade a Orestes, lembrando que ela o amamentou. Orestes pergunta a Pilades se ele deveria se envergonhar se matasse a mãe.

"Como ficaria o oráculo de Apolo?", pergunta. "Faça dos homens seus inimigos, e não os deuses."

Orestes diz que Pilades tem razão. Clitemnestra ainda tenta argumentar, mas em vão. Ela lhe diz para tomar cuidado com a maldição de uma mãe, mas ele responde que não pode escapar da maldição de seu pai caso não a mate. Clitemnestra diz que se sente como alguém que chora em vão sobre uma sepultura. Orestes a acompanha até o interior do palácio. Suas últimas palavras são: "Você matou alguém que era ilegítimo matar. Agora, sofra aquilo que não é legítimo".

Depois de um interlúdio coral, as portas do palácio se abrem para revelar Orestes sobre os corpos de Egisto e Clitemnestra. Ele exibe a túnica que usaram para envolver Agamenon quando o mataram. Reconhece que sua vitória é suja. Sua mente, diz, parece estar fugindo ao controle. Deseja declarar que agiu de acordo com o comando de Apolo e que agora vai se refugiar em seu santuário. De repente, vê criaturas horrendas correndo em sua direção, como Górgonas vestidas de preto, com cobras no lugar de cabelos. Não são visões, diz, mas os furiosos cães de sua mãe.

O coro diz que só Apolo pode livrá-lo desses males e deseja boa sorte a Orestes em sua fuga.

65. O Julgamento de Orestes

Fonte: Ésquilo, *As Eumênides** (Tragédia Grega Clássica)

A Pítia, sacerdotisa de Apolo em Delfos, reza diante do templo para as divindades que profetizam nesse lugar: Gaia e suas filhas, Têmis e Febe. Febe, diz, deu o templo como presente de aniversário a Apolo, que assim adquiriu o título de "Febo". A Pítia invoca as bênçãos dos outros deuses e, depois, entra no santuário para profetizar.

No mesmo instante, a Pítia volta do templo aterrorizada. Lá dentro, um homem se refugiou no *onfalos* ("umbigo"), uma pedra sagrada que representa o centro do mundo. Das mãos e da espada do homem pinga sangue. Ele porta um ramo de oliveira com fitas de lã, um sinal de súplica. À sua volta, dormin-

---

* O coro é formado pelas deusas punitivas, conhecidas em português como as Fúrias. Seu nome grego é *Erínias*. Os gregos, porém, volta e meia usavam uma designação eufemística para elas, *Eumênides* ("bondosas"). Na peça, as *Erínias* são realmente transformadas em *Eumênides*. No texto da peça, não são nomeadas diretamente.

do em cadeiras, veem-se mulheres monstruosas, parecidas com Górgonas ou Harpias. São lúgubres e desagradáveis. Roncam e têm hálito insuportável, e escorre um líquido asqueroso de seus olhos. Suas roupas não são adequadas para a sociedade humana. Ela diz que o próprio Apolo deve lidar com elas e sai.

As portas do templo se abrem, revelando Orestes cercado por Fúrias adormecidas. Apolo e Hermes estão em pé ao seu lado. Apolo diz a Orestes que fez suas perseguidoras adormecerem. Agora, Orestes precisa ir correndo para Atenas. Lá, encontrará os juízes do seu caso. Orestes obedece e segue Hermes, que mostra o caminho.

O fantasma de Clitemnestra entra no templo e desperta as Fúrias. Ela ficou indignada pelo fato de deixarem sua presa escapar. A morte dela não pode ficar sem punição. As Fúrias acordam. Elas estão magoadas com a maneira pela qual "deuses mais jovens" como Apolo as estão tratando. Elas estão determinadas a não deixar Orestes escapar.

Apolo entra e ordena que as Fúrias saiam de seu templo. Discutem o caso. As Fúrias dizem que o crime de Clitemnestra não foi tão grave, pois não fez verter o sangue de parentes. Apolo afirma que o vínculo entre marido e mulher é bastante sagrado.

Agora, o cenário é Atenas. Orestes aparece diante do templo de Atena, pedindo a ajuda da deusa. Chega o coro de Fúrias que o perseguiu. Cantam sobre seu poder inexorável de punir a violência contra deuses, convidados ou pais.

Surge Atena. Ela vem da planície de Troia, onde os líderes gregos a homenageavam. Pergunta o que levou essa multidão a seu templo. As Fúrias dizem que Orestes é matricida. Orestes expõe os detalhes. Ele enfatiza o fato de que matou Clitemnestra por insistência de Apolo. Atena diz que o caso é difícil demais para qualquer mortal decidir, e que nem mesmo é correto para ela julgar casos de assassinato causados pelo ódio. Vai escolher juízes dentre cidadãos dignos de sua cidade, estabelecendo assim uma instituição permanente.

O coro entoa um canto sobre a importância do medo que as Fúrias inspiram. Se elas forem libertadas, os assassinatos vão se tornar corriqueiros.

Atena dá início ao julgamento. As Fúrias questionam Orestes, que admite que matou sua mãe. Elas declaram que têm o direito de persegui-lo, pois ele verteu o sangue de um parente, enquanto Clitemnestra não o fez.

Apolo argumenta que matar um pai e rei é algo particularmente grave. As Fúrias citam o exemplo de Zeus, que destronou seu pai, Cronos. Apolo responde que estava ao alcance de Zeus *desfazer* os ferimentos infligidos a Cronos, mas a morte de Agamenon era permanente. O argumento final de Apolo é que não existe conexão de sangue entre filhos e mães. O progenitor é o pai. A mãe simplesmente nutre a semente. Na verdade, pode existir um pai sem mãe. A prova é Atena, que não nasceu de um útero materno, mas de Zeus.*

Enquanto Apolo e as Fúrias continuam a discutir, é realizada a votação. Atena anuncia que votou a favor de Orestes. Assim, se houver empate, ele será absolvido. Ela diz que votou nele porque ela mesma não teve mãe, e por isso favorece o pai. Quando os votos são retirados da urna e contados, há empate. Orestes é absolvido.

Orestes jura que nunca, nos tempos que virão, líder algum de Argos tomará medidas hostis contra Atenas. Seu espírito sempre ajudará Argos enquanto Argos for aliado fiel de Atenas.

Indignadas, as Fúrias ameaçam Atenas com pragas e fome. Atena diz que elas não foram tratadas com desprezo, pois os votos ficaram empatados. Orestes só foi absolvido porque o testemunho de Apolo foi poderoso, pois ele falou em nome de Zeus. Atena acrescenta que, se as Fúrias se estabelecerem na acrópole ateniense, vão receber ricas homenagens dos homens e das mulheres de Atenas. A persistência de Atena acaba chamando a atenção das Fúrias. Elas perguntam que poderes terão em Atenas. Atena lhes diz que nenhuma casa vai prosperar sem o consentimento delas. Agora, as Fúrias dizem que sua raiva passou e se oferecem para abençoar a terra. Rezam para que Atenas fique livre de secas, pragas, fome e guerra civil. Saem numa procissão majestosa, cantando.

66. Helena É Declarada Inocente!

Fonte: Eurípides, *Helena* (Tragédia Grega Clássica)

Helena aparece diante de uma tumba egípcia que pertence ao rei Proteu. Ao fundo, vê-se um palácio real. Num solilóquio, ela justifica sua presença no Egito. Irritada com o julgamento de Páris, Hera a salvou de ter de ir para Troia. Em vez disso, criou com o ar uma Helena fantasma, que acompanhou Páris. Hermes escondeu a verdadeira Helena numa bruma, e assim ela foi levada para o Egito. Hermes garantiu-lhe que seu marido, Menelau, acabaria descobrindo

---

* Segundo Hesíodo, em *Teogonia* (886-900, 924-926), Atena nasceu da testa de Zeus porque ele engoliu sua mãe, Métis (Sabedoria), quando esta estava grávida de Atena. Ele o fez por causa da profecia de que, depois, Métis daria à luz um filho maior do que Zeus.

a verdade, indo à sua procura. Isso acontecera havia muito tempo. Agora, sua situação era desesperadora. Proteu, o bondoso rei que a acolheu no Egito, está morto. Seu filho, Teoclímeno, está determinado a se casar com ela. Ela foi até o túmulo de Proteu em busca de um santuário.

Um guerreiro grego, Teucro, aparece em cena. Ele fica chocado por ver uma mulher que se parece muito com Helena, mas presume que não pode ser ela. Helena o interroga. Ela fica sabendo que ele fora banido de sua casa, Salamina, por seu pai, Télamon, porque ele não morreu com seu irmão, Ájax, em Troia. Mais tarde, Apolo o instruiu a fundar uma nova Salamina na ilha de Chipre, e ele foi até o Egito à procura de novos conselhos da profetisa Teonoé, irmã de Teoclímeno. Teucro acrescenta que a Guerra de Troia acabou há sete anos. Diz que Menelau foi visto no final, arrastando Helena pelos cabelos, mas nunca chegou à Grécia; presume-se que ele tenha morrido. Helena adverte Teucro de que Teoclímeno matará todos os gregos que encontrar em suas terras. Teucro sai rapidamente.

Helena fica arrasada pela notícia transmitida por Teucro, especialmente com a possibilidade de Menelau estar morto. Ela lamenta, e a Helena se unem servas que estavam lavando roupas ali perto. Sugerem-lhe que converse com a profetisa Teonoé, pois o grego pode ter se enganado quanto à morte de Menelau. Helena concorda e se dirige ao palácio.

Menelau aparece vestido com farrapos, sem saber ao certo onde está. Faz sete anos que tenta voltar para casa, vindo de Troia, e recentemente sofreu um naufrágio. Só Helena e alguns membros da tripulação sobreviveram, agarrando-se aos destroços. Agora, eles estão numa caverna próxima. Ele saiu para procurar comida e roupas.

Ele se aproxima do palácio, exigindo ajuda em voz alta. Uma serva o adverte, dizendo-lhe para ficar quieto. Diz que será executado se o rei descobrir sua presença. Acrescenta que está no Egito e que o antigo rei, Proteu, morreu. Além disso, Helena, de Esparta, tem vivido ali desde antes do início da guerra. Menelau não sabe o que inferir dessa informação, mas decide aguardar a volta de Teoclímeno para lhe pedir ajuda.

Helena e o coro aparecem depois de se reunirem com Teonoé, que lhes assegurou de que Menelau ainda está vivo. Voltando ao túmulo de Proteu, Helena percebe que há um estrangeiro maltrapilho à espreita. Temendo que seja um dos homens de Teoclímeno, ela corre até o túmulo. Ele se aproxima atônito ao ver uma mulher que parece idêntica à sua esposa. Do mesmo modo, ela fica espantada com a aparência dele — e percebe rapidamente que ele é Menelau.

Helena conta a Menelau sobre o fantasma que foi enviado a Troia. Ele não consegue aceitar a história, mas um tripulante sem fôlego acaba de vir da caverna e lhe diz que a Helena que estava lá anunciou subitamente que se tratava de um fantasma e desapareceu no ar.

Reunidos, Menelau e a verdadeira Helena unem esforços para planejar sua fuga. Teonoé sai do palácio com uma procissão de auxiliares com tochas de enxofre. Ela concorda em não revelar a identidade de Menelau ao irmão, Teoclímeno, pois Proteu não teria gostado disso se o fizesse.

Depois de rejeitar as sugestões de fuga de Menelau — como, por exemplo, furtar uma biga para fugir —, Helena aparece com um plano complexo. Menelau deve disfarçar-se de marinheiro sobrevivente de um naufrágio, fingindo levar a notícia de que ele mesmo morreu no mar. Quando Helena ouvir isso, vai pedir a Teoclímeno para deixá-la realizar um enterro ritual no mar, em memória de seu marido. Menelau e seus homens vão capturar o navio fornecido para essa finalidade e vão rumar para casa. Quando os planos ficam claros, Helena entra no palácio para cortar os cabelos, um sinal de luto, e vestir roupas pretas.

Chega Teoclímeno com seu séquito. Ele ouviu dizer que um grego foi visto por perto e quer que ele seja encontrado e morto. Helena aparece com os cabelos tosados, trajes pretos e aos prantos. Diz a Teoclímeno que o estrangeiro maltrapilho perto do túmulo trouxe a notícia da morte de Menelau. Agora, ela deve prestar-lhe homenagem à maneira de seu povo. Menelau acrescenta que os bens do falecido devem ser lançados ao mar, bem longe da costa, para não voltarem. Os três entram no palácio para fazer os preparativos.

O coro fala do pesar de Deméter diante da perda de Perséfone e de como sua música triste tornou-se alegre quando a filha reapareceu.

Helena surge e diz ao coro que Teonoé cumpriu sua promessa e não denunciou seus planos para o irmão. Entra Teoclímeno e ordena que os servos levem oferendas até o navio que ele providenciou. Pede a Helena que fique para trás, temendo que, com a dor, queira se jogar pela murada. Ela zomba disso, dizendo que não tem essa intenção e que sua presença é essencial nesse ritual. Então, Teoclímeno instrui o estrangeiro (Menelau) a acompanhá-la, garantindo o retorno seguro de Helena.

Eles partem. O coro passa o tempo rezando para que os irmãos de Helena, os Dióscuros, ajudem-na durante a viagem de volta.

Um mensageiro sem fôlego chega com a notícia de que o navio foi tomado por Menelau e por seus homens quando já estavam em mar alto, e que escaparam com Helena. Teoclímeno fica enfurecido e acusa Teonoé de traí-lo. Agarra uma espada e só é impedido de matá-la porque um servo o detém. Então, os Dióscuros aparecem e tranquilizam Teoclímeno, dizendo-lhe que não se deve lutar contra a vontade dos deuses. Helena estava destinada a voltar para casa. Teoclímeno acaba concordando.

67. Ifigênia É Encontrada Viva!

Fonte: Eurípides, *Ifigênia entre os Tauros* (Tragédia Grega Clássica)

Geralmente, acredita-se que Agamenon sacrificou sua filha, Ifigênia, para ofertá-la a Ártemis no começo da Guerra de Troia. Em alguns relatos, no entanto, Ifigênia foi salva no último instante e levada para um templo remoto de Ártemis para ser sua sacerdotisa. Eurípides amplia essa versão. A ação se desenrola diante de um templo na margem mais setentrional do Mar Negro (a atual Crimeia), lugar habitado por uma raça bárbara, os tauros.

Ifigênia sai do templo de Ártemis Taura e conversa com o ar a respeito de sua vida. Seu pai, Agamenon, de Micenas, prometeu a Ártemis sacrificar a coisa mais bela encontrada em sua terra naquele ano. Foi o ano em que Ifigênia nasceu, embora na época ninguém percebesse a conexão. Mais tarde, porém, na reunião do exército grego em Áulis, Calcas informou Agamenon que Ifigênia teria de ser sacrificada a Ártemis para que ele cumprisse sua antiga promessa. Assim, Ifigênia foi levada a Áulis sob o pretexto de se casar com Aquiles, mas na verdade foi sacrificada a Ártemis — pelo menos, era o que as pessoas imaginavam. Na verdade, Ártemis a substituiu por uma corça no último instante, levando Ifigênia até essa terra distante para servir os tauros como sua suma sacerdotisa. Lá, ela supervisiona o sacrifício de todos os forasteiros que são capturados pelos bárbaros habitantes da terra.

Então, ela teve um sonho perturbador. Vê a casa de sua família em Micenas desmoronando até restar apenas uma coluna em pé. Depois, essa coluna parece ganhar uma cabeça com cabelos e falar com voz de homem. Ela toca sua testa tal como toca as vítimas a serem sacrificadas. Acha que a coluna deve representar Orestes, seu irmão, o último de sua linhagem, e que o sonho simboliza sua morte. Ela volta ao palácio para rezar e fazer as libações.

Orestes e seu amigo Pilades entram em cena. Orestes procura a absolvição pela morte de sua mãe e viaja até os tauros por ordem de Apolo, que o instruiu a trazer consigo a estátua local de Ártemis, uma imagem de madeira que caiu do céu. Só assim Orestes pode ficar limpo da mácula por ter matado sua mãe. Ele e Pilades examinam furtivamente a disposição do templo, planejando fazer sua tentativa quando anoitecer, e saem.

Ifigênia reaparece com um coro de jovens que vão fazer libações e lamentações. O coro é composto de jovens escravas gregas oferecidas pelo rei tauro para ajudar Ifigênia.

Surge um pastor local com notícias. Um navio grego foi visto aproximando-se da costa. Dois jovens saltaram e vieram nadando até a praia. Foram capturados, e o rei ordenou que Ifigênia preparasse o sacrifício costumeiro. O coro se pergunta quem eles poderiam ser e se, por acaso, teriam notícias de casa. Ainda abalada pela suposta morte de Orestes, Ifigênia está determinada a não ter misericórdia com as próximas vítimas.

Orestes e Pilades são levados até Ifigênia. Orestes se recusa a informar seu nome. Contudo, ele admite que é de Micenas. A referência ao lar reacende o desejo de Ifigênia de enviar uma mensagem para sua família.

Ela escreve uma carta e a entrega a Orestes, dizendo-lhe que ele não será morto se concordar em entregá-la. Orestes se recusa a fazê-lo se isso significar que seu amigo Pilades deve ficar para trás e morrer. Assim, Ifigênia faz a mesma oferta a Pilades. No início, ele também se recusa, mas Orestes implora para que se salve. Do contrário, diz, as pessoas vão desprezá-lo por permitir que seu fiel amigo morra durante uma empreitada levada a cabo em seu benefício. Pilades acaba cedendo e pega a carta. Ele tem uma preocupação: e se acontecer alguma coisa imprevista, e a carta se perder ou for destruída?

Como resposta, Ifigênia diz que vai ler a carta em voz alta para que Pilades possa repeti-la de memória, se necessário. Ela deve ser entregue, começa, para seu irmão Orestes. Quando seu nome é pronunciado, Orestes se espanta e revela sua identidade. Ifigênia duvida dele, no início, mas Orestes a convence de quem ele é ao descrever detalhes da casa em que moraram na infância. Ele se lembra de uma tapeçaria feita por ela, mostrando Hélio manobrando seu carro.

Orestes revela a razão para sua presença. Ifigênia está pronta para ajudar, mas deve fazê-lo sem que os tauros desconfiem. Ela propõe o seguinte esquema: vai dizer que, como Orestes é um matricida, ele e seu cúmplice, Pilades, precisam ser banhados no mar antes de serem sacrificados. Vai dizer ainda que sua presença poluiu a estátua sagrada de Ártemis, que também precisa ser limpa. Estando na praia e em isolamento ritual, vão escapar no navio de Orestes.

Depois de outro canto coral, entra o rei Toas, que vai verificar se os cativos foram sacrificados. Ele encontra Ifigênia no momento em que ela sai do templo, levando a estátua. Ela lhe diz que a sujeira das vítimas a obriga a limpar a estátua e os estrangeiros no Oceano. Toas designa alguns de seus homens para acompanhá-los, mas, a pedido de Ifigênia, ele ordena que eles e os demais cidadãos guardem distância — e que sequer olhem para as vítimas imundas ou para a estátua.

Depois de um canto coral em homenagem a Apolo, chega um soldado excitado, desesperado para informar Toas dos eventos. O coro tenta dissuadi-lo, mas o soldado insiste. Diz a Toas que, depois que Ifigênia dispensou a escolta, os sons de cantos vindos da costa foram ouvidos. Depois de algum tempo, a preocupação com a segurança dela levaram-nos a investigar. Viram Orestes, Pilades e Ifigênia subindo num navio para escapar. Seguiu-se uma escaramuça, mas os guardas locais eram poucos e não conseguiram deter a partida do navio grego. Porém, quando o navio chegou à entrada da baía, grandes ondas o impeliram de volta à praia. Assim, ainda teriam tempo para capturá-los.

Toas ordena que sua cavalaria corra até a costa e manda soldados para os navios. Os gregos devem ser capturados e torturados até a morte! Nesse momento, no entanto, Atena aparece sobre o templo. Informa Toas que é da vontade dos deuses que Orestes e Ifigênia voltem para casa e que ele não deve tentar impedi-los. Com efeito, Posêidon já acalmou o mar para facilitar a viagem. Toas diz que sabe que não deve resistir à vontade dos deuses. Deseja o bem de Ifigênia e Orestes. A estátua pode ficar com eles. Na verdade, vai até libertar as escravas gregas e mandá-las para casa.

68. O Retorno de Odisseu

Fonte: Homero, *A Odisseia* (Grego Arcaico)

A Guerra de Troia acabou. Todos os sobreviventes estão a caminho de casa, exceto Odisseu, que foi capturado numa ilha pela deusa Calipso. Ela quer se casar com ele.

Em seu palácio, Zeus reclama que os mortais culpam injustamente os deuses por sofrimentos superiores ao que lhes é devido, mas causam seus problemas porque são tolos. Por exemplo, os deuses avisaram Egisto de que ele não devia matar Agamenon e cortejar sua esposa. Egisto ignorou o conselho. Depois, o filho de Agamenon, Orestes, o matou.

Atena pergunta por que os deuses estão punindo Odisseu. Zeus explica que Posêidon ficou zangado com Odisseu porque ele cegou seu filho Polifemo, mas já é hora de fazer com que Odisseu vá para casa. Atena sugere que Hermes deve dizer a Calipso para soltá-lo. Ela vai a Ítaca para inspirar o filho de Odisseu, Telêmaco, a acusar os pretendentes de sua mãe, que estão acabando com suas ovelhas e o gado, e para que ele procure seu pai na Grécia continental.

Atena vai a Ítaca disfarçada como uma amiga estrangeira de Odisseu. Ela encontra Telêmaco meditativo em meio aos pretendentes de Penélope, que estão jogando, ouvindo música, bebendo vinho e se preparando para um banquete. Atena lhe diz para fazer uma assembleia a fim de denunciar os pretendentes e para ir depois ao continente procurar notícias de Odisseu. Então, ela desaparece no ar como um pássaro. Telêmaco desconfia que foi visitado por um deus.

No dia seguinte, Telêmaco faz uma assembleia para denunciar os pretendentes e pedir um navio. Acaba chorando ao descrever seu dilema. Antínoo, o principal pretendente, diz que o problema é a indecisão de Penélope. Ela manda bilhetes de incentivo para cada um dos pretendentes. Alguns anos antes, ela anunciou que escolheria um novo marido quando terminasse de tecer uma mortalha para seu sogro, Laerte, pai de Odisseu. Ela tecia durante o dia, mas desfazia o trabalho à noite, em segredo. No quarto ano, as servas revelaram o truque aos pretendentes, e Penélope teve de concluir o trabalho — mas ela ainda o retarda.

A assembleia nada faz para ajudar Telêmaco com os pretendentes, pois as opiniões se dividem ferozmente quanto ao assunto, mas os amigos vão ajudá-lo a navegar até o continente. Telêmaco zarpa para Pilos sem que Penélope saiba. O rei Nestor o recebe com hospitalidade e descreve a partida dos gregos de Troia. Atena fica zangada com o exército. Numa reunião em que a maioria estava bêbada, a opinião ficou dividida entre permanecer e fazer um sacrifício a ela ou zarpar imediatamente para casa. Metade do exército ficou em Troia com Agamenon. Nestor, Odisseu e Diomedes uniram-se a Menelau, que embarcou imediatamente, mas Odisseu mudou de ideia pouco depois e voltou. Nestor e Diomedes desfrutaram de um mar calmo durante toda a viagem de volta. Menelau se atrasou por causa da morte de seu piloto, saiu da rota e acabou no Egito. Voltou sete anos depois, no mesmo dia em que Orestes matou Egisto.

Nestor recomenda que Telêmaco visite o próprio Menelau para ver se ele sabe do paradeiro de Odisseu. Ele providencia um carro e seu jovem filho, Pisístrato, serve de companheiro de viagem. Um dia depois, Menelau recebe os rapazes com cordialidade. Convida-os a participar de um banquete em andamento antes mesmo de saber quem eles são. Telêmaco, porém, revela-se ao chorar quando Menelau menciona quanto sente a falta de seus companheiros de armas, especialmente Odisseu. Helena une-se à conversa. Para que esta não se torne piegas demais, ela põe um pouco de *nepente* no vinho. É uma poção que ela adquiriu no Egito. É tão poderosa que a pessoa que a ingere não se entristece mesmo vendo seus pais, seu irmão ou seu filho sendo executados com uma espada.

Na manhã seguinte, logo cedo, Menelau diz a Telêmaco o que sabe sobre seu pai. Menelau ficou parado por conta de uma calmaria na ilha de Faros, perto da costa egípcia. Caminhando pela costa, encontrou uma deusa chamada Eidoteia, que lhe disse que o pai dela poderia ajudá-lo. Era Proteu, o velho homem do mar. Se Menelau o flagrasse enquanto cochilava na areia com seu bando de focas — e o segurasse enquanto ele mudava de forma —, mais cedo ou mais tarde Proteu assumiria novamente sua forma original e responderia a todas as perguntas. Com a ajuda de Eidoteia, Menelau e alguns tripulantes selecionados emboscaram Proteu escondendo-se sob peles de foca. Detido por Menelau, Proteu transformou-se em leão, em serpente, em pantera, javali, água e árvore. Então, já como ancião, disse a Menelau que ele precisava voltar ao Egito e oferecer sacrifício a Zeus para chegar em casa com segurança. Além disso, Proteu revelou que Ájax, o Menor, tinha se perdido no mar ao voltar para casa, que Agamenon fora assassinado e que Odisseu era prisioneiro na ilha de Calipso. A informação final de Proteu era que Menelau não morreria, mas seria enviado pelos deuses à planície do Elísio porque era genro de Zeus.

Enquanto isso, em Ítaca, os pretendentes descobrem que Telêmaco viajou. Antínoo manda um navio com vinte tripulantes para emboscar Telêmaco em sua viagem de volta.

Hermes faz um longo voo até a ilha de Calipso. Ela o recebe em sua caverna, mas fica magoada ao saber que precisa libertar Odisseu. Diz que os deuses sempre ficam ciumentos quando as deusas tomam homens mortais como amantes. Mesmo assim, vai obedecer. Odisseu tem passado os dias chorando na praia e as noites dormindo com Calipso contra sua vontade. Ela o encontra na praia e diz que vai ajudá-lo a fazer uma balsa para que possa ir para casa.

Odisseu a faz jurar que não está lhe pregando uma peça. De volta à caverna, Calipso pergunta a Odisseu, durante o jantar, se ele tem certeza de que prefere uma viagem longa e difícil a ficar com ela e ser imortal. Diz que Penélope não pode ser comparada a uma deusa, mas seu único desejo é ir para casa. Naquela noite, eles fazem amor dentro da caverna. Na manhã seguinte, Odisseu começa a trabalhar numa balsa. Cinco dias depois, ele a lança ao mar.

Depois de dezoito dias sem dormir, Odisseu vê a ilha de Faécia. Posêidon está na região, voltando de um festival etíope. Vê Odisseu e lança uma violenta tempestade. A balsa de Odisseu é destruída. Ele acaba nadando durante três dias e, depois, quase é morto pela correnteza na costa rochosa da Faécia, antes de chegar à praia na foz de um rio, adormecendo nu sobre uma pilha de folhas.

Naquela noite, Atena aparece em sonho para a princesa da Faécia, Nausícaa, e sugere que ela lave a roupa da família no rio assim que acordar. Nausícaa tem muitos pretendentes, diz, e em breve vai precisar de roupas limpas para seu casamento. De manhã, Nausícaa e algumas servas põem roupas numa carroça puxada a burro e vão até a foz do rio na praia. Enquanto as roupas estão secando, as garotas brincam com uma bola. Nausícaa é a mais alta e a mais graciosa. Quando estão prontas para partir, ela joga a bola com muita força, e esta cai no rio. As garotas gritam, acordando Odisseu. Ele sai de trás dos arbustos, cobrindo a genitália com um galho. As garotas se dispersam, exceto Nausícaa. Mantendo-se a distância, Odisseu pergunta se ela é uma deusa ou uma mortal. Se é uma deusa, diz, deve ser Ártemis. Pede alguns trapos para vestir e dirige--se à cidade. Nausícaa lhe dá roupas e mostra a direção até o palácio. Depois que Odisseu toma banho, se veste e é magicamente embelezado por Atena, Nausícaa confidencia às servas que ele é justamente o tipo de homem com quem ela gostaria de se casar.

Os pais de Nausícaa são o rei Alcino e a rainha Arete. Eles moram num palácio feito de bronze, ouro e prata, cercados por um jardim cujas árvores dão frutos o ano todo. Os homens da Faécia superam todos os outros em navegação; as mulheres, em tecelagem.

Odisseu entra no palácio no final de um banquete, pede bênçãos para os faécios e diz que procura um comboio para sua terra nativa. Depois, assume a postura de um suplicante diante da lareira. O nobre faécio mais velho sugere que, deem um pouco de comida para o estrangeiro. Alcino concorda e anuncia que no dia seguinte, vão convidar mais nobres ao palácio para receber adequadamente o estrangeiro com um novo banquete e organizar um comboio.

Numa assembleia na manhã seguinte, Alcino ordena que seja preparado um navio com uma tripulação de 52 homens para levar o estrangeiro até sua casa. Enquanto isso, ele decreta que devem entretê-lo. Todos os reis da Faécia devem ir ao palácio de Alcino. Quando estão todos reunidos, um bardo cego chamado Demódoco entoa um canto sobre a briga entre Odisseu e Aquiles. Odisseu chora discretamente. Só Alcino percebe.

Alcino sugere que saiam para realizar competições esportivas. Depois de várias competições, o filho de Alcino convida Odisseu a participar. Como Odisseu declina do convite, um jovem faécio diz que ele se parece mais com um mercador do que com um atleta. Enfurecido, Odisseu pega um dos pesos que os faécios estão jogando e o arremessa para além das marcas mais distantes. Alcino pede desculpas pelo insulto do jovem e pede a Demódoco que cante sobre a história de amor de Ares e Afrodite.

Demódoco conta que a esposa de Hefesto, Afrodite, fazia amor em segredo com Ares em seu próprio leito conjugal quando Hefesto não estava em casa. Hélio viu isso e contou a Hefesto. Este espalhou fios metálicos sutis acima da cama, como uma teia de aranha, e fingiu que ia à ilha de Lemnos. Ares o viu saindo, foi imediatamente à casa dele e possuiu Afrodite na cama. Enquanto dormiam, os fios caíram sobre os dois, e eles não conseguiram sair. Hefesto deu meia-volta, abriu a porta e gritou para que Zeus e os outros deuses fossem ver como Afrodite o estava desonrando. Embora as deusas evitassem olhar para a cena, os deuses foram e riram descontroladamente. Apolo perguntou a Hermes se ele gostaria de estar na situação de Ares. Hermes disse que ficaria feliz se se deitasse ao lado da áurea Afrodite, mesmo com três vezes a quantidade de fios e com todas as deusas e os deuses olhando.

Depois da canção, todos voltam ao palácio para a outra refeição. Casualmente, Odisseu vê Nausícaa em pé ao lado de uma coluna. Ela diz que espera que ele se lembre dela quando chegar em casa. Odisseu responde dizendo que vai rezar por ela tal como se reza para uma deusa até o fim de seus dias, pois ela salvou sua vida.

No jantar, Odisseu pede a Demódoco que cante sobre o cavalo de Troia. Quando começa, Odisseu chora. Alcino manda parar a música e pede que Odisseu diga seu nome e explique por que chora sempre que ouve falar na Guerra de Troia. Odisseu se identifica e se oferece para contar aos presentes como tem sido difícil sua viagem de regresso ao lar desde Troia.

Esta é a história que Odisseu conta:

Pouco depois de sair de Troia, ele saqueou a cidade dos cicones, matando os homens e capturando suas esposas e diversos bens. Ordenou a seus homens que fugissem imediatamente, mas eles se recusaram e ficaram na praia, festejando. Os cicones e seus vizinhos lançaram um contra-ataque na manhã seguinte. Odisseu perdeu seis homens de cada um de seus navios.

Depois, a frota sobreviveu a uma tempestade, mas foi desviada da rota, passando pela ponta meridional da Grécia. Dez dias depois, foi parar na terra dos comedores de lótus. Os batedores de Odisseu se misturaram com os comedores de lótus. Eram inofensivos, mas os homens que comiam as delicadas flores de lótus perdiam a vontade de voltar para casa. Odisseu precisou forçá-los a ir para o navio.

A seguir, a frota ancorou numa ilha infestada de cabras, do outro lado do porto dos Ciclopes sem lei. Odisseu levou um navio e doze tripulantes para o continente. Além disso, levou um vinho bem forte. Foi um presente de Maron, sacerdote de Apolo, cuja casa os gregos pouparam ao atacar os cicones.

Odisseu e seus companheiros entraram numa caverna que pertencia a um pastor gigante que estava cuidando de seus bandos. A caverna estava repleta de ovelhas e cabritos. Os companheiros de Odisseu quiseram furtá-las e fugir, mas ele insistiu em ficar para pedir presentes ao dono da caverna.

O dono, um Ciclope, voltou. Fechou a entrada da caverna com uma rocha tão grande que 22 carros de boi não a teriam movido. Depois de preparar uma refeição e cuidar de suas tarefas, ele percebeu que Odisseu e seus companheiros estavam ali e perguntou de onde vinham. Odisseu disse que eram gregos de Troia e pediam um presente em nome de Zeus. O Ciclope disse que não tinha respeito por Zeus. Pulou de onde estava, agarrou dois dos homens de Odisseu, espatifou suas cabeças no chão e os comeu. Depois, bebeu um pouco de leite, deitou-se e dormiu. Odisseu teve a chance de matá-lo com a espada, mas ele e seus homens teriam morrido na caverna se não tivessem quem movesse a rocha.

Na manhã seguinte, o Ciclope se levantou, fez uma fogueira, comeu mais dois homens, soltou o bando para pastar, recolocou a rocha e saiu assobiando. Na caverna, Odisseu encontrou uma vara do tamanho do mastro de um navio. Afiou sua ponta, escondeu-a sob o estrume e, por sorteio, selecionou quatro companheiros para ajudá-lo a usar a arma. O Ciclope voltou, cuidou de suas tarefas, agarrou dois homens e os comeu. Depois, Odisseu lhe ofereceu um pouco de vinho. O Ciclope o provou e gostou, bebeu mais um pouco e pediu a Odisseu que lhe dissesse seu nome, para que pudesse lhe dar um presente. Odisseu respondeu que seu nome era Ninguém. O Ciclope disse que seu presente seria comer Ninguém por último. E adormeceu, arrotando vinho e carne humana. Odisseu e seus companheiros pegaram a vara afiada e a aqueceram no fogo até ela brilhar. Então, enfiaram-na no olho do Ciclope, girando--a como uma broca. O olho chiou e explodiu. Ele soltou um grande rugido. Outros Ciclopes se reuniram do lado de fora da caverna e, chamando-o pelo nome, Polifemo, perguntaram qual seria o problema. Polifemo respondeu que "Ninguém" o estava matando. Responderam que, se ninguém o estava ferindo, a dor deveria vir de Zeus, e saíram.

Odisseu amarrou seus companheiros por baixo de algumas ovelhas e agarrou-se à barriga do carneiro que liderava o bando. Pela manhã, Polifemo se sentou na entrada da caverna, examinando as ovelhas que saíam para pastar, sem perceber os homens sob elas. O carneiro saiu por último. Polifemo o deteve e perguntou por que tinha ficado para trás, ele que costumava ser o primeiro a sair. Então, julgou que o carneiro estivesse lamentando pelo olho ferido e deixou-o passar, com Odisseu pendurado sob ele.

Quando Odisseu e seus companheiros chegaram ao navio, ele gritou para Polifemo que Zeus o havia punido. Polifemo partiu o cume de uma montanha e o jogou no navio. O cume caiu diante da embarcação e impeliu o navio de volta ao continente.

A tripulação de Odisseu tentou silenciá-lo, mas ele gritou novamente. "Se alguém lhe perguntar o nome do homem que o cegou", berrou, "foi Odisseu, de Ítaca!" Ao ouvir isso, Polifemo rezou para seu pai, Posêidon, pedindo-lhe para que Odisseu, de Ítaca, nunca chegasse em casa — ou, pelo menos, que demorasse muito a chegar, sem companheiros e enfrentando outros obstáculos. Depois, lançou outro rochedo que impeliu o navio pelo porto até chegar à ilha onde as outras naus estavam ancoradas.

A frota navegou até o reino de Éolo. O rei Éolo vivia num palácio opulento com seis filhos e seis filhas, que se casaram uns com os outros. Após entreter Odisseu durante um mês, o rei lhe deu uma sacola de couro com um cordão de prata contendo todos os ventos desfavoráveis, pois Zeus o deixara encarregado dos ventos. Movido por um vento oeste, a frota de Odisseu avistou Ítaca em dez dias. Nesse ponto, Odisseu dormiu. Seus companheiros pensaram que a sacola contivesse ouro ou prata de Éolo. Eles a abriram. No mesmo instante, os maus ventos sopraram os navios de volta ao mar alto. A frota retornou ao reino de Éolo. Odisseu pediu-lhe ajuda novamente, mas Éolo se recusou a ajudar. Disse que seria ilegal ajudar um homem que, evidentemente, era odiado pelos deuses.

Uma nova semana de navegação levou a frota à terra dos lestrígones. Nela, havia um porto abrigado com águas calmas, no qual os outros navios ancoraram. Odisseu ancorou o seu na costa rochosa, fora do porto. Três de seus homens foram à terra para investigar. Encontraram a filha do rei numa fonte e a acompanharam até um palácio. Lá, eles viram sua mãe, uma giganta horrorosa. Ela, por sua vez, chamou o marido. Este, também gigante, agarrou na mesma hora um dos homens e o devorou. Depois, ele soltou um grito e milhares de lestrígones saíram de suas casas. Atacaram a frota no porto, esmagando os navios com rochas e enfiando lanças nos homens como se fossem peixes. Odisseu correu até seu navio, cortou a corda da âncora com a espada e fugiu.

Reduzido a um navio, Odisseu aportou em Eeia, lar da deusa Circe. Procurando comida, ele viu fumaça no meio da ilha. Dividiu a tripulação em dois grupos de 23, um liderado por ele, o outro pelo tripulante Euríloco. Por sorteio, o grupo de Euríloco ficou incumbido de averiguar de onde vinha a fumaça.

Do lado de fora da casa de Circe, lobos e leões aproximaram-se de Euríloco e dos outros como cães mansos. Ouviram Circe cantando em casa. Ela convidou todos para entrar. Todos entraram, menos Euríloco. Ela lhes ofereceu uma mistura de queijo, cevada, mel, vinho e drogas mágicas. Então, brandindo uma varinha sobre eles, transformou-os em porcos, mantendo suas mentes preservadas. Levou-os até seu chiqueiro e jogou milho para eles.

Lá fora, Euríloco entrou em pânico, apesar de não saber o que estava acontecendo na casa de Circe, e correu até Odisseu, implorando-lhe para deixarem a ilha. Odisseu, porém, foi investigar. No caminho, encontrou-se com Hermes, que lhe contou tudo sobre Circe e disse que lhe daria uma droga para que ficasse imune à magia. Quando a magia falhar, disse, ela vai sugerir que durmam juntos. Antes de concordar, Odisseu precisa fazê-la jurar que não vai bloquear sua masculinidade quando forem para a cama. Depois, deu a Odisseu uma planta, moli,* um antídoto contra as drogas de Circe.

---

* Provavelmente, campânula-branca. (N.T.)

Odisseu entra na casa de Circe, e os eventos se desenrolam tal como fora previsto. Depois que Circe jura que não irá emascular Odisseu, eles vão juntos para a cama. Mais tarde, Circe prepara uma refeição, mas Odisseu não come enquanto seus companheiros não são restaurados à forma humana.

Os homens pareceram melhores do que nunca, mas choraram muito por causa de sua condição. Circe tornou-se uma anfitriã hospitaleira, entretendo Odisseu e seus homens durante um ano. Então, seus homens sugeriram que era hora de partir. Naquela noite, Odisseu falou do assunto na cama com Circe. Ela lhe disse que, para chegarem em casa em segurança, ele teria de consultar o vidente Tirésias no reino de Hades, e deu-lhe as instruções para chegar lá. Os navios de Odisseu seriam levados pelo Vento Norte até as margens de Oceano. Lá, Odisseu deveria escavar uma vala e enchê-la com mel, vinho, água e cevada. Depois, deveria matar um carneiro e uma ovelha negra, fazendo com que o sangue escorresse pela trincheira. Isso atrairia os fantasmas. Enquanto bebessem o sangue, conversariam com ele. Odisseu deveria manter os demais afastados, conversando primeiro com Tirésias.

Ao raiar do sol, Odisseu içou velas. Ao partir, perdeu um jovem tripulante sem dar por sua falta. O jovem Elpenor dormiu no telhado de Circe para se manter refrescado depois de beber muito vinho. Quando os sons da partida o acordaram, esqueceu-se de onde estava, escorregou, caiu e quebrou o pescoço.

Circe providenciou um bom vento, que levou o navio de Odisseu a uma terra permanentemente coberta pela névoa na costa de Oceano. Odisseu seguiu as instruções de Circe e, em pouco tempo, os fantasmas se reuniram em torno dele e da vala. Primeiro, veio Elpenor. Odisseu perguntou-lhe como havia chegado à terra dos mortos tão depressa. Elpenor descreveu seu acidente e implorou a Odisseu para que encontrasse o seu corpo e o enterrasse quando voltasse a Eeia.

Depois, Odisseu reconheceu o fantasma de sua mãe, Anticleia. Ele chorou, pois, quando saiu de Ítaca, ela ainda estava viva. Mas não deixou que ela se aproximasse da vala antes de conversar com Tirésias. O profeta apareceu a seguir e descreveu o futuro de Odisseu. Ele encontraria os rebanhos do Sol pastando na ilha de Trinácria. Se não ferisse as reses, conseguiria chegar em casa. Se as ferisse, ainda assim poderia chegar em casa, mas iria demorar e estaria sem companheiros — e encontraria problemas à sua espera. Já em seu país, teria de viajar terra adentro carregando um remo de navio. Quando outro viajante se referisse ao remo como um "leque de abano", deveria enterrá-lo no chão, oferecendo um sacrifício a Posêidon. A morte viria suavemente desde o mar até ele, em idade avançada.

A seguir, o fantasma de Anticleia bebe o sangue escuro e fala, perguntando por que Odisseu foi até lá e descrevendo a situação em Ítaca. Penélope ansiava pelo regresso de Odisseu, Telêmaco estava sendo tratado com respeito pela vizinhança, o pai de Odisseu, Laerte, estava profundamente deprimido por causa da longa ausência do filho e Anticleia morrera por saudades dele. Por três vezes, Odisseu tentou abraçá-la, mas ela desapareceu em seus braços. Explicou que, depois que os mortais morrem, não possuem mais ossos ou carne. Ao espírito de Anticleia seguiram-se outros de mulheres famosas: a mãe de Édipo, Epicasta; a mãe de Nestor, Clóris; Leda e outras.

Neste ponto, Odisseu interrompe sua própria história e diz que é hora de ir dormir. Alcino e os demais lhe pedem para continuar. Alcino pergunta se viu soldados de Troia no mundo inferior. Odisseu diz que a alma que viu a seguir foi a de Agamenon.

Agamenon bebeu o sangue e chorou ao ver Odisseu. Lamentou ter sido assassinado por Egisto e Clitemnestra. Eles o emboscaram num banquete. A última coisa que ouviu foi o grito de piedade de Cassandra. Clitemnestra sequer se deu ao trabalho de fechar seus olhos e sua boca quando ele morreu. Agamenon aconselhou Odisseu a voltar para casa em segredo para evitar um destino semelhante.

Aquiles aproximou-se com um grupo de grandes guerreiros. Odisseu disse que os gregos respeitavam Aquiles mais do que qualquer outro quando estava vivo e que ele era muito poderoso entre os mortos. Portanto, não deveria lamentar sua morte. Aquiles respondeu:

Não faça pouco de minha morte, nobre Odisseu.
Preferiria viver no mundo e servir a alguém,
a um homem sem terra que mal consegue se sustentar,
a ser o senhor de todos esses mortos pálidos.

Aquiles também perguntou sobre seu pai e seu filho. Odisseu não tinha notícias de Peleu, mas descreveu Neoptólemo como um jovem guerreiro notável. Animado, Aquiles caminhou pelos campos de asfódelo com longas passadas.

A alma de Ájax, o Grande, não conversou com Odisseu. Ainda lamentava o julgamento através do qual a couraça de Aquiles fora dada a Odisseu. Este achou que acabaria por levá-lo a falar, mas queria ver outros espíritos. Observou Minos fazendo julgamentos entre os mortos, Órion caçando, e Tício, Tântalo e Sísifo sendo punidos por seus pecados. Finalmente, viu um fantasma de Héracles. (O Héracles propriamente dito vivia com os deuses.) O fantasma saudou Odisseu como um companheiro de heroísmo que enfrentou grandes dificuldades. No fim, Odisseu ficou com medo de tantos fantasmas e voltou ao navio.

De volta à ilha de Circe, Elpenor foi enterrado. Os homens se banquetearam com a comida fornecida por Circe. À noite, ela se deitou com Odisseu, dizendo-lhe dos perigos que ainda iria enfrentar. Encontraria as Sereias que encantavam os homens com suas canções, matando-os. Viviam numa campina cercada por cadáveres. Se Odisseu quisesse ouvi-las, deveria se amarrar ao mastro do navio e colocar cera nos ouvidos dos homens. Depois, um dos caminhos levaria às Rochas Flutuantes, pelas quais nada poderia passar — muito embora Hera tenha feito com que Jasão e os Argonautas pudessem lográ-lo. O outro caminho passaria por dois penhascos. Cila, um monstro de seis cabeças, morava num deles. Devorava seis marinheiros de cada navio que passasse por ela. Do outro lado, Caríbdis absorvia toda a água três vezes por dia e a cuspia. Seria melhor, disse Circe, sacrificar seis marinheiros a Cila do que arriscar todo o navio passando sobre Caríbdis. Então, Odisseu chegaria a Trinácria, onde as ovelhas e o gado do Sol pastavam. Se ferisse esses animais, seu navio e seus companheiros ficariam perdidos, e seu regresso seria novamente adiado.

No dia seguinte, o navio se aproximou da ilha das Sereias com uma grande calmaria. Odisseu amarrou-se ao mastro e pôs cera nos ouvidos de seus homens. Quando ele ouviu as Sereias dizendo que sabiam tudo sobre Troia e outras coisas, quis se libertar para ouvi-las e fez sinais com as sobrancelhas para seus homens, mas eles o ignoraram.

O estreito se aproximava. Odisseu instruiu a tripulação a remar rapidamente pelo penhasco de Cila. Do outro lado do canal, Caríbdis sorveu a água. Quando Odisseu desviou o olhar desse espetáculo, viu seis de seus tripulantes sendo erguidos pelo ar até as bocas de Cila. Os homens gritaram e estenderam as mãos para ele, pedindo ajuda, enquanto ela os comia.

Pouco depois, o navio passou por Trinácria. Odisseu pediu para que a tripulação mantivesse o ritmo, mas Euríloco alegou que era perigoso navegar à noite. Odisseu acabou concordando, pedindo aos homens que não ferissem os animais dos rebanhos da ilha. Enquanto dormiam, Zeus enviou uma grande tempestade, que os impossibilitou de deixar a ilha. Os ventos tempestuosos sopraram firmemente durante um mês. Os suprimentos se esgotaram. Eles começaram a comer peixes e aves. A fome tornou-se um problema. Um dia, Odisseu afastou-se sozinho para rezar e adormeceu. Enquanto dormia, Euríloco convenceu os demais tripulantes a matar algumas reses. Mais tarde, poderiam agradar Hélio construindo um templo em Ítaca. Além disso, argumentou, qualquer forma de morte seria preferível à fome. Assim que mataram as reses, uma das deusas que as guardava informou Hélio do ocorrido. No mesmo instante, ele foi pedir vingança a Zeus. Do contrário, disse, iria brilhar no Hades. Zeus prometeu acabar com o navio. (Odisseu soube disso por intermédio de Calipso, que ouviu a história de Hermes.) De volta à ilha, Odisseu ficou horrorizado, mas o mal já estava feito. A tripulação banqueteou-se com o gado durante seis dias. As peles das reses rastejavam, e sua carne mugia. No sétimo dia, os ventos tempestuosos pararam de soprar. Odisseu e seus homens içaram velas. Assim que eles perderam de vista a terra firme, Zeus destruiu o navio com uma tempestade repentina. Todos os tripulantes se afogaram. Enquanto o navio se desintegrava, Odisseu amarrou o mastro e a quilha e enfrentou a tempestade com eles. Ao raiar do dia seguinte, viu-se de volta ao estreito de Cila e de Caríbdis. Quando flutuou sobre Caríbdis, ela sorveu a água. Esticando-se todo, Odisseu segurou o galho de uma figueira que pendia sobre a água e se agarrou a ele como um morcego, até Caríbdis vomitar o mastro e a quilha ao lado dele, montando neles durante nove dias. No décimo dia, ele aportou em Ogígia, a ilha de Calipso.

Neste ponto, Odisseu encerra sua narrativa, pois já havia falado de Calipso a Alcino. Alcino decreta que Odisseu deve receber mais presentes, e todos se recolhem para passar a noite. O dia seguinte é ocupado com outro banquete no palácio. Finalmente, quando o sol se põe, Odisseu recebe uma escolta real até o navio. Ele adormece profundamente no convés. O navio corre sobre as ondas e chega a Ítaca quando a estrela da manhã aparece no céu. A tripulação faécia deixa Odisseu ainda adormecido na praia e empilha seus presentes embaixo de uma oliveira próxima. Ao saber que Odisseu retornou em segurança, Posêidon fica aborrecido. Quando o navio dos faécios avista seu porto nativo, Posêidon o transforma em pedra. Vendo isso, Alcino se lembra de uma antiga profecia segundo a qual Posêidon iria petrificar um de seus navios algum dia, ocultando a cidade de Faécia com uma montanha. Os faécios rezam e oferecem sacrifícios a Posêidon para evitar que o resto da profecia se cumpra.

Quando Odisseu acorda, não sabe onde está, pois Atena cobriu a terra com uma neblina. Ela se aproxima, disfarçada de pastor, e Odisseu lhe pergunta o nome daquela terra. Embora fique felicíssimo ao ouvi-la dizer que é Ítaca, ele lhe conta uma mentira complexa, afirmando ser um cretense, veterano de Troia, tentando chegar a Pilos. Ela se diverte com a história, identifica-se como Atena e assegura Odisseu de que chegou mesmo em casa. Escondem seus presentes numa caverna. Atena diz que precisam planejar um ataque aos pretendentes que ocuparam o palácio de Odisseu nos três últimos anos. Ela lhe diz para ir antes, disfarçado de mendigo, até a cabana de seu guardador de porcos. Enquanto isso, ela fará com que Telêmaco volte de Esparta. Toca Odisseu com uma vara, transformando-o num mendigo de aparência patética.

Eumeu, o guardador de porcos, recebe o "mendigo" com excepcional hospitalidade. Depois de comerem leitõezinhos no jantar, tem início uma tempestade noturna. O "mendigo" dorme aconchegado com um cobertor extra que convence Eumeu a lhe emprestar, mas este passa a noite ao ar livre, tomando conta dos porcos.

Na mesma noite, Atena aparece em sonho a Telêmaco dizendo-lhe que é hora de ir para casa. Ela o adverte da emboscada dos pretendentes e diz que ele deve parar antes no abrigo de Eumeu ao voltar para Ítaca.

No abrigo de Eumeu, o mendigo está ansioso para ir ao palácio a fim de esmolar e observar os pretendentes, mas Eumeu o convence a esperar por Telêmaco no abrigo.

Telêmaco chega à cabana de Eumeu quando este e o mendigo estão preparando o desjejum. Telêmaco envia Eumeu ao palácio para dizer a Penélope que ele está em segurança. Quando ele sai, Atena aparece diante da porta do abrigo, fazendo-se visível apenas para Odisseu, e sinaliza com as sobrancelhas, dizendo-lhe para entrar. Depois que ele entra, Atena lhe pede para revelar sua identidade ao filho e lhe devolve a aparência imperial e robusta. Telêmaco se espanta com a transformação. No começo, imagina que algum deus está lhe pregando uma peça, mas quando Odisseu afirma que está dizendo a verdade, abraçam-se e choram ruidosamente, como abutres tomados pela dor. Depois, discutem os pretendentes. Telêmaco não vê como será possível atacá-los, pois são 108, mas Odisseu diz que serão ajudados por Atena e Zeus. Ele dá a Telêmaco a tarefa de colocar as armas dos pretendentes num depósito no momento apropriado.

Em Ítaca, Eumeu chega ao palácio junto com um marinheiro do navio de Telêmaco. Ambos têm a tarefa de anunciar a Penélope o regresso seguro de Telêmaco, e o fazem. Antínoo, o principal pretendente, fica irritado pelo fato de Telêmaco ter se livrado da emboscada e quer criar outro plano para matá-lo. Outro pretendente, chamado Anfínomo, não aceita a ideia, dizendo que é terrível matar um membro de uma família real. Só aprovaria a ação caso tivessem sinais claros de que contariam com a ajuda divina de Zeus. Os outros pretendentes compartilham desse ponto de vista. Eumeu volta a seu abrigo. Antes de entrar, Atena transforma Odisseu novamente em mendigo.

Ao nascer do sol, Telêmaco vai ao palácio. Ele é seguido pouco depois por Eumeu e o mendigo. No caminho, encontram Melâncio, um pastor de cabras que ficou amigo dos pretendentes. Ele insulta o mendigo e chuta sua coxa. Por dentro, Odisseu pensa em matar Melâncio, mas decide se controlar. Diante do palácio, Odisseu vê seu antigo cão de caça, Argo, agora velho e abandonado. Deitado sobre uma pilha de estrume, infestado por pulgas, o cão reconhece Odisseu, ergue a cabeça, balança a cauda e morre.

Dentro do palácio, o mendigo pede comida aos pretendentes que se banqueteiam. Todos lhe dão alguma coisa, exceto seu líder, Antínoo, que se recusa e ainda joga uma banqueta no mendigo para se livrar dele. Os outros pretendentes reprovam essa atitude, dizendo que o mendigo pode ser um deus disfarçado. Penélope também se ofende com a atitude de Antínoo e diz que gostaria de conversar com ele para saber se tem notícias de Odisseu. Por sugestão do mendigo, todavia, a conversa é adiada até o final da noite.

Entra um mendigo de verdade no palácio. É um glutão obeso que os pretendentes chamam de Íros porque leva mensagens para eles.* Antínoo diz que os mendigos devem lutar boxe. O prêmio será um estômago de bode com banha e sangue e o direito exclusivo de esmolar no palácio. Por dentro, Odisseu decide que vai apenas nocautear Íros, e não matá-lo. Ele o acerta no pescoço embaixo da orelha, esmagando diversos ossos, e o arrasta para fora inconsciente. Quando Odisseu volta, Antínoo lhe dá o estômago de bode e Anfínomo lhe oferece pão. O mendigo diz a Anfínomo que o desastre costuma pegar os seres humanos de surpresa e que ele deveria sair do palácio enquanto pode.

---

* Íris era a bela deusa do arco-íris e uma das mensageiras dos deuses. Íros é a forma masculina do nome. "Arco-íris" era a versão cômica do nome desse personagem.

Anfínomo sabe que ele tem razão, mas se afasta balançando a cabeça, pois Atena o condenou a ser assassinado por Telêmaco.

Embelezada por Atena, Penélope aparece diante dos pretendentes. Ela diz que se aproxima a ocasião de escolher um marido, mas reclama, lembrando que pretendentes anteriores lhe levaram presentes. Os pretendentes enviam arautos, que rapidamente voltam com um grande número de presentes valiosos, principalmente joias.

Entre as servas que estão dormindo com os pretendentes, a mais bela é Melanto. Seu amante é Eurímaco, o mais influente dos pretendentes depois de Antínoo. Mais tarde, naquela noite, o mendigo começa a discutir com Melanto ao se oferecer para tomar conta das tochas, deixando as servas dormirem mais cedo. Eurímaco se envolve e joga uma banqueta no mendigo. Anfínomo, porém, restabelece a ordem e convence todos a se recolherem.

Agora, o mendigo se aproxima de Penélope. Afirma ser cretense e ter encontrado Odisseu quando estava a caminho de Troia. Diz que tem certeza de que Odisseu está a caminho de casa. Penélope mostra-se cética, mas manda a serva mais velha e mais leal, Euricleia, levar uma bacia para lavar os pés do mendigo. Assim que ela começa a fazê-lo, Odisseu, ainda disfarçado, é tomado pelo pânico. Ele tem uma cicatriz no joelho — que certamente Euricleia vai reconhecer —, que ganhou na juventude durante uma caçada a javalis com seu avô materno, Autólico, um famoso trapaceiro. (Autólico deu nome a Odisseu como forma de celebrar o fato de que ele [Autólico] volta e meia ficava com "raiva" [*odyssamenos*]. Foi assim que Odisseu ganhou seu nome.) Euricleia reconhece a cicatriz e larga o pé de Odisseu, que bate na bacia, e começa a gritar para avisar Penélope, mas esta é distraída momentaneamente por Atena. Odisseu agarra Euricleia pelo pescoço e lhe pede para guardar segredo. Euricleia coopera com alegria.

Quando retomam a conversa, Penélope pede que o mendigo avalie um sonho. Ela tem vinte gansos de estimação. No sonho, todos são mortos por uma águia, e ela fica muito pesarosa. Depois, a águia se empoleira num caibro e anuncia que o sonho foi uma visão do futuro. Os gansos, prossegue, representavam os pretendentes e ela; a águia representava Odisseu. O mendigo diz que o sonho é um sinal claro da destruição vindoura dos pretendentes. Penélope, porém, argumenta que alguns sonhos provêm do mundo inferior por um portal de chifre e são verídicos, mas outros provêm por um portal de marfim e são enganosos. De qualquer modo, ela planeja realizar um concurso no dia seguinte. Vai se casar com o pretendente que conseguir retesar o velho arco de Odisseu e lançar uma flecha através de doze machados. O mendigo a incentiva a realizar o concurso. Odisseu estará de volta, diz, antes que consigam armar seu arco.

Pela manhã, a casa se prepara para outro banquete. Eumeu chega com três porcos, Melâncio com cabras, e um tal de Filécio, boiadeiro leal, com um bezerro. Lá fora, os pretendentes discutem se devem fazer outro atentado contra a vida de Telêmaco, mas aparece uma águia com um pombo nas garras à esquerda deles. Anfínomo diz que esse plano não terá êxito. Todos concordam e voltam ao palácio. Lá dentro, Atena incentiva os pretendentes a agir de maneira rude para irritar Odisseu. Um deles joga um pé de boi nele como "um presente". Telêmaco reprova o gesto com severidade, e Atena provoca risos histéricos nos pretendentes. Um profeta errante que participava do banquete se levanta em meio ao riso para sair do palácio, dizendo que vê as sombras envolvendo os pretendentes, sangue nas paredes e fantasmas no pátio. Isso faz com que os pretendentes riam com ainda mais força.

Penélope pega o arco num depósito, entra na sala de jantar com ele e anuncia o concurso. Rapidamente, Telêmaco organiza o alvo com doze machados. Ele ri enquanto faz isso, dizendo que não tem motivo para rir em tal ocasião. Quando o alvo fica pronto, ele mesmo testa o arco. Está prestes a retesá-lo quando o mendigo chama sua atenção e balança a cabeça.

Como o primeiro pretendente não consegue vergar o arco, Antínoo manda o pastor de cabras, Melâncio, aquecer o arco e passar gordura nele. Os outros tampouco conseguem retesá-lo, e Antínoo diz que não estão conseguindo porque é um dia de festa dedicado ao arqueiro Apolo. No dia seguinte, vão tentar novamente. O mendigo pergunta se pode tentar. Antínoo e Eurímaco são contrários à ideia, mas são vencidos por Penélope e Telêmaco. Eumeu entrega o arco ao mendigo. Ele o arma sem esforço, como um músico com uma lira. Ouve-se um trovão. Ele arremessa uma flecha através dos machados. Depois, diz a Telêmaco que chegou a hora de um banquete com música e danças.

Arrancando seus farrapos, o mendigo salta sobre os degraus que conduzem à porta principal. "Agora", diz, "vou acertar um alvo que nenhum homem acertou antes." Dizendo isso, atinge Antínoo na garganta com uma flecha bem no momento em que o pretendente está prestes a tomar um gole de vinho de uma taça dourada. O vinho e seu sangue se misturam no chão quando ele cai.

Os outros pretendentes presumem que tenha sido um acidente e advertem o mendigo das consequências terríveis, mas ele revela sua identidade dizendo "Cães! Achavam que eu nunca iria voltar?".

Os pretendentes ficam aterrorizados. Eurímaco diz que Antínoo foi o responsável pelos crimes dos pretendentes e se oferece para pagar Odisseu pelos danos. Odisseu rejeita a oferta. Eurímaco insufla os pretendentes a atacarem Odisseu em massa. Odisseu atinge Eurímaco com uma flecha que acerta em seu peito, bem do lado do mamilo, e se aloja em seu fígado. Anfínomo saca sua espada e tenta se aproximar de Odisseu, mas Telêmaco o atinge com uma lança nas costas.

Odisseu continua a derrubar pretendentes com flechas, enquanto Telêmaco volta com couraças e armas do depósito. Percebendo isso, os pretendentes enviam Melâncio ao depósito para se armarem também. Depois de três viagens, ele é flagrado por Telêmaco e Eumeu. Eles o amarram e o penduram numa viga.

A batalha prossegue. Embora estejam em menor número, Odisseu e seus amigos são ajudados pelos deuses. Suas lanças nunca erram; as dos pretendentes sempre erram. Em pouco tempo, todos os pretendentes estão deitados na sala de jantar, como peixes mortos. Odisseu manda Telêmaco e os pastores levarem os corpos para fora, enquanto as doze servas desleais são obrigadas a limpar o sangue. Quando terminam, Odisseu diz a Telêmaco que deve levá-las para fora e golpeá-las com espadas "até se esquecerem de Afrodite". Telêmaco as leva para fora, mas decide que não vai matá-las com uma morte "pura". Em lugar disso, ele as pendura em forcas ligadas a uma única corda. Elas esperneiam um pouco. Depois, Melâncio é levado ao pátio, onde seu nariz, suas orelhas, a genitália, as mãos e os pés são cortados e jogados aos cães.

Uma serva idosa acorda Penélope de seu sono profundo para lhe contar as novidades. Quando Penélope desce as escadas, recusa-se a acreditar na identidade de Odisseu. Eles ficam sentados distantes na sala de jantar durante algum tempo, olhando um para o outro. Finalmente, Penélope pede a uma empregada para levar a cama que Odisseu fez para eles até o corredor. No mesmo instante, Odisseu fica irritado. Diz que não é possível mover aquela cama, pois ele a entalhou numa gigantesca oliveira que ainda está com as raízes no chão. O conhecimento desse fato era a prova pela qual Penélope esperava. Então, eles se abraçam. Ela se sente como um marinheiro que mal consegue chegar à terra firme após quase se afogar no mar. Odisseu e Penélope vão para a cama, fazem amor e trocam histórias. Atena retarda o nascer do sol para que eles tenham mais tempo juntos.

Hermes conduz as almas dos pretendentes até a terra dos mortos, onde os fantasmas de Agamenon e Aquiles estão conversando. Agamenon se recorda do enterro de Aquiles. O corpo de Aquiles foi recuperado dos troianos após uma imensa batalha. Foi pranteado por dezoito dias por Tétis e as outras deusas do mar. As nove Musas cantaram uma elegia. Seus ossos foram postos numa urna dourada junto aos ossos de Pátroclo e queimados num monte que pode ser avistado a quilômetros de distância. Foram realizados jogos fúnebres para os quais Tétis providenciou prêmios divinamente manufaturados. Em contraste, diz Agamenon, ele não teve sequer enterro depois de ter sido assassinado por sua esposa.

Ao ver as almas dos pretendentes, Agamenon pergunta o que causou a morte de tantos jovens. Um pretendente resume a história, enfatizando a alegação de Penélope, que disse que ia tecer uma mortalha para Laerte. Ele também presume que o concurso de arco e flecha tenha sido ideia de Odisseu. Agamenon elogia Penélope como alguém de caráter oposto ao de sua esposa, cuja traição deu má fama a todas as mulheres.

Pela manhã, Odisseu e seus companheiros vão a uma fazenda que faz parte da propriedade real. Odisseu encontra seu pai, Laerte, tirando ervas daninhas do vinhedo. Ele traja uma túnica suja e remendada, com luvas e joelheiras de couro como proteção contra espinhos. Odisseu finge pensar que ele é um escravo e brinca, dizendo que deve cuidar do vinhedo melhor do que seus amos cuidam dele. Odisseu alega ser Epérito, de Alibas ("Homem de Conflito da Terra dos Errantes"), e diz que procura Odisseu, que o visitou cinco anos antes. Diz que fizeram amizade e que queriam tornar a se encontrar. Com isso, Laerte começa a chorar. Então, Odisseu revela sua verdadeira identidade, provando-a com a cicatriz e com o conhecimento detalhado das árvores no vinhedo.

Após uma reunião festiva, pai e filho vão à casa da fazenda para lidar com a ameaça representada pelos parentes dos pretendentes, que talvez procurem vingança. Na cidade, o pai de Antínoo, Eupeites, conclama uma assembleia para atacar Odisseu, responsável pela perda de toda a frota, bem como pelos assassinatos que acabou de cometer.

Alguns defendem Odisseu, porém mais da metade segue Eupeites. Odisseu e seus amigos se armam e marcham para encontrá-los. Atena une-se a eles, disfarçada como Mentor. Odisseu pede a Telêmaco que não envergonhe o nome de sua família em combate. Telêmaco diz que não o fará, com certeza. "Deuses queridos, que dia!", exclama Laerte. "Meu filho e meu neto competindo para ver quem é mais corajoso!"

"Mentor" diz para Laerte fazer uma prece a Atena e arremessar sua lança. Laerte se enche de vigor, arroja sua arma e atinge Eupeites no rosto, matando-o. Os dois lados se enfrentam. Atena grita em voz alta, causando pânico entre os itacenses, que recuam descontroladamente. Então, Zeus faz cessar a batalha com um raio. Disfarçada como Mentor, Atena colhe juramentos de ambos os lados, estabelecendo a paz.

69. A Morte de Odisseu

Fonte: Resumo bizantino de *A Telegonia*, de Eugamon, de Cirene (Grego Arcaico)

Odisseu vai à Tesprócia, onde se casa com a rainha Calídice. Irrompe uma guerra entre os tesprócios, liderados por Odisseu, e uma tribo próxima. Ares causa confusão no exército de Odisseu, até Atena intervir. Os dois deuses brigam até Apolo separá-los.

Após a morte de Calídice, o filho que ela teve com Odisseu herda o trono. Odisseu volta a Ítaca. Enquanto isso, Telégono, filho que Odisseu teve com Circe, viaja à procura de seu pai. Ele desembarca em Ítaca e devasta a ilha. Odisseu chega para defender seu país, mas é morto por seu filho — sem que este saiba da identidade de sua vítima. Quando descobre a verdade, Telégono leva o corpo de seu pai, com Penélope e Telêmaco, até a ilha de sua mãe, Eeia. Lá, Circe torna-os imortais. Telégono casa-se com Penélope; Telêmaco casa-se com Circe.

70. Episódios mais Antigos de Cila, Polifemo e Circe

Fonte: Ovídio, *Metamorfoses*, 13.734-14.73 (Período Romano)

Cila é uma bela jovem que gosta de se esconder de seus diversos pretendentes junto às ninfas do mar. Quando reclama dos pretendentes, a bela Nereida Galateia diz que Cila tem sorte de ser perseguida por homens normais, os quais ela pode rejeitar. Diz que certa vez amou um garoto de 16 anos com o rosto coberto por penugens chamado Ácis, filho de Fauno. Enquanto ela o perseguia, porém, o terrível Ciclope Polifemo pôs-se a segui-la. Tentando impressioná-la, ele penteou os cabelos com um ancinho, aparou a barba com uma foice e praticou expressões charmosas usando uma lagoa como espelho. À noite, depois de levar as ovelhas para casa, fazia serenatas para Galateia. "Oh, Galateia", cantava,

> "Mais pálida do que as folhas nevadas do alfeneiro,
> mais florida do que as campinas, mais eminente do que o amieiro,
> mais brilhante do que o vidro, mais brincalhona do que uma criança,
> mais delicada do que as conchas polidas pelo mar,
> melhor do que o sol do inverno ou a sombra do verão,
> mais nobre do que maçãs, mais imponente do que um plátano,
> mais reluzente do que o gelo, mais doce do que uvas maduras,
> mais suave do que plumas de ganso ou do que coalhada..."

Então, ele ofereceu sua caverna para ela, bem como maçãs, uvas, morangos, cerejas, pêssegos, avelãs, leite e queijo de seus rebanhos, além de veados, coelhos e cabras — e até um casal de filhotes de urso como bichos de estimação. Acrescentou que, quando imaginou que Galateia pudesse preferir Ácis a ele, foi como se o Monte Etna irrompesse de seu peito.

Galateia não se deixou conquistar. Polifemo saiu como um touro enfurecido à procura dela e a viu com Ácis. Galateia mergulhou no mar e saiu nadando. Polifemo, porém, partiu um pedaço de uma montanha, atirou-o em Ácis e o atingiu, ferindo-o fatalmente. Quando o sangue de Ácis escorreu, transformou-se num córrego. O córrego abriu a terra e criou um rio. Então, surgiu um novo Ácis no meio dele. Ele havia se transformado num deus ribeirinho.

Quando Galateia termina sua história, Cila sai para caminhar e é perseguida por Glauco, o sereio. Ele lhe diz que fora um pescador humano, normal, mas comeu uma erva mágica e foi transformado numa divindade marinha, metade peixe. Cila acaba fugindo dele. Com isso, Glauco procura a feiticeira Circe, esperando obter ajuda para conquistar o amor de Cila.

Circe, porém, apaixona-se por Glauco. Como este a rejeita porque ainda está apaixonado por Cila, Circe deixa o ciúme inflamá-la e põe uma poção mágica na fonte onde Cila costuma se banhar. Com isso, quando Cila entra na água, percebe que a parte inferior de seu corpo está cercada por cabeças monstruosas. No início, não compreende que fazem parte de seu corpo e tenta fugir delas. Acaba se dando conta de que ainda é uma linda jovem da cintura para cima, mas um cão de muitas cabeças da cintura para baixo. Faz morada num penhasco que dá para o mar. De lá, ataca o navio de Odisseu — porque ele foi amante de Circe.

71. Eneias Conduz os Sobreviventes de Troia à Terra Prometida
(*A Eneida*, de Virgílio)

Fonte: Virgílio, *A Eneida* (Período Romano)

Eneias, filho de Vênus e Anquises, nobre troiano, é um dos poucos guerreiros troianos a escapar do saque a Troia. Com seu pai, seu filho Ascânio e um punhado de refugiados, percorre o Mediterrâneo em busca de uma nova terra para viver. Juno ainda está magoada com os troianos. Enquanto navegam pela costa do norte da África, suborna Éolo, rei dos ventos, para que este mande ventos tempestuosos e afunde a frota. A moeda do suborno é uma bela ninfa do mar que ele pode desposar. Éolo aceita a oferta. Quando Netuno restaura a ordem, a frota já se destroçou na costa.

No céu, Vênus pede a Júpiter para que tenha pena de seu filho. Júpiter a consola revelando o destino de Eneias. Vai acabar formando um lar para seu povo na Itália e fundar uma cidade chamada Lavínio. Seu filho, Ascânio, vai criar uma nova cidade chamada Alba Longa. Trezentos anos depois, seus descendentes, Rômulo e Remo, fundarão uma terceira cidade, Roma. Controlada por um governante chamado César, Roma vai levar paz e prosperidade permanentes para o mundo. (O nome da família de César, Iulius, vai evocar o filho de Eneias, Ascânio. Em Troia, também conhecida como Ílio, Ascânio era chamado Ilo. Hoje, as pessoas o chamam de Iulo.)

Os troianos chegaram à terra perto da nova cidade de Cartago, que estava sendo construída por uma fenícia chamada Dido. Ela era a irmã do malvado rei de Tiro, Pigmalião, e esposa de um mercador muito rico, Siqueu. Esperando obter sua riqueza, Pigmalião matou Siqueu. Num sonho, o fantasma de Siqueu conta a Dido o que acontecera, dizendo-lhe para escapar daquele reino do mal e dando-lhe as instruções para chegar até seu tesouro oculto. Ela reúne um grupo de amigos e vai até o local da futura Cartago.

Seguindo as orientações dadas por sua mãe (disfarçada de jovem caçadora), Eneias vai a Cartago. Dido recebe o filho e seus companheiros com hospitalidade. Para se assegurar de que Dido vai tratar bem Eneias, Vênus envia Cupido a Troia, disfarçado como Ascânio. Num banquete em homenagem aos troianos, Cupido lança sua magia sobre Dido. Enquanto esta vai ficando cada vez mais sob seu poder, pede a Eneias que conte toda a história da queda de Troia e de suas andanças posteriores.

Eneias começa a história falando do dia em que os troianos ficaram espantados quando viram que os gregos pareciam ter levantado âncora e voltado para casa, deixando um grande cavalo de madeira para trás. Percorreram o acampamento grego e, atônitos, viram o cavalo. Laocoonte, sacerdote de Netuno, sai da cidade gritando — "Seja lá o que for, tenho medo dos gregos, mesmo quando dão presentes" — e joga uma lança contra o cavalo.

Depois, um grego maltrapilho chamado Sinão foi levado até Príamo. Sinão havia sido "capturado" por pastores, mas, na verdade, fora "plantado" pelos gregos. Afirmou que, pouco antes de partir, seu inimigo pessoal, Ulisses, subornou os sacerdotes e exigiu que ele fosse sacrificado, mas Sinão conseguiu escapar no último instante. Os troianos ficaram com pena dele e perguntaram sobre o cavalo. Ele disse que Minerva estava com raiva porque os gregos tinham furtado sua estátua sagrada, conhecida como Paládio, de Troia, e a levado para a Grécia. Para aplacar sua raiva, teriam de ir à Grécia, pegar a estátua e recomeçar a guerra. O cavalo foi um presente a Minerva para acalmá-la nesse meio-tempo. Segundo o sacerdote grego, se os troianos danificassem o cavalo, sofreriam represálias terríveis, mas, se o levassem para dentro, acabariam invadindo a Grécia em vez de dar-se o contrário. Por isso, os gregos fizeram propositalmente um cavalo grande demais para passar pelos portões.

Enquanto isso, Laocoonte estava fazendo sacrifícios na praia. Duas serpentes gigantes apareceram nas ondas. Atacaram Laocoonte e seus dois filhos, devorando todos eles. Depois, deslizaram até o templo de Minerva na cidade, desaparecendo sob sua estátua. Os troianos interpretaram isso como um sinal de que deveriam respeitar o cavalo. Entre músicas e aplausos, arrastaram-no para dentro da cidade.

Naquela noite, enquanto os troianos dormiam, os gregos que estavam dentro do cavalo saíram dele, e o resto da frota, que havia se escondido atrás de uma ilha, retornou. Eneias foi despertado pelo fantasma de Heitor a tempo de se armar e oferecer alguma resistência. Enquanto lutava perto do palácio de Príamo, viu a morte do rei. O filho de Aquiles, Pirro, perseguiu o jovem filho de Príamo, Polites, até o pátio e o matou diante de seus pais. Príamo se levantou e, debilitado, lançou um dardo contra Pirro, dizendo que seu pai fora um homem mais nobre. Com ironia, Pirro disse que ele poderia reclamar pessoalmente com Aquiles, arrastando-o sobre o sangue de Polites até o altar e matando-o como uma vítima de sacrifício.

Eneias também viu Helena escondendo-se num templo e estava prestes a matá-la quando sua mãe, Vênus, apareceu e lhe disse para não fazê-lo. Disse que a queda de Troia fora obra dos deuses e revelou muitas figuras divinas movendo-se pela escuridão.

De volta à sua própria casa, Eneias quis conduzir sua família em segurança. De início, seu pai se recusou a sair, mas apareceu uma chama sobre a cabeça do jovem Ascânio. Anquises interpretou isso como um presságio favorável e rezou pedindo uma confirmação. Ouviu-se um trovão e uma estrela cadente atravessou o céu. Satisfeito, Anquises embrulhou os Penates, estatuetas dos ancestrais da família. Estava tão debilitado que Eneias teve de carregá-lo nas costas para fora da cidade, levando Ascânio pela mão. A esposa de Eneias, Creúsa, ficou na retaguarda. Fora da cidade, Eneias percebeu que Creúsa havia se perdido. Ele correu a procurá-la, desafiando a morte a cada esquina. Finalmente, o fantasma dela apareceu diante de Eneias, dizendo-lhe que ele teria de prosseguir sem ela.

Eneias zarpou com uma pequena frota à procura de um novo lar, guiado pelas profecias e pelos portentos que foi encontrando. Em Delos, ficou sabendo que deveria buscar sua antiga terra, e ele e o restante da frota tentaram se estabelecer em Creta, mas doenças e campos estéreis os impediram. Então, os Penates apareceram para Eneias num sonho e lhe disseram que a Itália era a antiga terra que ele deveria buscar. Os troianos tinham ancestrais nesses dois lugares.

Na costa oeste da Grécia, Eneias encontrou a viúva de Heitor, Andrômaca, que desmaiou assim que o viu. Ela foi escrava de Pirro, filho de Aquiles, durante algum tempo, mas acabou sendo libertada por ele e teve permissão para se casar com outro troiano, Heleno. Este era um profeta que tinha conquistado a confiança de Pirro. Ele assumiu o reino após a morte do filho de Aquiles. Heleno disse a Eneias que o sinal de sua nova terra seria uma porca branca gigante amamentando quarenta porquinhos.

A seguir, a frota de Eneias ancora à noite ao lado do Monte Etna, na Sicília. Ao nascer do sol, um grego maltrapilho corre até o acampamento troiano pedindo proteção. Ele estava na frota de Odisseu, mas foi deixado para trás por engano e passara três meses infernais na ilha, escondendo-se dos canibais gigantes de um olho só que a habitavam. Agora, ficaria grato, disse, se fosse morto por um ser humano normal. Enquanto falava, apareceu Polifemo, nadando na arrebentação para lavar sua órbita ocular pustulenta. Os troianos puseram o grego a bordo e zarparam. Polifemo os ouviu e nadou à sua procura, mas não conseguiu chegar até eles.

A última parada antes de Cartago foi em Drepano, também na Sicília. Lá, o velho Anquises acabou morrendo e foi enterrado. Alguns dias depois, a frota troiana foi destruída numa tempestade.

Quando Eneias acabou de contar a história, Dido já estava apaixonada por ele. Isso criou um conflito para ela. Quando Siqueu morreu, ela jurou que nunca voltaria a se casar. Ela descreve seus sentimentos à sua irmã Ana, que a convence de que sua autonegação não favorece seu falecido marido. Casar-se com Eneias seria bom para ela e para seu reino.

No céu, Juno tenta convencer Vênus a promover o casamento entre Dido e Eneias. A intenção de Juno é impedir Eneias de fundar uma nova cidade, uma segunda Troia. Como deusa da paz e do amor, Vênus concorda, mas duvida que Júpiter permita que a união dure.

No dia seguinte, como se fossem guiados pela mão do destino, troianos e cartagineses decidem caçar juntos no campo. Longe da cidade, são surpreendidos (graças a Juno) por uma tempestade repentina. Todos se dispersam. Dido e Eneias acabam ficando sozinhos numa caverna. A natureza segue seu curso enquanto as ninfas da montanha lamentam-se ao vento e sob a chuva do lado de fora. Na cabeça de Dido, eles estão casados.

Depois da caçada, Dido e Eneias tornam-se inseparáveis. Um rei africano que estava cortejando Dido ouve rumores do caso e reclama para Júpiter em suas preces. Júpiter está zangado porque Eneias está negligenciando sua missão predestinada. Envia Mercúrio até Eneias para que lhe diga que é hora de zarpar. Eneias fica impressionado e, em segredo, ordena a seus homens que acabem de reparar a frota. Antes de poder encontrar o momento adequado para contar a Dido, ela descobre o que está acontecendo. Acusa-o irritada, mas implora para que fique só mais um pouco. Eneias se mantém inflexível, mesmo quando Ana o procura com um último e desesperado apelo para que adiem a partida.

Enquanto isso, Dido montou uma pira no pátio com a ajuda de Ana. Uma espada que Eneias deu a Dido e a cama que compartilharam são postas no alto dela. Dido finge que tudo faz parte de uma cerimônia mágica que trará Eneias de volta ou permitirá que o esqueça completamente.

No meio da noite, após a visita de Ana, Mercúrio acorda Eneias e lhe diz que deve içar velas antes que Dido recorra à força para mantê-lo por lá. Ao raiar do dia, Dido sobe numa torre e vê a frota troiana sobre as ondas. Amaldiçoa Eneias e reza para que haja hostilidade eterna entre seu povo e o dele. Depois, manda sua aia chamar Ana para "participar de um sacrifício". Sozinha, sobe na pira do pátio, lança-se sobre o leito conjugal e cai sobre a espada de Eneias. Ana grita histericamente, sobe na pira e envolve Dido em seus braços. Entre a vida e a morte, Dido tenta levantar a cabeça para olhar para a irmã e não consegue. Finalmente, Juno se apieda dela e envia Íris, a deusa do arco-íris, para pôr fim ao sofrimento de Dido. Como Dido estava morrendo por suicídio, antes da hora aprazada, as Fatas não cortaram uma mecha de cabelos de sua cabeça para dedicá-la a Orco, deus dos mortos. Íris desce em seu belo manto multicolorido e corta a mecha de cabelos. A alma de Dido voa até o mundo inferior. A bordo de seus navios, Eneias e os troianos veem a fumaça da pira funeral de Dido erguendo-se sobre Troia e se perguntam o que significaria.

O tempo piora, e eles desembarcam na amigável cidade siciliana de Drepano. Faz um ano desde que Anquises morreu, e Eneias organiza jogos em sua homenagem. A celebração é prejudicada por Juno. Ela inspira as troianas, que estão cansadas de vagar pelo mundo, a atear fogo aos navios. Atendendo à prece de Eneias, Júpiter extingue o fogo com uma chuvarada.

Naquela noite, o fantasma de Anquises diz que Eneias deve permitir que os troianos que desejam ficar na Sicília fundem sua própria cidade. Eneias deve visitar Anquises no mundo inferior e, depois, se estabelecer na Itália. A Sibila, sacerdotisa de Apolo em Cumes, vai guiá-lo até a terra dos mortos. Eneias segue seu conselho e vai até Cumes, na Baía de Nápoles. Lá, encontra a Sibila. Durante a reunião, ela incorpora Apolo. Fica alucinada, correndo e pulando pelo templo, enquanto as palavras do deus saem de sua boca. Profetiza uma guerra terrível para Eneias. Quando se acalma, Eneias lhe pede para levá-lo à terra dos mortos. Ela concorda desde que ele traga um ramo de ouro da floresta próxima. Além disso, diz, um de seus tripulantes morreu e precisa ser enterrado.

Uma busca revela o corpo do trompetista de Eneias, Miseno. Ele foi tolo e desafiou os deuses para um concurso de trompete. Ofendido, o trompetista Tritão, filho de Netuno, manteve-o sob a água até ele morrer. Enquanto Eneias procura madeira para a pira de Miseno, um par de pombos — as aves de sua mãe — leva-o até o ramo de ouro, que ele colhe. Após o funeral de Miseno, ele procura Sibila com o ramo na mão. Ela o leva até as profundezas de uma caverna sombria. Eles são cercados por aparições horrendas (Doenças, Velhice, Alegrias Maliciosas). Eneias procura sua espada, mas a Sibila lhe diz para ignorá-las, pois ali elas são inofensivas.

No fundo da descida, as almas dos mortos fazem fila para serem levadas através do rio Estige pelo barqueiro Caronte, idoso, mas ainda com vigor. Algumas almas precisam esperar cem anos, pois não foram enterradas de maneira apropriada. Caronte está levando Eneias e Sibila pelo Estige quando vê o ramo de ouro. Do outro lado, Sibila faz com que Cérbero, o cão de três cabeças de Plutão, adormeça com um pedaço de bolo que contém uma droga poderosa e leva Eneias até os Campos das Lamentações, local de descanso das almas que morreram por amor. Ali, Eneias mal distingue a figura de Dido, na forma de uma lua crescente com nuvens que passam diante dela. "Então, os rumores eram verídicos!", exclama sem jeito. Jura que não pensou que ela ficaria tão abalada com sua partida e pede-lhe para conversar um pouco. Dido se afasta em silêncio e se une ao fantasma de seu marido, Siqueu.

O setor seguinte está repleto de soldados mortos. Nele, Eneias encontra seu primo Dêifobo, que foi casado durante algum tempo com Helena, entre a morte de Páris e a queda de Troia. Dêifobo está sem orelhas, e seu nariz está mutilado. Ele explica que isso aconteceu durante o saque de Troia. Sua "excelente esposa", Helena, permitiu que Menelau e Ulisses entrassem em seu quarto depois de esconder as armas de Dêifobo.

Eneias e a Sibila chegam a uma encruzilhada. À esquerda, fica a masmorra do Tártaro, com três muros, onde os pecadores são punidos pelas Fúrias. Rodeada por um rio de fogo, não pode ser alcançada sem destruição. A Sibila descreve alguns de seus ocupantes, que incluem os mais famosos pecadores, como Tício, Tântalo, Pirítoo, entre outros, além de malfeitores anônimos, homens que traem seus países por dinheiro, pais que se deitam com as filhas, coisas assim.

Eneias e a Sibila se afastam do Tártaro, deixam o ramo de ouro diante dos portões do palácio de Plutão e de Prosérpina e rumam para os Campos Elísios. É um belo parque, onde as boas almas passam o tempo em concursos de luta, corridas de biga, canto coral e outras atividades agradáveis. Eneias e Anquises se encontram e se saúdam em prantos. Eneias quer saber o que faz um grupo de espíritos nas margens de um rio próximo. Anquises explica que um espírito divino permeia todo o universo. A alma de cada indivíduo é um fragmento da alma divina, mas adquire impurezas ao se combinar com um corpo. Depois da morte, as almas dos bons são purificadas e ficam no Elísio durante algum tempo, mas depois são convocadas a beber a água do Rio Lete (Esquecimento) e a renascer. As almas sobre as quais Eneias perguntou incluem seus futuros descendentes — por exemplo, Rômulo, o fundador de Roma; Augusto, que vai estender o poder de Roma até os confins da terra; os generais que vão subjugar a Grécia; e outros.*

Eneias e a Sibila voltam à terra dos vivos pelo Portão de Marfim, do qual emergem os falsos sonhos, e não pelo Portão de Chifre, associado aos verdadeiros.

Os troianos navegam rumo ao norte, na direção da foz do Tibre. Ali, Eneias faz amizade com Latino, rei da tribo local, os latinos. Influenciado por um oráculo, este concorda em unir os dois povos e cede em noivado sua filha Lavínia a Eneias. O único problema é que a rainha latina, Amata, quer que Lavínia se case com Turno, rei dos rútulos, seus vizinhos. Uma Fúria, enviada por Juno, provoca um ressentimento incontrolável no coração de Amata e Turno. A Fúria também incita uma disputa entre troianos e italianos. Ascânio está caçando, e a Fúria faz com que ele acerte e mate um veado sagrado, o bicho de estimação do guarda-caças real dos latinos. Estes querem guerra. Incapaz de aplacá-los, Latino renuncia. Os latinos se preparam para atacar o acampamento troiano.

Enquanto isso, o deus do Tibre aparece para Eneias num sonho, dizendo-lhe para pedir ajuda a Palanteu, que fica rio acima — onde futuramente se situará Roma. No caminho, Eneias encontra uma porca branca gigante com quarenta porquinhos e a sacrifica aos deuses. Em Palanteu, ele faz amizade com o rei Evandro, imigrante grego. Velho inimigo dos latinos, ele cede seu exército a Eneias, e também seu jovem filho, Palas. Quando eles partem, Evandro reza pedindo para que morra caso tenha de ouvir a temível notícia de que seu filho teria morrido em combate.

Na ausência de Eneias, os latinos cercam a frota troiana e tentam queimar os navios. Essa frota, no entanto, foi feita com pinheiros consagrados à mãe de Júpiter, Reia. Os barcos estão destinados a se transformar em deusas do

---

* O último espírito mencionado é o do sobrinho de Augusto, Marcelo, que morreu aos 20 anos para imensa tristeza de sua mãe, Otávia, irmã de Augusto. Anquises descreve a dor que a morte do garoto causará em Roma. Há uma lenda que diz que Virgílio teria recitado esses versos à família imperial, e Otávia teria desmaiado.

mar quando não navegarem mais. Quando os latinos se aproximam, os barcos mergulham de frente na água como golfinhos, e, depois, aparecem as cabeças do mesmo número de deusas nadando no mar.

No dia seguinte, a batalha se dá diante do acampamento troiano. Turno procura entrar no forte troiano, mas os defensores fecham o portão atrás dele. Turno é um grande guerreiro e causa o caos no acampamento, mas não consegue abrir o portão para que seus companheiros entrem. Se tivesse conseguido, diz Virgílio, os troianos teriam perdido a guerra. Em lugar de fazê-lo, luta sozinho até se esgotar e escapa pulando no Tibre, que passa ao lado do acampamento troiano.

Nesse momento, chega Eneias com reforços. Palas atrai a atenção de Turno liderando um ataque. Lutam, e a lança de Turno perfura o peito de Palas. Como troféu, Turno tira do rapaz agonizante um cinturão decorado. Ao saber da morte de Palas, Eneias avança contra Turno, matando todos no caminho. Para prolongar a vida de Turno, Juno cria uma imagem de Eneias numa nuvem e a usa para atrair Turno até um barco. Já a bordo, um vento leva Turno até sua cidade, Árdea.

Eneias acompanha o corpo de Palas até Palanteu. Seu pai, tomado pela tristeza, pede apenas uma coisa a Eneias: a morte de Turno.

Há uma trégua para que enterrem os mortos. Ao final, Turno manda a cavalaria italiana contra os troianos. Ela é liderada por uma grande guerreira, Camila. Ela cresceu no mato com seu pai, um tirano exilado que nenhuma cidade admitia. Ela luta com um dos seios expostos, no estilo das amazonas, e domina a batalha ao longo do dia. Finalmente, é morta por um covarde aliado dos troianos, que a atinge no peito com uma lança arremessada de longe.

Durante a noite, os latinos votam pela paz. A disputa deve ser decidida em combate individual entre Turno e Eneias. Na manhã seguinte, porém, Juno induz um soldado latino a romper a trégua abatendo um troiano, e não demora até que a batalha recomece. Eneias é ferido na perna por uma flecha e precisa se afastar.

Turno agita a batalha. Vênus cura milagrosamente Eneias, que volta ao combate. Juturna, a irmã de Turno, entra na história. Ela foi transformada na deusa de uma fonte local por Júpiter, que a violentou quando ela era virgem. Agora, ela se disfarça como condutor do carro de Turno e o leva de uma luta para outra, evitando Eneias com cuidado. Finalmente, essa tática falha quando Eneias ataca a cidade dos latinos, e Turno sai do carro de guerra para detê-lo.

Em seu primeiro embate, a espada de Turno se quebra. Ele percebe que deve ter usado a espada errada por engano, pois sua arma foi feita por Vulcano e nunca teria quebrado. Foge de Eneias, gritando para que alguém lhe leve sua espada *boa*. Eneias não consegue alcançá-lo por causa da perna ferida.

Finalmente, Juturna aparece com a espada boa. No céu, porém, Juno concorda em deixar Turno morrer, desde que, após a fusão entre troianos e latinos, o nome e a língua latina — e não a troiana — prevaleçam. Júpiter manda uma Fúria assustadora pairar sobre Turno. Juturna o abandona. Turno avista um rochedo tão grande que doze homens modernos não conseguiriam movê-lo. Ele o ergue e o atira contra Eneias sem muita firmeza, e a rocha cai perto dele mesmo. Eneias atinge Turno na coxa com sua lança. Deitado no chão, indefeso, Turno pede para ser poupado, ou, no mínimo, para receber um enterro adequado. Eneias está prestes a poupá-lo. Então, vê o cinturão de Palas e o mata.

72. Rômulo e Remo

Fonte: Lívio, *História de Roma desde a Fundação da Cidade*, I.3-6 (Período Romano)

Os descendentes de Eneias governaram Alba Longa durante doze gerações. O 13º rei deveria ter sido Numitor, mas seu irmão caçula, Amúlio, tomou o trono à força. Matou os filhos de Numitor e forçou a única filha deste, Reia Sílvia, a se tornar uma virgem vestal, para não ter qualquer pretensão ao trono. Marte, porém, violentou Reia Sílvia. Quando sua gravidez foi descoberta, ela foi mandada para a prisão. Lá, teve gêmeos. Por ordens de Amúlio, os gêmeos foram postos numa cesta deixada no Tibre para afundar.

Nesse dia, o Tibre ficou cheio e transbordou. Em vez de ser levada para o mar, a cesta com os garotos acabou parando na margem quando as águas baixaram. Uma loba passava por ali e adotou os meninos, amamentando-os e lambendo-os com afeto. Um pastor viu-os sendo amamentados pela loba e os levou para casa, criando-os como se fossem seus. Outros dizem que essa história surgiu porque a esposa do pastor era prostituta. Na gíria latina, a prostituta é chamada de loba.*

Os meninos chamavam-se Rômulo e Remo e foram criados como pastores. Tinham tanta força e energia que se tornaram líderes dos outros pastores e

---

* *Lupa* em italiano. Daí um dos sinônimos de bordel em português, lupanar, "covil de lobas". O Lupanar original, com esse mesmo nome, ficava em Pompeia. (N.T.)

atacavam os assaltantes locais. Um dia, os assaltantes armaram uma emboscada, capturaram Remo e o levaram a Amúlio, dizendo que ele estava roubando os rebanhos de Numitor. Durante a audiência, os dois lados começaram a suspeitar da verdadeira identidade de Remo e de seu irmão gêmeo. Percebendo que estavam com pouco tempo, Rômulo organizou um ataque surpresa à casa do rei com a ajuda dos outros pastores. Dominando os guardas, assassinaram Amúlio. Numitor reuniu o povo, expôs os fatos e foi declarado rei por consenso unânime.

Como Alba estava ficando muito populosa e por terem natureza ambiciosa, Rômulo e Remo decidiram construir uma cidade no local do Tibre onde foram amamentados pela loba. Para decidir quem seria rei, pararam nas colinas mais altas para procurar sinais favoráveis no voo das aves. Remo parou na Colina Aventina, e Rômulo, na Palatina. Em pouco tempo, seis abutres apareceram para Remo num local favorável. Depois, doze abutres apareceram para Rômulo. Isso causou uma discussão entre os irmãos e seus respectivos seguidores. Na violência que se seguiu, Remo foi morto.

Outros dizem que Rômulo começou a construir uma muralha para a nova cidade, e Remo saltou sobre ela como brincadeira. Num acesso de raiva, Rômulo o matou, dizendo "Pereçam todos os que pularem minhas fortificações!".

73. O Rapto das Sabinas

**Fonte: Lívio, *História de Roma desde a Fundação da Cidade*
(Período Romano)**

A cidade de Roma estava crescendo. Rômulo aumentou sua população da forma tradicional, abrindo-a para os pobres e os fugitivos de outras comunidades. Eles foram em bandos para Roma à procura de um recomeço. Rômulo nomeou cem senadores para governar a cidade.

O único problema era a falta de mulheres. A situação piorou ainda mais pelo fato de as comunidades próximas não reconhecerem os casamentos com os romanos. Rômulo tentou conquistá-los com diplomacia, mas fracassou.

Escondendo seu ressentimento, Rômulo preparou-se para celebrar um grande festival de Netuno chamado de *Consuália*. Os novos cidadãos de Roma investiram suas modestas riquezas nos preparativos para entretenimentos espetaculares, e os habitantes das comunidades próximas foram convidados a participar. Muitos foram pela curiosidade de conhecer a nova cidade. Entre eles, estavam os sabinos, que compareceram com suas esposas e filhos. Os visitantes foram entretidos com hospitalidade pelos romanos. Quando os jogos deveriam começar, foi dado um sinal, e os romanos atacaram a multidão, e cada um tomou para si a jovem de sua preferência.

Algumas das moças, particularmente atraentes, tinham sido destinadas aos principais senadores. Uma delas foi agarrada por homens que trabalhavam para um senador chamado Talássio. Enquanto a levavam até ele, impediram os demais de agarrá-la gritando *Talássio!* ("Para Talássio!"). Até hoje, nos casamentos romanos, quem quer demonstrar que deseja o melhor para os noivos grita "*Talassio!*".

Os participantes do festival entraram em pânico. Os pais das jovens fugiram para suas casas. As moças ficaram com raiva e com medo. Rômulo conversou com cada uma delas, dizendo que a culpa era dos seus pais e que seus novos maridos iriam tratá-las com respeito e afeto. Com o tempo, as moças deixaram de lado o ressentimento.

Parentes de três comunidades pequenas que tinham perdido suas sobrinhas e filhas para os romanos lançaram ataques mal planejados contra Roma e foram derrotados facilmente por Rômulo; mas os sabinos foram uma ameaça importante. Eles foram liderados por um famoso rei chamado Tito Tácio. Ele conseguiu chegar a Roma subornando uma romana chamada Tarpeia, cujo pai era o oficial encarregado da cidadela. Dentro dela, os sabinos esmagaram Tarpeia sob seus escudos. Alguns dizem que queriam apenas dar a entender que tinham capturado o forte pela força. Outros dizem que foi porque Tarpeia tinha exigido como parte do pagamento aquilo que as sabinas "usam no braço esquerdo". (Nessa época, as sabinas usavam braceletes de ouro no braço esquerdo — e também portavam seus escudos nesse braço.)

Seguiu-se uma batalha feroz no fórum romano entre os romanos e os sabinos. No seu apogeu, as sabinas se enfiaram entre os dois exércitos. Disseram que agora eram mães. Os pais dos bebês estavam lutando de um lado; seus avôs, do outro. "Se tiverem de matar alguém", disseram, "matem-nos. Preferimos morrer a viver como viúvas ou órfãs".

Na mesma hora, os soldados pararam de combater e fizeram um silêncio profundo. Os romanos e sabinos não só fizeram as pazes como uniram as duas comunidades — tendo Roma como centro do governo.

74. A Morte de Rômulo

Fonte: Lívio, *História de Roma*, I.18 (Período Romano)

Ao longo de sua carreira, Rômulo foi amado pelo povo e pelos soldados, mas não foi muito popular entre os senadores. Um dia, estava passando em revista as tropas no Campo de Marte, cercado de senadores. Ouviu-se uma trovoada. Ele foi envolvido por uma nuvem e nunca mais foi visto. Os senadores declararam que ele fora levado ao céu por um torvelinho. O exército aceitou a história, mas depois espalharam-se rumores de que os senadores o teriam assassinado.

Um homem chamado Júlio Próculo, famoso por sua sabedoria, tomou uma providência importante. Convocou uma assembleia de cidadãos e declarou que o espírito de Rômulo aparecera para ele. Ao nascer do sol, ele desceu do céu e entregou a Próculo uma mensagem para o povo romano. "Pela vontade celeste", teria dito, "Roma deve ser a capital do mundo. Nenhum poder sobre a Terra pode resistir às armas romanas!"

A história de Próculo pôs fim ao luto e à suspeita que o exército e os pobres tinham diante do desaparecimento de Rômulo.

75. A Fundação da República Romana

Fonte: Lívio, *História de Roma*, 1.49-60 (Período Romano)

Depois de Rômulo, Roma foi governada por outros reis, seus sucessores, por mais de duzentos anos. O sétimo e último rei de Roma, Lúcio Tarquínio Soberbo (o Orgulhoso), ganhou o trono num violento golpe de Estado. Seu antecessor, Sérvio Túlio, foi sogro de Tarquínio, e este o assassinou com a ajuda de sua esposa, a perversa filha do rei, Túlia. Diz-se que quando Túlia voltava para casa, saindo do fórum no dia do assassinato, encontrou o corpo inerte do pai na rua e passou sua carruagem sobre ele. Desde então, a estrada onde isso aconteceu recebeu o nome de *Vicus Sceleratus* — Rua do Crime.

Tarquínio governou pelo terror, condenando cidadãos à morte caso suspeitasse que fossem traidores — ou simplesmente por não gostar deles, ou desejar sua riqueza. Forçou a população comum a trabalhar em obras públicas, especialmente no grande esgoto de Roma.

Certa vez, apareceu uma cobra gigantesca em seu palácio. Considerando isso um presságio terrível, Tarquínio enviou embaixadores ao oráculo de Delfos para interpretá-lo. Os embaixadores eram dois de seus filhos e seu sobrinho Lúcio Júnio Bruto.* Em segredo, Bruto queria liberdade e justiça para Roma, mas tinha medo de chamar atenção para si. Por isso, fingia ser estúpido e indolente, aceitando até o apelido de Bruto, que quer dizer estúpido. Quando foi a Delfos, dedicou a Apolo um cajado oco de madeira repleto de ouro. Era um símbolo de seu caráter.

O oráculo de Delfos previu que o primeiro dos embaixadores a beijar sua mãe governaria Roma. Os dois filhos de Tarquínio decidiram esconder a previsão do oráculo de seu irmão, Sexto, que não estava presente, decidindo na sorte quem iria beijar a mãe primeiro. Bruto, porém, interpretou o oráculo de outra maneira. Ao sair do templo, caiu propositalmente no chão e, em segredo, beijou a mãe Terra.

Mais tarde, Tarquínio declarou guerra à cidade de Ardea simplesmente porque invejava sua riqueza. Com o fracasso da tentativa de atacar suas muralhas, o exército romano a cercou. Os homens que a cercaram, especialmente os oficiais, tinham um bom tempo de folga. Por acaso, Sexto Tarquínio, filho do rei, estava bebendo com um grupo de oficiais quando o tema das esposas veio à tona. Cada homem garantiu que sua esposa era a melhor. Um dos oficiais, Colatino, tinha muito orgulho da esposa, Lucrécia. Ele sugeriu que voltassem a Roma para ver o que suas esposas faziam enquanto os maridos estavam fora. Todos concordaram.

As outras esposas foram flagradas tagarelando com as amigas em banquetes e outras atividades extravagantes. Embora fosse tarde, Lucrécia trabalhava no tear e supervisionava o trabalho de suas servas. Ela recebeu o marido e seus amigos com delicadeza. Sexto Tarquínio, porém, foi tomado por um desejo perverso. Alguns dias depois, voltou em segredo à casa de Lucrécia. Ela o recebeu como hóspede respeitado, oferecendo-lhe uma refeição e um lugar para dormir. Na calada da noite, ele entrou no quarto de Lucrécia com a espada desembainhada. Segurando-a com a mão esquerda sobre o peito dela, disse: "Fique quieta, Lucrécia. Sou Sexto Tarquínio. Tenho uma espada. Se disser uma só palavra, morre". Então, Sexto declarou seu amor, implorando-lhe para ceder a ele, misturando ameaças com preces, dizendo o que fosse para conquistá-la. Quando ele viu que ela não cederia, disse que não iria apenas matá-la; mataria um escravo e colocaria seu corpo nu ao lado do dela. As pessoas pensariam que ela teria sido assassinada por ter sido flagrada cometendo adultério. Essa

---

* Ancestral de L. Júnio Bruto envolvido no assassinato de Júlio César em 44 a.C.

ameaça fez com que Lucrécia cedesse. Algum tempo depois, Sexto partiu exultante com sua vitória.

Lucrécia enviou mensagens a seu pai e a seu marido, pedindo-lhes para que fossem até ela o mais depressa possível, com amigos de confiança. Colatino levou Bruto. Encontraram Lucrécia sentada em seu quarto, tristonha, e lhe perguntaram se ela se sentia bem. Ela disse: "Nem um pouco. Como pode estar bem uma mulher que perdeu a honra? Colatino, a marca de outro homem está na sua cama. Só o meu corpo foi violado. Minha alma é inocente, e a morte será minha testemunha. Prometa-me que o adúltero não vai escapar de seu crime. Foi Sexto Tarquínio. Veio até aqui na noite anterior, um inimigo disfarçado de amigo, e teve seu prazer, fatal para mim e também para ele, caso vocês sejam homens de fato".

Os homens prometeram punir Sexto e tentaram reconfortar Lucrécia, dizendo que ela não tinha culpa de nada. Ela disse: "Pensem no que devem fazer com Sexto. Quanto a mim, absolvo-me da culpa, mas não do castigo. Nunca, no futuro, viverá uma mulher desavergonhada por causa de um precedente deixado por Lucrécia". Então, ela tirou uma faca que tinha escondido em sua roupa, enfiou-a no coração e caiu no chão, morta.

Enquanto os outros choravam, Bruto tirou a faca sangrenta do ferimento, levantou-a e disse: "Pelo sangue desta mulher, tão puro, até ser aviltado pela realeza, juro que vou perseguir Lúcio Tarquínio Soberbo, sua esposa maldosa e toda a sua ninhada com aço, fogo e todos os recursos à minha disposição, e que nunca deixarei nenhum deles — ou quem quer que seja — ser rei em Roma!".

Os romanos se alinharam em torno de Bruto. O rei e sua família foram expulsos de Roma. Sexto tentou se refugiar na cidade de Gabi, mas foi morto por inimigos que queriam ajustar contas antigas. No ano em que Tarquínio foi exilado (tradicionalmente 510 a.C.), os romanos declararam ilegal a monarquia. Começaram a eleger dois cônsules a cada ano para dirigir o Senado. Os primeiros a serem eleitos foram Bruto e Colatino.

Apêndice 1:
Alguns Mitos de Outras Nações

1. Um Cronos Hitita (1400/1200 a.C.)

Fonte: Uma tabuleta quebrada com inscrições cuneiformes datada de 1400 a 1200 a.C., encontrada nas ruínas dos arquivos reais de Hatusa, capital hitita, na atual Turquia. Ver Hans G. Gueterbock, "The Hittite Version of the Hurrian Kumarbi Myths: Oriental Forerunners of Hesiod" (A Versão Hitita dos Mitos de Kumarbi, O Hurrita: Precursores Orientais de Hesíodo), American Journal of Archaeology 52 (1948) 123-34. Com exceção de pequenas mudanças de palavras, como "você" por "tu", a tradução para o inglês feita por Gueterbock da parte preservada do texto está apresentada na sua totalidade a seguir.

Antes, no princípio, Alalu era rei no céu. Alalu está sentado no trono, e o poderoso Anu, o primeiro dos deuses, está em pé diante dele. Ele se curva até os pés e põe os copos de bebida em sua mão.

Durante nove anos, Alalu foi rei no céu. No nono ano, Anu lutou com Alalu. Ele venceu Alalu, que fugiu dele e desceu até a terra escura. Ele desceu até a terra escura, enquanto Anu ficou sentado em seu trono. Anu está sentado no trono, e o poderoso Kumarbi está lhe dando bebida. Ele se curva até os pés e põe os copos de bebida em suas mãos.

Nove anos completos, Anu foi rei no céu. No nono ano, Anu lutou com Kumarbi. Anu não podia mais tolerar os olhos de Kumarbi. Ele escapou da mão de Kumarbi e fugiu. Anu voou como um pássaro até o céu. Kumarbi correu atrás dele. Pegou Anu pelos pés e o puxou do céu.

Kumarbi mordeu e arrancou os testículos de Anu, de modo que sua masculinidade foi absorvida pelo interior de Kumarbi. Quando Kumarbi engoliu a masculinidade de Anu, ficou contente e riu. Anu virou-se para ele e disse: "Você sente alegria em seu interior porque engoliu minha masculinidade. Não sinta alegria em seu interior! Plantei uma semente em seu interior porque você engoliu minha masculinidade. Impregnei você do grande deus da tempestade, e depois com o rio Aranzah (Tigre), e em terceiro com o grande deus Tasmisus. Plantei a semente de três deuses temíveis em seu interior. No final, você vai atingir as rochas das montanhas com sua cabeça!".

2. Enuma Elish, o Mito Sumério da Criação

Esta história está registrada em diversas tabuletas babilônias e é a mais antiga do primeiro milênio a.C. O que se segue é uma versão extremamente condensada, baseada em Stephanie Dalley, Myths from Mesopotamia: Creation, the Flood, Gilgamesh, and Others *(Mitos da Mesopotâmia: Criação, o Dilúvio, Gilgamesh e outros). Oxford, 2000, 233-60. O título tradicional, "Enuma Elish", é como o relato começa em babilônio. A frase significa "Quando o mais alto ainda não existia".*

Quando céu e terra não existiam ainda, havia dois deuses, Apsu e Tiamat. Apsu, o homem, era o deus da água doce, e a mulher, Tiamat, era a deusa do mar salgado. Eles misturaram suas águas e geraram Lahmu e Lahamu, um par de serpentes, que então produziram Anshar e Kishar. Esses deuses tiveram três filhos poderosos, Anu, Enlil e Ea, e muitos outros.

A balbúrdia de seus filhos perturbou a barriga de Tiamat, e ela e Apsu discutiram como deveriam lidar com essa comoção. Apsu recomendou que fossem eliminados, pois o estavam impedindo de dormir, mas Tiamat foi mais indulgente. Ea ficou sabendo dos planos de Apsu, foi até ele furtivamente e assassinou seu pai. Depois de fazê-lo, gerou um filho magnífico, Marduk.

Tiamat ficou furiosa e criou um exército de monstros, criaturas e feras para abater os jovens rebeldes. Ea não teve poder suficiente para lutar com Tiamat, e por isso recorreu a Marduk. Ele concordou em combater Tiamat, exigindo, em troca, seu reconhecimento como deus supremo e a propriedade das Tabuletas do Destino.

Marduk montou em seu carro-tempestade para o confronto com Tiamat. Marduk estava armado com seu arco, seus raios, tempestades e uma rede especial. Ele capturou Tiamat com essa rede e, quando ela abriu a boca para engoli-lo, lançou sua trovoada tempestuosa na boca dela. Deixando-a tonta, ele finalizou com uma flecha na barriga. Seus seguidores tentaram fugir, mas Marduk os capturou e os amarrou.

Ele cortou ao meio o corpo de Tiamat como se ela fosse um peixe. Com uma metade, fez o domo do céu, e com a outra, criou a Terra. Estabeleceu as moradas dos deuses e ordenou os ciclos do sol, da lua e do firmamento. Marduk usou o sangue do general supremo de Tiamat, Qingu, e fez a humanidade com ele. Depois, fez rios, plantas e animais, e assim o universo ficou completo.

3. A Epopeia de Gilgamesh

Gilgamesh era rei de Uruk, uma cidade-estado mesopotâmica, em algum momento entre 2700 e 2500 a.C. Foram registradas diversas versões de sua lenda no Oriente Próximo, em sumério, hitita e acádio (língua da Assíria e da Babilônia). A sinopse a seguir baseia-se em John Gardner e John Maier, Gilgamesh Translated from the Sin-leqi-unninni version *(Gilgamesh traduzido da versão Sin-leqi-unninni), Knopf, 1984. A tradução de Gardner e Maier baseia-se, por sua vez, na versão acádia encontrada em tabuletas de argila na antiga Nínive, na biblioteca do rei assírio Assurbanipal (668-627 a.C.). Foi composta em acádio entre 1600 e 1000 a.C. O texto sobreviveu em doze tabuletas de argila. Algumas destas estão incompletas. Trechos da história a seguir que não estão detalhados — como, por exemplo, a morte de Humbaba — são aqueles nos quais faltam grandes partes do texto original. No final da história, Enkidu, morto, ressurge repentinamente, vivo, e torna a morrer. Não há uma explicação para essa anomalia.*

Esta é a história de Gilgamesh, que olhou para o abismo. Ele aprendeu todas as coisas, até o que aconteceu antes do dilúvio, e construiu as muralhas de Uruk.

Gilgamesh é tão poderoso que anda alucinado pelas ruas de Uruk, perturbando a vida de todos e dormindo com as noivas antes de seus noivos.* Os

---

* Seria a mais remota referência ao *droit de seigneur*, mais especificamente ao *ius primae noctis* ("direito da primeira noite"), costume segundo o qual os governantes podiam dormir com uma noiva antes do noivo. (N.T.)

deuses ouvem as queixas das pessoas. Anu, deus do céu, pede a uma deusa-
-mãe chamada Aruru que crie um rival para Gilgamesh, deixando assim o
povo de Uruk em paz. Aruru cria Enkidu, um grande lutador. Este vive na
natureza com os animais e bebe com eles nas poças. Destrói as armadilhas feitas para capturar animais e ajuda-os a escapar de um caçador conhecido como
"O Espreitador".

Por sugestão de seu pai, o Espreitador vai a Uruk e pede a ajuda de Gilgamesh para acabar com Enkidu. Gilgamesh lhe oferece uma prostituta do
templo para que ele a leve até a poça. Ele explica que ela vai se exibir nua para
Enkidu. Isso vai fazer com que os animais se voltem contra ele.

Quando Enkidu chega à poça, o Espreitador diz à prostituta para "abrir as
pernas e mostrar-lhe sua beleza". Ela o faz. Enkidu passa seis dias e sete noites
copulando com ela. Depois, os animais fogem dele. Ele volta à prostituta e se
ajoelha diante dela. Esta lhe diz que ele se tornou sábio como um deus e que
vai levá-lo a Uruk para o apresentar a Gilgamesh. Ansioso por ter um amigo,
Enkidu concorda.

Quando Enkidu e a prostituta chegam à cidade, ficam sabendo que Gilgamesh está causando confusão, dormindo com as noivas de outros homens.
Enkidu desafia Gilgamesh para uma luta diante da casa de uma noiva. Depois
de um longo embate, Gilgamesh sai vitorioso, mas elogia a força e o valor de
Enkidu. Este chora ao ouvir suas palavras. Enkidu e Gilgamesh se abraçam.

Agora que são amigos, Enkidu conta a Gilgamesh que existe um monstro chamado Humbaba, guardião da floresta dos cedros. Gilgamesh convida
Enkidu a unir-se a ele para matarem Humbaba. De início, Enkidu mostra-se
hesitante, mas Gilgamesh consegue convencê-lo. Antes de partirem, Ninsun,
mãe de Gilgamesh, adota Enkidu, tornando-o irmão de Gilgamesh.

Gilgamesh e Enkidu entram na floresta de cedros, dominam Humbaba e
cortam sua cabeça. Depois, Gilgamesh toma um banho e troca de roupa. A
deusa Ishtar aparece diante dele e se oferece para ser sua amante. Gilgamesh a
rejeita com insolência, dizendo que não pode confiar nela. Ela é, diz, "um fogo
no fogão que se extingue no frio, um odre de água que ensopa quem o toma".
E passa a relacionar os amantes anteriores de Ishtar, todos com destinos miseráveis. Foram: Tamuz, um pastor que agora é lembrado com tristeza todos os
anos; uma ave; o leão; o garanhão; um pastor que foi transformado em lobo; e
o jardineiro de seu pai, que acabou virando sapo.

Ishtar vai reclamar de Gilgamesh com seu pai e sua mãe, Anu e Antum. Ela exige que lhe deem o touro celeste para que este mate Gilgamesh. Hesitantes, Anu e Antum concordam.

Quando o touro chega a Uruk, bufa furiosamente. A cada bufada, ele abre um buraco no chão que engole centenas de homens de Uruk. Enkidu monta no touro e luta com ele. O touro cospe, e Enkidu joga seus excrementos nele. Finalmente, Gilgamesh enfia uma faca na parte de trás de seu pescoço, matando-o.

Ishtar aparece diante dos muros de Uruk, lamentando a morte do touro. Enkidu lança o osso sangrento de uma das pernas do touro sobre ela. Mais tarde, ele e Gilgamesh tomam banho e marcham triunfantes pela cidade. Depois, deitam-se para dormir.

Enkidu acorda e narra um sonho perturbador. Nele, Enlil, o deus das tempestades, quer que Enkidu morra como compensação pelas mortes de Humbaba e do touro do céu. Shamash, o deus da justiça, é contra a morte, mas é voto vencido.

Como o sonho previu, Enkidu adoece gravemente. Fica doze dias de cama e morre. Gilgamesh entra em luto. Ele esculpe uma estátua preciosa de Enkidu. Usa a pele de um cão. A dor só aumenta. Ele percebe que também vai morrer, tal como Enkidu. Finalmente, decide visitar o sábio Utnapishtim, sobrevivente do grande dilúvio.

No começo dessa viagem, Gilgamesh vai até os picos gêmeos do Monte Mashu, morada de Shamash. Seu caminho passa por um longo túnel na montanha. A entrada é guardada por homens-escorpião. Seu porta-voz adverte Gilgamesh de que deverá caminhar na mais profunda escuridão durante doze horas duplas. Gilgamesh segue em frente. Depois de doze horas duplas, ele vê a luz.

Na região luminosa, encontra Siduri, uma mulher que produz bebidas fermentadas.* Ele lhe explica o que está procurando. Conta que vive triste desde a morte de Enkidu. "Seis dias e seis noites eu chorei sobre ele até um verme sair de seu nariz. Então, fiquei com medo. Com medo da morte, vago por lugares

---

* *Barmaid*, no original, seria "garçonete" ou "atendente de bar". Contudo, trata-se de uma divindade associada à fermentação, especialmente de cerveja e vinho. *Siduri* significa "mulher jovem" em hurrita e pode ser um epíteto de Ishtar. (N.T., fonte: Wikipédia)

ermos." Siduri lhe diz que ele deverá atravessar o mar, o que inclui as águas da morte, e que ninguém, exceto Shamash, realizou essa travessia. Há, porém, um barqueiro chamado Urshanabi, que pode levá-lo.

Gilgamesh encontra Urshanabi e lhe explica sua missão, repetindo o que disse a Siduri. Urshanabi diz que ele deve ir até a floresta, cortar toras com 60 cúbitos de comprimento* e levá-las até ele. Gilgamesh o faz. Usando-as, eles içam velas e cobrem a distância de um mês e meio em três dias. Nesse ponto, cruzam as águas da morte, as quais Gilgamesh não deve tocar. Depois, as toras de Gilgamesh se desgastam, mas ele faz com que Urshanabi use sua camisa como uma vela no último trecho da viagem.

Gilgamesh explica sua procura a Utnapishtim, repetindo o mesmo discurso pela terceira vez. Utnapishtim diz que as vidas mortais não devem mesmo ser permanentes. Gilgamesh observa, porém, que ele e Utnapishtim são parecidos. Quer saber como Utnapishtim foi favorecido pelos deuses.

Utnapishtim conta a sua história. Ele morava em Surippak** quando os deuses decidiram causar o dilúvio. O deus Ea avisou Utnapishtim que deveria construir uma arca, colocando nela a semente de todas as coisas vivas. Ea também sugeriu uma explicação para dar aos outros habitantes de Surippak. Utnapishtim lhes disse que estava fugindo da fúria de Enlil, o deus das tempestades, mas Enlil concederia favores ao resto da cidade.

Utnapishtim constrói uma grande arca com mais de mil metros quadrados de área e seis andares. A chuva torna-se uma tempestade tão violenta que até os deuses se aterrorizam. Depois, Utnapishtim flutua livremente durante doze dias. Finalmente, a arca encontra terra firme no Monte Nisir.

Para saber se já havia terra seca, Utnapishtim soltou uma pomba, uma andorinha e um corvo. Os dois primeiros voltaram. Como o corvo não voltou, ele entendeu que as águas haviam baixado.

Utnapishtim ofereceu um sacrifício, e os deuses se reuniram à sua volta. Arrependeram-se do dilúvio e culparam Enlil. Ea disse que só os malfeitores deveriam ser punidos. Para diminuir o número de pessoas da Terra, havia leões, lobos, fome e pragas. Enlil pegou Utnapishtim pela mão e declarou que ele e sua esposa seriam como deuses, vivendo na fonte de todos os rios.

---

* Aproximadamente 33 metros de comprimento. (N.T.)
** Também grafada Shuruppak ou Suruppak. (N.T.)

Utnapishtim pergunta a Gilgamesh, retoricamente, quem vai reunir os deuses em seu nome. Diz, no entanto, que pode provar se merece a imortalidade mantendo-se acordado durante seis dias e sete noites. Assim que disse isso, Gilgamesh adormeceu. Utnapishtim diz à esposa que ela deve assar pães para assinalar quantos dias Gilgamesh fica adormecido. Gilgamesh dorme sete dias. Quando acorda, pensa que ficou adormecido durante um breve momento, mas Utnapishtim mostra os sete filões de pão amanhecido ao seu lado.

Gilgamesh mostra-se desanimado. "Onde quer que eu pise", diz, "lá estará a Morte." Utnapishtim diz que Urshanabi deve banhar e barbear Gilgamesh e dar-lhe roupas novas.

Revigorado, Gilgamesh volta a seu barco para a viagem de retorno. A esposa de Utnapishtim censura o marido por não ter lhe dado nada em troca de seus esforços. Utnapishtim traz o barco de Gilgamesh de volta à margem e lhe diz que há um espinheiro que lhe dará vida duradoura. Ao ouvir isso, Gilgamesh sabe o que fazer. Amarra pedras a seus pés e mergulha até o fundo do mar. Lá, colhe a planta, solta as pedras dos pés e emerge com a planta na mão. Diz a Urshanabi que vai levá-la aos idosos de Uruk para compartilhá-la com eles. Ela vai restaurar sua juventude.

Gilgamesh volta a Uruk com Urshanabi. No caminho, vê uma lagoa com águas frescas e se banha nela, deixando a planta na margem. Enquanto toma banho, uma serpente sente o cheiro da planta e a leva embora. Quando o faz, solta sua pele velha. Gilgamesh chora quando descobre sua perda. Volta a Uruk e recupera o ânimo o suficiente para mostrar a Urshanabi as muralhas que construiu.

Gilgamesh conversa com Enkidu. Imagina ter deixado seu tambor na casa do carpinteiro. Mas, na verdade, ele o deixou cair no mundo inferior. Enkidu se oferece para buscá-lo. Gilgamesh lhe dá conselhos sobre a forma segura de visitar o mundo inferior. Ele não pode, por exemplo, usar roupas novas, o que vai identificá-lo como forasteiro. Ele não deve arremessar sua maça. Isso excitaria os fantasmas.

Enkidu desce ao mundo inferior. Ele não leva em conta nenhum dos conselhos de Gilgamesh e é agarrado. Ao saber disso, Gilgamesh reclama com os deuses. Nem Enlil nem Sin, deusa da lua, respondem às suas queixas, mas Ea diz ao deus guerreiro, Nergal, que ele deve abrir um buraco no mundo inferior para que o fantasma de Enkidu possa explicar a morte para Gilgamesh.

Enkidu passa pelo buraco como se fosse um sonho. Ele e Gilgamesh tentam se abraçar e beijar e trocar palavras.

Enkidu explica a Gilgamesh que seu corpo está sendo comido por vermes e preenchido com terra. Dentre os homens no mundo inferior, aquele que tem um filho está chorando, aqueles com mais filhos são proporcionalmente mais afortunados. O homem com sete filhos está próximo dos deuses. A vítima de morte súbita dorme num sofá. O homem que morreu em combate é reconfortado por seu pai, e sua esposa cuida de seu cadáver. Aquele que foi arrojado ao campo vaga sem descanso. Aquele que não deixou ninguém vivo para amá-lo come restos jogados na sarjeta, impróprios até para os cães.

4. O Conto Egípcio dos Dois Irmãos (cerca de 1200 a.C.)

Fonte: Papiro ["Papyrus d'Orbiney", British Museum Papyrus 10183] relatado por um escriba chamado Enna, que viveu no final da 19ª Dinastia, ou seja, por volta de 1200 a.C. A sinopse a seguir baseia-se em James B. Pritchard (org.), Ancient Near Eastern Texts Relating to the Old Testament *(Textos do Antigo Oriente Próximo Relativos ao Antigo Testamento), Princeton, 1969, 13-15.*

Anúbis tinha casa e esposa. Seu irmão mais novo, Bata, vivia com eles como se fosse seu filho. Bata trabalhava no campo, arando, colhendo e executando diversas tarefas. Passava as noites nos estábulos com o gado. De manhã, levava o gado ao campo. O gado conversava com ele e lhe dizia onde ficavam os melhores pastos.

Certa tarde, durante a estação de plantio, Bata e Anúbis trabalhavam no campo. Quando ficaram sem sementes, Bata foi à casa pegar mais algumas. Lá, encheu um grande recipiente com sementes e o jogou às costas. A esposa de Anúbis o viu. Desejando-o, disse: "Você tem muita força. Tenho observado você trabalhando. Vamos juntos para a cama. Vou fazer belas roupas para você".

Bata ficou zangado. Então, disse: "Você é como uma mãe para mim. Seu marido, meu irmão, é como um pai para mim. Nunca mais diga uma coisa dessas". Ele recolheu as sementes e voltou ao campo.

Naquela noite, a esposa de Anúbis ficou com medo de que Bata contasse tudo ao irmão. Quando seu marido chegou em casa, ela ficou deitada no escuro, vomitando. O marido perguntou o que estava acontecendo. Ela disse que Bata tinha se insinuado para ela e batera nela para que nada dissesse. Disse que iria se matar caso Anúbis não matasse Bata.

Anúbis ficou furioso. Afiou a lança e esperou do lado de fora do estábulo para matar seu irmão quando ele trouxesse as vacas do campo. Quando as duas primeiras vacas entraram no estábulo, porém, viram o que iria acontecer e avisaram Bata. Ele fugiu, e Anúbis o seguiu.

Enquanto Bata fugia, rezou para Re-Herakhty, um deus da justiça. Re ouviu suas preces e separou os irmãos com um rio repleto de crocodilos.

Em pé do outro lado do rio, Bata disse o que tinha acontecido de fato. Depois, cortou seu pênis e o jogou na água, onde foi comido por um bagre. Anúbis chorou por ele, mas não pôde se aproximar do irmão por causa dos crocodilos do rio.

Bata disse a Anúbis que agora iria ao Vale dos Pinheiros, mas que mais cedo ou mais tarde iria precisar da ajuda de Anúbis. Bata disse que iria arrancar seu coração e colocá-lo numa flor de um pinheiro. Se o pinheiro fosse cortado, Anúbis deveria encontrar o coração de Bata e colocá-lo em uma bacia com água fria, para que Bata pudesse reviver e punir seu agressor. Se o copo de cerveja que Anúbis estivesse bebendo começasse a espumar espontaneamente, isso seria um sinal de que Bata estaria precisando da ajuda de Anúbis.

Bata foi ao Vale dos Pinheiros. Anúbis voltou para casa, matou sua esposa e jogou o corpo aos cães.

No Vale dos Pinheiros, Bata construiu uma casa e a encheu com coisas boas. Os deuses sentiram pena dele e criaram uma mulher para ser sua companheira. Era mais bela do que qualquer mulher e tinha em si uma parcela de cada deus. Bata a amou muito, pedindo-lhe para nunca partir e contando-lhe todos os seus segredos.

Certo dia, enquanto a mulher caminhava ao ar livre, o mar tentou agarrá--la. Embora tenha escapado, um pinheiro conseguiu uma mecha de cabelos dela e a entregou ao mar, que a levou até o lugar onde os serviçais do faraó lavavam suas roupas. O cheiro de seu perfume impregnou-se nas roupas do faraó, o que levou a uma busca. Por sugestão dos sábios do faraó, foram enviadas expedições ao Vale dos Pinheiros para sequestrarem a jovem. Ela foi levada ao faraó e tornou-se sua esposa principal. Ela contou ao faraó que Bata tinha escondido seu coração num pinheiro. Por sugestão dela, ele mandou soldados cortarem a árvore.

No dia seguinte, a cerveja de Anúbis produziu espuma. Ele viajou até o Vale dos Pinheiros e encontrou Bata deitado em sua cama, morto. Após quatro anos de procura, encontrou o coração de Bata e o colocou em água fria, trazendo o irmão de volta à vida.

Para se vingar de sua esposa, Bata se transformou num belo touro multicolorido e foi até o palácio do faraó com Anúbis nas costas. Vendo o touro, o faraó ficou encantado e recompensou Anúbis por tê-lo levado, dando-lhe o peso do touro em prata e ouro e vários outros presentes.

Vários dias depois, dentro do palácio, o touro se aproximou da nova esposa do faraó. "Veja!", disse, "ainda estou vivo! Sou Bata. Sei que você mandou cortar o Pinheiro para acabar com minha vida. Mas estou vivo, como um touro!"

A mulher ficou com medo. Preparou bebidas para o faraó, deixando-o num clima festivo, e recebeu dele a promessa de ter qualquer desejo concedido. Então, disse: "Quero comer o fígado daquele touro inútil!". O rei ficou mortificado, mas cumpriu a promessa. Enquanto o corpo do touro era levado para fora, duas gotas de sangue caíram na entrada do palácio. Elas se transformaram em dois grandes abacateiros numa única noite. As pessoas se encantavam e se rejubilavam com as árvores milagrosas.

Alguns dias depois, a esposa do faraó estava sentada embaixo de um dos abacateiros quando Bata falou com ela. "Fingida!", disse, "Sou Bata! Ainda estou vivo. Sei que você mandou me matar quando eu era um touro!".

Mais uma vez, a esposa do faraó pediu um favor ao marido. Exigiu que ele mandasse cortar os abacateiros, transformando-os em móveis. Enquanto os carpinteiros faziam seu trabalho, a esposa do faraó ficou observando. Uma farpa voou e entrou em sua boca. Ela a engoliu e engravidou no mesmo instante.

No devido tempo, ela teve um filho. O faraó ficou feliz e tornou o menino o príncipe daquela terra. Muitos anos depois, o faraó foi ao céu. O menino tornou-se faraó. Ele mandou que levassem a mulher até ele. Ela foi julgada pelos oficiais do palácio e seu destino foi traçado. O novo faraó nomeou o irmão mais velho como príncipe e governou por trinta anos. Ele morreu, e seu irmão mais velho sucedeu-o no trono.

5. Ísis e Osíris

Fonte: Plutarco, *Ísis e Osíris*, cerca de 120 d.C.

Esta é a única versão narrativa conhecida da história de Ísis e Osíris, divindades de importância fundamental para a antiga religião egípcia.

Entretanto, foi escrita em grego por um autor grego, Plutarco, que usou os equivalentes egípcios no lugar dos nomes gregos. Aparentemente, Plutarco foi influenciado pelos mitos gregos na reconstituição da história.

Quando o Sol soube da união entre Reia (*Nut*, no Egito) e Cronos (*Geb*, no Egito), proibiu Reia de dar à luz em qualquer mês do ano. Para ajudar Reia, porém, Hermes (*Thoth*, no Egito) desafiou a Lua numa partida de senet.* A cada vitória, ele tirava um pouco de tempo do ciclo da Lua. No final, Hermes obteve um total de cinco dias, que foram acrescentados ao final do ano, que agora consistia em doze meses de 30 dias cada e cinco dias intercalares que não pertenciam a nenhum mês.

Assim, Osíris nasceu no primeiro desses dias; no segundo, Hórus, o velho, conhecido pelos gregos como Apolo. No terceiro dia, Tifão (Seth) irrompeu violentamente do útero. Desde então, esse dia é considerado de má sorte pelos egípcios. Não se realizam transações e ninguém pode se lavar senão após o pôr do sol. No quarto dia, nasceu Ísis, e no quinto, Néftis, que alguns chamam de Afrodite, e alguns de Nike (Vitória). Néftis apegou-se a Tifão, enquanto Ísis e Osíris já eram amantes no ventre de sua mãe. Alguns dizem que Hórus, o velho, seria filho deles.

Após herdar a terra de seu pai, Osíris melhorou a vida dos egípcios ensinando-lhes o cultivo, instituindo leis e estabelecendo a religião. Depois de levar esses benefícios ao Egito, vagou pelo mundo para espalhar esses conhecimentos para os demais, levando a civilização por meio da fala, da música e de seu encanto persuasivo.

Tifão cobiçou o reino de Osíris e formou uma conspiração para usurpá-lo. Ele não podia operar abertamente por causa da vigilância de Ísis. Quando Osíris voltou de terras distantes, Tifão levou a cabo um plano traiçoeiro. Tendo medido em segredo o corpo de Osíris, construiu um belo baú exatamente com suas medidas. Depois, apresentou o baú num banquete dos deuses, em que o objeto foi admirado como obra de suprema habilidade artesanal. Tifão ofereceu o baú para quem quer que coubesse exatamente nele. Depois que vários tentaram e não conseguiram se encaixar no baú, Osíris ajustou-se perfeitamente nele. Tifão fechou o baú, selou-o com chumbo derretido e o lançou ao rio.

---

* Antigo jogo egípcio de tabuleiro, no qual as peças do jogo movem-se em torno de uma grade com 30 quadrados.

O baú flutuou até o mar e foi parar em Biblos, na Fenícia. Ali, uma árvore cresceu na mesma hora em torno dele, envolvendo-o. Quando o rei de Biblos soube dessa árvore, transformou-a numa coluna de seu palácio, sem saber o que havia dentro dela.

Enquanto isso, Ísis começara a procurar o corpo de Osíris pelo mundo todo. Acabou chegando a Biblos. Lá, sentou-se em forma humana ao lado de um poço, sem conversar com ninguém, desanimada e chorosa. Quando a rainha soube da existência dessa mulher estranha, chamou-a ao palácio e a empregou como ama de leite para seu filho recém-nascido.

Ísis adorava o menino; amamentava-o com o dedo em vez de fazê-lo com o seio. Todas as noites, deixava-o na lareira para que ele queimasse suas partes mortais, enquanto ela própria, na forma de uma andorinha, dava voltas à coluna que abrigava o corpo de Osíris. Certa noite, a rainha a interrompeu durante essas atividades. O feitiço foi desfeito, e a identidade de Ísis foi revelada. Ela mandou derrubar a coluna e a abriu para revelar o corpo dentro do baú oculto. Ao ver os restos de Osíris, a dor de Ísis foi tão intensa que fez com que o filho mais novo do rei caísse morto. Seu filho mais velho morreu de forma semelhante ao acompanhar Ísis de volta ao Egito com o baú.

No Egito, Ísis escondeu o baú num local secreto no Delta. Tifão descobriu-o por acaso enquanto caçava ao luar. Reconhecendo-o como o corpo de Osíris, cortou-o em 14 pedaços e os espalhou pelo Egito. Quando Ísis descobriu o que havia acontecido, procurou cada um dos pedaços. Apesar de alguns dizerem que ela enterrou cada um separadamente, a maioria afirma que sua meta era tornar a montar os pedaços — assegurando o pós-vida de Osíris. Nesse relato, ela reuniu com sucesso todos os pedaços, menos um, seu pênis. Este fora comido por um oxirrinco, um tipo de peixe. Ela criou um novo pênis para o marido e o consagrou, uma ação comemorada num grande festival egípcio.

Hórus cresceu e ocupou o lugar do pai no trono derrotando Tifão. Certa vez, Osíris saiu do mundo do pós-vida e foi visitar o filho, ajudando-o a treinar para o conflito vindouro. Ele lhe perguntou que animal seria mais útil para quem fosse a uma batalha. Hórus respondeu "um cavalo". Osíris perguntou por que ele não escolheu um animal como um leão. Hórus explicou: "Um leão pode ser útil para um homem que precisa de ajuda em combate, mas o cavalo é superior em sua capacidade de perseguir o inimigo, evitar sua fuga e destruí-lo". Ouvindo esta resposta, Osíris percebeu que seu filho estava pronto para enfrentar Tifão.

A batalha durou vários dias, mas Hórus acabou vencendo. Tifão foi devolvido em frangalhos a Ísis, mas ela o libertou e deixou que ficasse livre. Furioso com essa atitude, Hórus arrancou a coroa da cabeça de sua mãe, mas Hermes deu-lhe uma nova coroa com a forma de uma cabeça de vaca.

Tifão acusou Hórus de ser ilegítimo, mas, com a ajuda de Hermes, essa acusação mostrou-se falsa. Hórus e Tifão lutaram mais duas vezes, e Tifão foi vencido em ambas. Osíris e Ísis copularam após a morte de Osíris. Assim, Ísis tornou-se mãe de Harpócrates, que nasceu prematuro e com pernas defeituosas.

6. A Morte da Filha do Sol (1900 d.C.)

Esta é uma versão levemente condensada de uma história narrada por um contador de histórias cherokee da banda leste e coletada por um antropólogo do governo norte-americano. Originalmente, foi publicada em James Mooney, Myths of the Cherokee *(Mitos dos Cherokee),* Government Printing Office, 1900. Myths of the Cherokee *tornou a ser publicado em 1970 pela Johnson Reprint Corporation.*

A Sol* morava do outro lado do céu, mas sua filha morava no meio, e todos os dias a Sol parava na casa da filha para comer.

A Sol detestava as pessoas da Terra porque nunca olhavam para ela sem franzir os olhos. Ela disse a seu irmão, o Lua, "Meus netos são feios. Eles fazem careta quando olham para mim!". Mas o Lua disse: "Acho que são muito bonitos". As pessoas sempre sorriam com satisfação ao olhar para ele.

A Sol decidiu matar as pessoas. Mandou raios tão quentes que elas morreram de febre, às centenas. As pessoas pediram a ajuda de seus conselheiros, os homenzinhos das estrelas.

Os homenzinhos transformaram duas delas em cobras, a cobra-de-nariz-chato e a cabeça-de-cobre, e as enviaram até o chão da casa da filha da Sol para mordê-la quando ela chegasse no dia seguinte. Elas se esconderam, mas, quando a Sol chegou, a cobra-de-nariz-chato ficou ofuscada por seu brilho e só conseguiu cuspir um limo amarelado. Até hoje, ela faz isso quando tenta morder. A Sol chamou-a de coisa-ruim e entrou em casa. A cabeça-de-cobre se esgueirou para fora sem fazer nada. Depois, um dos homenzinhos se trans-

---

* Dessa forma no original, "A Sol" e "O Lua". (N.T.)

formou numa cascavel. Ele entrou rapidamente na casa e se enrodilhou perto da porta. Quando a filha da Sol abriu a porta para procurar a mãe, ele saltou e picou-a. Ela caiu morta. Desde então, rezamos para a cascavel e não a matamos porque ela é bondosa e nunca tenta picar se não a incomodamos.

Quando a Sol encontrou a filha morta, entrou na casa e se lamentou. O mundo ficou escuro o tempo todo porque a Sol não saiu mais. As pessoas procuraram os homenzinhos novamente. Os homenzinhos disseram às pessoas que se quisessem que a Sol saísse novamente, deviam trazer sua filha de volta do país dos fantasmas, no Oeste. Os homenzinhos escolheram sete homens e deram a cada um deles uma vara de madeira. Disseram-lhes para levar uma caixa. Quando chegassem ao país dos fantasmas, encontrariam todos eles dançando. Eles deveriam ficar do lado de fora da roda, e, quando a jovem passasse por eles, deveriam golpeá-la com as varas. Ela acabaria caindo no chão. Deveriam colocá-la na caixa e levá-la de volta para sua mãe. Não deveriam abrir a caixa, nem mesmo um pouco, enquanto não chegassem à casa.

Os homens pegaram as varas e a caixa e viajaram durante sete dias para o Oeste, até chegarem à terra sombria. Os fantasmas estavam dançando. A jovem estava no círculo externo e, quando rodopiou pelo lugar onde os sete homens estavam, um deles golpeou-a com a vara. Ela virou a cabeça e olhou para ele, mas continuou dançando. Ao passar pela segunda vez, outro acertou-a com a vara, e depois outro e outro, até a sétima volta, quando ela caiu no chão. Puseram-na na caixa e fecharam a tampa.

Recolheram a caixa e começaram a viagem de volta para a casa. Pouco depois, a garota acordou e implorou para sair da caixa, mas os homens não a atenderam. Não tardou até ela chamá-los novamente, dizendo que estava com fome, mas mesmo assim os homens não responderam e prosseguiram. Pouco tempo passou até ela pedir uma bebida, implorando tanto que estava difícil ouvi-la, mas os homens que carregavam a caixa não disseram nada e seguiram em frente. Quando já estavam quase em casa, ela os chamou novamente e implorou para que levantassem a tampa só um pouco, porque ela estava sufocando. Os homens recearam que ela estivesse morrendo mesmo e levantaram a tampa só o suficiente para que ela tomasse ar; contudo, quando o fizeram, ouviu-se um barulho de asas do lado de dentro, e alguma coisa passou voando por eles, indo para o matagal. Então, ouviram uma ave vermelha gritando "Kwish! Kwish! Kwish!" nos arbustos. Fecharam a tampa e continuaram, mas quando chegaram em casa e abriram a caixa, ela estava vazia.

Foi assim que soubemos que a ave vermelha é a filha da Sol, e se os homens tivessem mantido a tampa fechada, teriam levado a jovem para casa em segurança, e poderíamos trazer outros amigos do país dos fantasmas — mas agora, quando as pessoas morrem, não conseguimos trazê-las de volta.

A Sol ficou contente pelo fato de os homens irem ao país dos fantasmas, mas, quando voltaram sem sua filha, ela enlutou e chorou até suas lágrimas causarem um dilúvio, e as pessoas ficaram com medo que o mundo fosse se afogar. Por isso, mandaram os rapazes mais atraentes e as moças mais bonitas para distrair a Sol e fazê-la parar de chorar. Os rapazes e as moças dançaram e cantaram suas melhores músicas, mas a Sol manteve o rosto coberto e não prestou atenção. Até que, em dado momento, o percussionista mudou o ritmo. A Sol ergueu o rosto e ficou tão contente com a cena que se esqueceu da dor e sorriu.

7. A Vingança de Geriguiaguiatugo (1942)

Esta é uma versão levemente condensada de uma entre muitas histórias contadas aos missionários portugueses por Ukeiwaguuo, chefe dos índios bororó da região central do Brasil. Foi publicada pela primeira vez em 1942. Para uma narrativa bororó, é anormalmente longa e coerente. A tradução completa para o inglês, juntamente com outras informações, pode ser encontrada em Wilber e Simoneau, editores, Folk Literature of the Bororo Indians *(Literatura Popular dos Índios Bororó), UCLA Latin American Center Publications, 1983.*

Há muito tempo, os ancestrais estavam preparando capas penianas que seriam usadas numa cerimônia de iniciação. Uma das mulheres que procurava folhas de palmeira adequadas na floresta era Korogo. Enquanto ela procurava, foi seduzida por seu filho, Geriguiaguiatugo. Quando voltou, seu marido, Bokwadorireu, percebeu que as penas do tipo que os jovens usam como adorno estavam presas a seu cinto. Desconfiado, Bokwadorireu ordenou que os rapazes da tribo fizessem uma dança usando suas penas ornamentais. Ele ficou abalado ao ver que só as penas de seu filho correspondiam às que estavam no cinto de sua esposa.

Com raiva, Bokwadorireu ordenou que Geriguiaguiatugo furtasse um chocalho do lago das almas penadas. Geriguiaguiatugo pediu conselhos a sua avó. Ela disse que sua vida correria perigo, e que ele deveria obter a ajuda do beija-flor. Geriguiaguiatugo o fez. O beija-flor cortou o cordão que prendia o chocalho. As almas disseram "Um! Um! Um!"* e o perseguiram, mas o beija-flor escapou e entregou o chocalho a Geriguiaguiatugo, que o deu a seu pai.

Bokwadorireu mandou que Geriguiaguiatugo voltasse ao lago das almas penadas à procura de chocalhos mais duas vezes. O segundo chocalho é descrito como menor do que o primeiro, e o terceiro seria feito de cordas. Uma pomba azul pegou o segundo chocalho para Geriguiaguiatugo, e um gafanhoto pegou o terceiro. Embora a pomba azul tenha saído ilesa, as almas penadas acabaram machucando o gafanhoto, relativamente lento.

A seguir, Bokwadorireu disse que Geriguiaguiatugo deveria ir com ele para caçarem araras vermelhas e amarelas, cujos ninhos ficavam no alto de um penhasco íngreme. Antes de partirem, a avó de Geriguiaguiatugo advertiu-o do perigo e deu-lhe um bastão de caminhada.

Bokwadorireu mandou Geriguiaguiatugo trepar num tronco alto de árvore até os ninhos das araras, perto do penhasco. Depois, soltou o tronco da árvore. Geriguiaguiatugo se salvou enfiando o bastão de caminhada de sua avó no penhasco. Depois, subiu até o alto agarrando-se a um galho pendente. Ali, matou diversos lagartos para comer. Comeu alguns e amarrou outros em seu cinto e em suas braçadeiras. Eles começaram a apodrecer e ficaram com um cheiro tão ruim que Geriguiaguiatugo desmaiou. Nesse estado, urubus começaram a voar sobre ele, comendo os lagartos e as nádegas de Geriguiaguiatugo. Ele se recuperou e lutou contra os pássaros, mas eles voltaram depois e terminaram o trabalho, deixando-o sem nádegas. Finalmente, agarraram-no pelo cinto, pelo braço e pelas braçadeiras e o levaram até o chão.

Quando Geriguiaguiatugo acordou, ficou com fome, mas tudo que comia saía dele. Felizmente, lembrou-se de uma história que sua avó contara, falando de um homem que resolveu o mesmo problema moldando as partes faltantes de seu corpo com uma batata. Foi o que fez Geriguiaguiatugo, solucionando seu problema.

Agora, Geriguiaguiatugo saiu à procura de sua avó. Apesar de a antiga aldeia dela ter sido abandonada, ele conseguiu localizar a nova, onde ela estava morando com o irmão mais novo de Geriguiaguiatugo. Depois de ele encontrá-los, uma grande tempestade apagou todos os fogos da floresta. Todos pro-

---

* Os missionários que registraram a história descrevem-no como um som gutural e anasalado, feito com a boca fechada.

curaram a avó de Geriguiaguiatugo para conseguir fogo. Entre as pessoas que foram, estava Kiareware, outra esposa de Bokwadorireu. Ela ficou espantada por ver Geriguiaguiatugo e disse a Bokwadorireu que seu filho ainda estava vivo. Usando seu chocalho cerimonial, Bokwadorireu foi receber seu filho de volta com uma canção tradicional de saudação — como se nada tivesse acontecido —, mas Geriguiaguiatugo não conseguiu perdoar o mal que seu pai lhe fizera.

Um dia, ele procurou pela mata e encontrou um galho bifurcado que se parecia com chifres de veado em sua cabeça. Então, por intermédio de seu irmão, ele mandou um pedido para seu pai, sugerindo-lhe que organizasse uma caça ao veado. Seu pai o fez. Quando os índios se espalharam pela floresta, Geriguiaguiatugo pediu a seu irmão que localizasse seu pai com precisão. Seu irmão se transformou numa agouti* e, em pouco tempo, descobriu a localização de Bokwadorireu. Com isso, Geriguiaguiatugo se transformou num veado e atacou seu pai. Ele o jogou para o ar com seus chifres e o lançou num lago próximo. As piranhas caíram sobre ele, e, em pouco, nada restou, exceto ossos limpinhos. Só seus pulmões flutuaram até a superfície e se transformaram numa erva cujas folhas, semelhantes a um pulmão, crescem na superfície da água até hoje. Geriguiaguiatugo voltou à aldeia e puniu as duas esposas de seu pai.

---

* Cutia (N.T.)

Apêndice 2:
Três Mitos Filosóficos de Platão

Os textos filosóficos de Platão, conhecidos coletivamente como diálogos, contêm muitos trechos nos quais Sócrates e os outros personagens de Platão usam histórias com alguns dos atributos do mito para defender posições filosóficas. Este apêndice contém três de seus mitos mais famosos.

1. A Origem do Amor Segundo Aristófanes (século IV a.C.)

Fonte: Simpósio, de Platão. O Simpósio é a recriação, feita por Platão, de uma conversa que teria ocorrido em 416 a.C., durante um banquete em que se comemorava uma vitória, oferecido por um jovem poeta trágico, Agatão. Os convidados, inclusive Sócrates, decidiram não se embriagar, como de costume, mas sim tecer discursos em louvor a Eros [Amor]. Dentre os discursos, este, atribuído ao poeta cômico Aristófanes, é o mais memorável. Contrasta com o discurso de Sócrates, no qual o amor é definido como a procura pela possessão duradoura do bem, e não a devoção a uma pessoa específica.

No passado, os seres humanos eram diferentes do que são hoje. Havia três sexos: masculino, feminino e misto. Os seres humanos originais eram redondos. Cada um tinha quatro mãos e quatro pés, uma cabeça com dois rostos, olhando para sentidos opostos, quatro ouvidos e duas genitálias. Essas criaturas podiam andar, como nós, mas também podiam rolar com grande velocidade, apoiadas em quatro mãos e pés, como acrobatas que giram as pernas no ar.

Dos três sexos originais, no começo, o masculino era filho do Sol; o feminino, da Terra; e o masculino-feminino, ou andrógino, filho da Lua. Eram todos redondos e se moviam em círculos, como seus pais.

Como os gigantes Oto e Efialtes, esses seres humanos originais eram orgulhosos e atacaram o céu. Zeus pensou em aniquilá-los com seus raios, mas não quis acabar com os sacrifícios e a veneração que eles ofereciam aos deuses. Por isso, ele decidiu torná-los menos presunçosos e cortou-os ao meio. Isso também aumentou seu número e suas oferendas aos deuses. Se ainda assim se mostrassem arrogantes, ele os cortaria ao meio novamente, fazendo com que pulassem numa perna só.

Zeus começou cortando as pessoas ao meio. Ao fazê-lo, mandou que Apolo torcesse seus rostos para que pudessem ver o que tinham sofrido, aprendendo a ser mais humildes. Apolo também recebeu instruções para curar seus ferimentos. Puxou a pele sobre a barriga, como a chamamos, e fez uma boca no meio, amarrando-a com um nó. É o que se chama de umbigo. Ele alisou a maioria das rugas, mas manteve algumas na região da barriga e do umbigo, como um lembrete.

Depois da divisão, as partes isoladas começaram a se unir, envolvendo-se com seus braços. Todos morreriam de fome porque não gostavam de fazer nada como metades separadas. Condoído, Zeus encontrou uma solução. Transferiu os órgãos genitais para a parte da frente desses novos corpos. Antes, eles lançavam suas sementes no chão, como gafanhotos. Depois dessa mudança, o homem passou a lançar suas sementes na mulher, para que pudessem procriar por meio de um abraço recíproco, ou, se um homem procurasse outro homem, pudessem se satisfazer e prosseguir em suas atividades.

Logo, um desejo antigo foi implantado em nós para reconquistarmos nossas naturezas originais, fazendo um a partir de dois. Os homens que descendem do masculino-feminino original, ou andróginos, são criaturas lascivas. Os adúlteros pertencem a esse grupo, bem como as mulheres promíscuas. Mulheres que descendem das fêmeas originais têm companhias e amantes do mesmo sexo. Homens que descendem dos machos originais ficam com outros homens e os abraçam. São os melhores meninos e jovens, porque são os mais masculinos. Quando crescem, viram nossos estadistas. Tomam jovens como amantes e não se sentem propensos a se casar ou a ter filhos, apesar de o fazerem em obediência à lei.

Quando alguém encontra sua metade faltante, o par é tomado pelo amor, pela amizade e pela intimidade e não abre mão de estar com o outro por livre e espontânea vontade. Seu desejo vai além da cópula. Se Hefesto se aproximasse deles com suas ferramentas e lhes perguntasse o que queriam, não seriam capazes de dizer. Mas se ele lhes perguntasse se queriam que ele os unisse novamente num único ser, para que estivessem sempre juntos, todos os amantes teriam de admitir que só essa ação concretizaria sua antiga necessidade.

Se não formos obedientes aos deuses, correremos o perigo de sermos divididos novamente, ficando como esculturas entalhadas em relevo ou como caras em moedas. Se formos devotos, porém, poderemos encontrar nossos verdadeiros amores e voltar a nossa natureza original. Só isso nos proporciona a cura e faz com que sejamos felizes e abençoados. Eros, o deus do amor, é a fonte desse dom. Todos deveriam louvá-lo.

2. As Alegorias da Linha e da Caverna (século IV a.C.)

Fonte: *A República*, de Platão, 6.507-7.517

No decorrer dessa famosa conversa, na qual Sócrates e seus amigos descrevem um estado ideal governado por um rei filósofo, um jovem chamado Glauco, irmão de Platão, pede que Sócrates descreva a natureza do próprio bem. Sócrates diz que ele só pode descrever o "filho do bem". Diz que há muitas coisas boas e belas e que há ainda as ideias do bem e da beleza. As muitas coisas boas e belas são visíveis, mas não podem ser compreendidas. As ideias do bem e da beleza podem ser conhecidas, mas não vistas. As coisas localizam-se no mundo visível; as ideias, no mundo do inteligível.

As coisas visíveis são vistas através do poder da visão, mas a visão exige outra coisa — ou seja, a luz — para poder funcionar. O sol é a fonte da luz, e por isso o senhor da visão. O sol não é a visão, mas é o autor da visão. O sol permite o funcionamento da visão. O sol é filho do bem. Sua operação no mundo visível é como a do bem no mundo inteligível.

A alma é como o olho. Ela identifica a verdade, mas precisa de assistência para fazê-lo. O que lhe permite identificar a verdade é a ideia do bem.

A natureza dos mundos visíveis e inteligíveis pode ser compreendida imaginando-se uma linha dividida ao meio e depois subdividida, de forma a ter quatro seções. A primeira metade representa o mundo visível. A parte inferior representa o mundo das imagens, tais como as sombras e os reflexos em lagoas. A porção superior representa criaturas individuais: animais, homens, plantas e assim por diante.

O mesmo tipo de subdivisão existe no mundo inteligível. Na extremidade inferior, a alma se vale de figuras do mundo visível para formular teorias. Na extremidade superior, ultrapassa as teorias e atinge princípios que não dependem de imagens.

Glauco afirma que não compreende muito bem o que Sócrates diz. Sócrates apresenta uma imagem para esclarecer o sentido.

Os seres humanos, diz, são como prisioneiros vivendo numa caverna subterrânea que tem uma cavidade aberta para a luz do dia. Esses prisioneiros estão na caverna desde a infância. Estão de frente para a parede dos fundos da caverna. Têm o pescoço e as pernas acorrentados, e por isso não podem se mover, enxergando apenas o que há diante deles. Acima e atrás deles, há uma fogueira. Entre a fogueira e os prisioneiros, há uma parede ou uma tela. Passam pessoas de um lado para o outro atrás da parede, segurando estátuas e figuras de madeira. Tais itens lançam sombras sobre a parede dos fundos, e os prisioneiros as veem.

Naturalmente, os prisioneiros estão absolutamente convencidos de que as sombras são as únicas coisas reais.

Se um prisioneiro se libertar de suas correntes e for levado para a luz do dia, ele não terá muita facilidade diante das novas circunstâncias. No começo, por causa da luz, não verá as coisas reais com nitidez e ficará convencido, durante um bom tempo, de que as sombras de sua vida recente são mais autênticas. Finalmente, quando puder ver as coisas do mundo superior, concluirá que o sol é a verdadeira fonte das estações e o senhor do mundo visível. Sentirá pena de seus antigos companheiros de prisão e ficará feliz por estar no mundo superior. Mas, ao voltar à caverna, terá problemas para caminhar na escuridão e parecerá ridículo. Diga o que disser, os prisioneiros concluirão que ele terá sido cegado ao entrar no mundo superior, e que aquilo que diz dele mesmo é loucura. Se outra pessoa tentar levar outro prisioneiro para a luz superior, vão prendê-lo e matá-lo.

3. O Mito de Er (século IV a.C.)

Fonte: A República, *de Platão, 10.614-621. Embora a obra seja mais conhecida por descrever um estado ideal, a questão fundamental tratada em* A República, *de Platão, é se a virtude é ou não a chave da felicidade. Depois de longos argumentos a favor da virtude com base na razão, o porta-voz de Platão, Sócrates, conclui o diálogo maciço com seu relato fantasioso sobre aquilo que nos acontece quando morremos.*

Er, filho de Armênio, um panfílio, foi morto em batalha, mas seu corpo não se decompôs. Doze dias depois, voltou à vida enquanto estava deitado em sua pira funerária e disse que fora enviado como um mensageiro do pós-vida.

Contou que, ao morrer, viu-se numa grande multidão, num lugar misterioso. Havia juízes e duas aberturas no Céu e duas na Terra, respectivamente. Quando as almas se aproximavam dos juízes, os pecadores eram mandados para o chão com seus crimes atados às suas costas; os bons iam para o Céu, vergando suas boas ações no peito. Disseram que Er deveria ficar por ali para relatar suas observações ao voltar à Terra.

Er ouviu os relatos das pessoas que voltavam da Terra e do Céu. As almas do Céu falavam de cenas e sons de beleza indescritível; as que vinham da Terra, de tormentos miseráveis. A permanência num ou em outro lugar durava mil anos. Cada pecado era punido, cada boa ação, recompensada — dez vezes mais. A coisa mais terrível foi o que aconteceu com Ardieu, o tirano, e vários de seus companheiros, todos irremediavelmente maus. Quando estavam prestes a emergir da Terra, o buraco produziu um grande uivo, e demônios de fogo levaram-nos de volta ao tormento eterno, amarrando-os, chicoteando-os e arrastando-os sobre espinhos.

Depois de mergulharem em reminiscências durante uma semana numa campina, as almas vão ao Fuso da Necessidade. É um grande eixo com luzes de muitas cores e aço que sustenta as oito esferas celestes, que giram com velocidades diferentes. Uma Sereia fica acocorada em cada uma das esferas, cantando uma única nota. O eixo fica preso entre os joelhos da deusa Necessidade. Láquesis (a Medidora), Cloto (a Fiandeira) e Átropos (a Irreversível) — as três Parcas do passado, do presente e do futuro, respectivamente — ficam por perto, mantendo as esferas em movimento.

Reunindo as almas diante do fuso, um porta-voz anunciou que deveriam escolher novas vidas. Receberiam uma opção dentre diversas vidas, na forma de amostras dispostas diante delas. Tiraram a sorte por meio de números distribuídos pela multidão. Todas as pessoas, exceto Er, receberam ordens para escolher uma nova vida segundo o número que tiraram. O porta-voz destacou que todos tinham liberdade para respeitar a virtude na medida escolhida. A responsabilidade estaria com quem escolhesse, e não com Deus.

O primeiro a escolher tinha ido para o céu após sua vida anterior, principalmente por ter vivido num estado bem governado, o que tornou mais fácil ser virtuoso. Escolheu despreocupadamente a vida de um tirano. Depois, arrependeu-se de sua escolha, pois descobriu que estava destinado a devorar seus próprios filhos. Os heróis amargam os sofrimentos decorrentes da escolha de voltarem como animais: Orfeu como cisne; Ájax como leão; Agamenon como águia. Atalanta escolheu ser um atleta. Epeu, que projetou o Cavalo de Troia, tornou-se uma artesã; Térsites, um macaco. Odisseu escolheu por último, mas encontrou a vida que queria acima de tudo, e que teria assumido caso tivesse sido o primeiro: a de um homem particular e desocupado.

Depois de fazerem suas escolhas, as almas caminharam ao redor do fuso, onde as três Parcas confirmaram seus destinos. Foi atribuído um espírito guardião a cada uma delas. Dali, marcharam sob calor escaldante até a planície do Esquecimento e acamparam nas margens do rio Lete (Olvido). Todos, menos Er, tiveram de beber um pouco de sua água.

Os que não eram sábios beberam mais do que o necessário. Depois de beberem, esqueceram-se de tudo que tinha acontecido. Durante a noite, houve um terremoto e uma trovoada. As almas voaram para cima como estrelas cadentes. Quando Er se deu conta, estava acordando em sua pira.

Apêndice 3: Índice Onomástico

1. Nomes Próprios

Acasto Filho de Pélias, baniu Jasão.
Ácis Filho de Fauno, amado por Galateia.
Acrísio Rei de Argos, avô de Perseu.
Acteão Neto de Cadmo, morto por Ártemis.
Adônis Belo filho de Ciniras e Mirra, amado por Afrodite.
Afrodite Deusa do amor, identificada com a deusa romana Vênus.
Agamedes Um arquiteto do templo de Apolo em Delfos.
Agamenon Rei de Micenas; líder do exército grego em Troia.
Agave Filha de Cadmo, mãe de Penteu.
Agenor Rei fenício, pai de Cadmo e Europa.
Agleia A mais jovem das três Graças; casou-se com Hefesto.
Ájax, o Maior Depois de Aquiles, o melhor guerreiro grego em Troia; filho de Télamon.
Ájax, o Menor Guerreiro grego maldoso em Troia; filho de Oileu; violentou Cassandra.
Alceu Filho de Perseu; pai de Anfítrion.
Alcino Rei da Faécia.
Alcioneu Um dos gigantes derrotados por Zeus.
Alcmene Mãe de Héracles.
Alteia Mãe de Meléagro.
Amata Esposa de Latino; rainha do Lácio.
Amazonas Tribo de mulheres guerreiras cuja terra natal geralmente é localizada na margem norte do Mar Negro.

Âmico Boxeador vencido por Polideuces.

Amúlio Usurpou o trono romano de seu irmão Numitor.

Ana Irmã de Dido.

Anceu Guerreiro morto na caçada ao javali da Caledônia.

Androgeu Filho de Minos, morto na Grécia.

Andrômaca Esposa de Heitor.

Andrômeda Jovem de família real salva por Perseu e depois casada com ele.

Anfião Filho de Antíope; governou Tebas com seu irmão Zeto por uma geração.

Anfictião Terceiro rei de Atenas.

Anfínomo O mais virtuoso dentre os pretendentes de Penélope.

Anfítrion Marido de Alcmene; pai adotivo de Héracles.

Anfitrite Deusa do mar; esposa de Posêidon.

Anquises Nobre troiano; amante de Afrodite; pai de Eneias.

Anteu Feroz rei líbio morto por Héracles.

Anteu Gigante morto por Héracles.

Anticleia Mãe de Odisseu.

Antígona Filha de Édipo, punida por enterrar seu irmão.

Antíloco Filho de Nestor; o mais jovem dos grandes guerreiros gregos em Troia.

Antínoo Líder dos pretendentes de Penélope.

Antíope 1. Princesa tebana visitada por Zeus na forma de um sátiro; mãe de Anfião e Zeto. 2. Em algumas fontes, o nome da mãe de Hipólito, uma Amazona.

Apsirto Mãe de Medeia.

Aqueloo Rio na Grécia ocidental, personificado como um deus que lutou com Héracles pelo privilégio de casar-se com Dejanira.

Aqueronte Rio do Mundo Inferior.

Aqueu Filho de Xuto, ancestral epônimo dos gregos aqueus.

Aquiles Filho de Peleu e de Tétis, o maior dos guerreiros gregos em Troia.

Aracne Jovem famosa pela tecelagem. Em grego, seu nome significa "aranha".

Arete Rainha da Faécia.

Argo O navio que levou Jasão e os Argonautas.

Argonautas Heróis que se juntaram à procura de Jasão pelo Velocino de Ouro.

Argos 1. Gigante de cem olhos que Hera encarregou de guardar Io. 2. O cão de Odisseu. 3. Construtor do *Argo*.

Ariadne Filha de Minos, ajudou Teseu a escapar do labirinto.

Ártemis Deusa da caça; irmã de Apolo, identificada com Diana, em Roma.

Ascânio Filho de Eneias.

Asclépio Curador, filho de Apolo; ora descrito como deus, ora como herói.

Astério Cretense, marido de Europa.

Astíanax Filho de Heitor, um bebê.

Atalanta Jovem de pés ágeis que foi capturada por Hipomenes com a ajuda de maçãs de ouro.

Átamas Marido de Ino.

Ate Ilusão ou cegueira intelectual, personificada como uma deusa que causa erros trágicos.

Atena Deusa da sabedoria; também chamada de Palas, identificada com a Minerva romana.

Atlas Irmão de Prometeu; punido por Zeus por lutar ao lado dos Titãs, tendo que sustentar o domo celeste.

Atreu Rei de Micenas; pai de Agamenon e Menelau.

Átridas Filhos de Atreu, Agamenon e Menelau.

Átropos "A Inflexível", uma das três Fatas ou Parcas.

Áugias Rei de Élis. Héracles limpou seus estábulos.

Augusto Também chamado Otaviano, sobrinho e filho adotivo de Júlio César, primeiro imperador romano.

Aurora O amanhecer; nome romano de Eos, da Grécia.

Autólico Avô materno de Odisseu, um trapaceiro.

Autonoe Filha de Cadmo; mãe de Acteão.

Baco Nome alternativo grego de Dionísio, frequentemente usado em fontes romanas.

Belerofonte Herói lendário, matou a Quimera; avô de Glauco e Sarpedão.

Bóreas O Vento Norte personificado como um deus.

Briareu Um dos trezentos gigantes com cem braços nascidos de Urano e Gaia.

Briseida Jovem escrava recebida por Aquiles como prêmio.

Bruto, Lúcio Júnio Libertador de Roma e primeiro cônsul.

Busiris Rei egípcio morto por Héracles.

Cadmo Fenício de nascimento; fundador e primeiro rei de Tebas.

Calais Filho de Bóreas, o Vento Norte.

Calcas Sacerdote e vidente do exército grego em Troia.

Calibes Povo que habita a margem sul do Mar Negro, famoso por suas minas de ferro e forjarias.

Cálice Mãe de Endimião.

Calídice Rainha da Tesprócia; casou-se com Odisseu.

Calipso Deusa solitária que manteve Odisseu em sua ilha durante anos, na esperança de se casar com ele.

Camila Guerreira que se aliou aos italianos contra os troianos.

Caos O vácuo, vazio; o primeiro ser, segundo a *Teogonia*, de Hesíodo.

Caríbdis Um rodamoinho que quase engole Odisseu.

Cáritas As três Graças; filhas de Zeus, personificam a beleza.

Caronte Barqueiro do Mundo Inferior; transporta as almas dos mortos pelos rios Aqueronte ou Estige.

Cassandra Sacerdotisa troiana de Apolo, com conhecimento do futuro; morta por Clitemnestra.

Cassiopeia Rainha da Etiópia; mãe de Andrômeda.

Castor Castor e Pólux são os dois filhos de Leda e de Zeus na forma de um cisne; irmãos de Helena e Clitemnestra, também conhecidos como Dióscuros (garotos de Zeus).

Cécrope Primeiro rei de Atenas.

Céfalo Príncipe de Fócis; casou-se com Prócris.

Cefeu Rei da Etiópia; pai de Andrômeda.

Celeu Rei de Elêusis.

Centauros Raça metade humana, metade equina de filhos concebidos por Íxion com uma nuvem.

Cérbero Cão de três cabeças de Hades.

Cercião Lutador morto por Teseu.

Ceres Deusa romana dos grãos, identificada com a grega Deméter.

Cibele Poderosa deusa-mãe do Oriente Próximo.

Cíclope, **Cíclopes** Gigantes de um olho só, filhos de Gaia e Urano. O adversário de Odisseu, Polifemo, e seus vizinhos, eram gigantes de um olho só, também conhecidos como Cíclopes, mas sem parentesco com aqueles.

Cicones Povo da Trácia, aliados de Troia; atacados por Odisseu durante seu regresso.

Cila Jovem monstruosa cuja parte inferior do corpo termina em seis cabeças que devoram os marinheiros que passam por ela.

Cilissa Antiga ama de leite de Orestes.

Ciniras Neto de Pigmalião; pai e amante de Mirra.

Cirão Malfeitor morto por Teseu; chutava as pessoas ao mar para serem devoradas por uma tartaruga gigante!

Circe Deusa que transforma homens em porcos; amante de Odisseu.

Climene Mãe de Faetone.

Clitemnestra Esposa e assassina de Agamenon; irmã de Helena.

Clóris Mãe de Nestor.

Cloto "Fiandeira"; uma das três Fatas.

Colatino Marido de Lucrécia.

Copreu Arauto de Euristeu.

Coto Um dos três gigantes de cem braços nascidos de Urano e Gaia.

Cranau Segundo rei de Atenas.

Creonte 1. Cunhado e tio de Édipo; governou Tebas depois de Édipo. 2. Rei de Corinto; concedeu a mão de sua filha a Jasão.

Creúsa Esposa de Eneias; morreu durante a queda de Troia.

Crisaor Filho de Medusa e Posêidon; irmão de Pégaso, não descrito nas fontes restantes.

Criseida Escrava favorita de Agamenon, filha de Crises.

Crises Sacerdote de Apolo; pai de Criseida.

Cronos Rei dos Titãs; derrotou Urano e foi vencido por Zeus; identificado com o Saturno romano.

Cupido Personificação do Amor e do Desejo; identificado com o Eros grego.

Cycnus 1. Amigo de Faetone; transformado num cisne. 2. Filho de Posêidon; morto por Aquiles.

Dafne Filha do deus-rio Peneu; transformada num loureiro.

Damastes Malfeitor morto por Teseu.

Dânae Princesa de Argos; visitada por Zeus na forma de uma chuva de ouro; mãe de Perseu.

Dédalo Inventor ateniense que idealizou o Labirinto de Creta.

Deidamia Filha de Licomedes; casou-se com Aquiles.

Dêifobo Irmão de Heitor; casou-se com Helena depois que Páris foi morto.

Dejanira Esposa de Héracles; acidentalmente, matou-o com uma veste envenenada.

Delfina Jovem mulher-cobra que guardou os músculos de Zeus para Tifão.

Deméter Deusa dos grãos; irmã de Zeus.

Demódoco Bardo da terra dos fenícios.

Demofonte 1. Filho pequeno de Celeu e Metanira de Elêusis. 2. Filho de Teseu; rei de Atenas.

Deucalião Filho de Prometeu; sobreviveu ao grande dilúvio.

Diana Deusa romana da caça, identificada com a grega Ártemis.

Dice Justiça personificada como uma deusa.

Dido Rainha fenícia; fundadora de Cartago.

Dino Uma das três Greias.

Diomedes 1. Rei de Tirins; grande guerreiro grego em Troia. 2. Rei da Trácia que tinha cavalos antropófagos; morto por Héracles.

Dióscuros "Garotos de Zeus", Castor e Pólux.

Dirce Esposa de Lico.

Dites Irmão de Polidecto; rei de Sérifo; salvou Dânae e o bebê Perseu.

Doliones Povo mítico visitado por Jasão e os Argonautas.

Doro Filho de Helena; ancestral epônimo dos gregos dóricos.

Édipo Rei de Tebas que, sem saber, matou o pai e se casou com a mãe.

Eetes Rei da Cólquida, dono do velocino de ouro.

Efialtes Um dos gigantes vencidos por Zeus.

Egeu Rei de Atenas, pai de Teseu.

Egisto Filho de Tiestes, amante ilícito de Clitemnestra.

Eidoteia Filha de Proteu.

Eirene A paz personificada como deusa.

Electra Irmã de Orestes.

Electrião Filho de Perseu; pai da mãe de Héracles, Alcmene.

Elpenor Jovem companheiro de Odisseu; morreu numa queda acidental.

Endimião Fundador de Élis; amado por Selene.

Eneias Filho de Afrodite, príncipe de Troia; conduziu os sobreviventes até a Itália.

Eneu Pai de Meléagro; avô de Diomedes.

Ênio Uma das três Greias.

Enomau Rei de Élis; para poder se casar com sua filha, você teria de vencê-lo numa corrida de carros de guerra.

Éolo Rei dos ventos.

Eos Aurora personificada como deusa. Reverenciada como Aurora em Roma.

Epeu Guerreiro grego em Troia, idealizador do cavalo de madeira.

Epicasta Nome dado por Odisseu à mãe de Édipo, também conhecida como Jocasta.

Epimeteu Irmão menos inteligente de Prometeu.

Er Soldado que voltou de entre os mortos numa história criada por Platão.

Érebo Região sombria entre a Terra e o Tártaro.

Erecteu Sexto rei de Atenas.

Ergino Pai dos arquitetos Agamedes e Trofônio.

Erictônio Quarto rei de Atenas.

Erínias Temíveis deusas do mundo inferior que punem os pecadores. Também chamadas de Eumênides em grego e identificadas com as Fúrias romanas. Singular: **Erínia**.

Éris Briga ou discórdia, personificada como deusa.

Eros Personificação do amor e do desejo, representado por Hesíodo como uma das divindades originais, e por outros como o filho de Afrodite; identificado com o Cupido romano.

Esão Pai de Jasão.

Escamandro Rio próximo a Troia; ganha vida para combater Aquiles.

Estênelo Filho de Perseu; pai do inimigo de Héracles, Euristeu.

Esteno Uma das Górgonas; irmã de Medusa.

Estrófio Amigo de Agamenon. Orestes cresceu em sua casa.

Etéocles Filho de Édipo, apoiado por Creonte na luta contra seu irmão.

Éter O ar superior, luminoso.

Étlio Pai de Endimião.

Etra Filha do rei Piteu de Troezen, mãe de Teseu.

Euforbo Troiano que feriu Pátroclo.

Eumênides "As bondosas", nome eufemístico para as Erínias.

Eumeu Virtuoso guardador de porcos que acolhe Odisseu disfarçado.

Eunomia Legalidade personificada como deusa.

Eupeites Pai de Antínoo, morto por Laerte.

Euríale Uma das três górgonas; irmã de Medusa.

Euricleia Ama de leite de Odisseu, já idosa.

Eurídice 1. Esposa de Orfeu. 2. Esposa de Creonte, rainha de Tebas.

Euríloco O principal encrenqueiro da tripulação de Odisseu.

Eurímaco O mais franco dentre os pretendentes de Penélope.

Eurínome Filha de Oceano, mãe das três Graças.

Eurísace Filho de Ájax, o Grande.

Euristeu Neto de Perseu; rei de Micenas, inimigo de Héracles.

Eurito Rei da Ecália, inimigo de Héracles.

Europa Princesa fenícia raptada por Zeus na forma de um touro; irmã de Cadmo; mãe de Minos.

Evandro Rei de Palanteu, no futuro local de Roma; aliado de Eneias.

Faetone Filho do deus do Sol, espatifou a carruagem de seu pai.

Fauno Deus romano, geralmente identificado com o grego Pã.

Fea Nome de uma mulher idosa e sua porca gigante, que Teseu matou.

Febo Nome alternativo para Apolo que significa "radiante" ou "brilhante".

Fedra Filha de Minos; irmã de Ariadne; esposa de Teseu; amou seu enteado, Hipólito.

Fênix Tutor idoso de Aquiles.

Filécio Boiadeiro leal a Odisseu.

Filoctetes Guerreiro que herdou o arco e as flechas de Héracles e que foi abandonado a caminho de Troia por causa de uma picada de cobra.

Filomela Irmã de Procne; violentada por Tereu.

Fineu 1. Tio e noivo de Andrômeda. 2. Profeta cego atormentado pelas Harpias.

Fórcides Filhas de Fórcis, as greias.

Fórcis Filho de Gaia; pai das greias.

Frixo Filho de Átamas e de Néfele; salvo de ser sacrificado por um carneiro voador com um velocino de ouro.

Fúrias Nome romano das Erínias.

Gaia Personificação da Terra; mãe e esposa de Urano.

Galateia Nereida por quem Polifemo era apaixonado.

Ganímedes Belo rapaz troiano raptado por Zeus para ser seu copeiro.

Gerião Gigante com três corpos unidos pela cintura.

Giges Um dos três gigantes de cem braços, filhos de Urano e Gaia.

Glauco 1. Deusa do mar amada por Circe. 2. Grego que lutou em Troia; amigo de Sarpedão.

Glauco Irmão de Platão; orador da República.

Gorgé Irmã de Meléagro.

Górgonas Três irmãs hediondas, Esteno, Euríale e Medusa, cujos cabelos são cobras. Seu olhar transforma os homens em pedra.

Graças Três deusas menores, filhas de Zeus; personificações da graça e do encanto.

Greias Três deusas que simbolizam a idade provecta; compartilham um único olho e um único dente. Nomes: Ênio, Pêfredo e Dino.

Hades Deus dos mortos; irmão de Zeus, também chamado de Plutão; identificado com o romano Orco.

Harmonia Filha de Ares e Afrodite; esposa de Cadmo.

Harpias Monstruosas mulheres-aves que atormentavam o profeta cego, Fineu.

Hebe A juventude personificada como deusa; casou-se com Héracles.

Hécate Uma deusa do Mundo Inferior associada com a magia.

Hécuba Esposa de Príamo; mãe de Heitor.

Hefesto Ferreiro dos deuses, identificado com o Vulcano romano.

Heitor Filho mais velho do rei Príamo e maior guerreiro de Troia; irmão de Páris.

Hele Irmã de Frixo; afogou-se no "Helesponto".

Helena Rainha de Esparta; causou a Guerra de Troia ao abandonar seu marido, Menelau, por Páris, príncipe de Troia.

Heleno 1. Profeta troiano. 2. Filho de Deucalião e Pirra, ancestral epônimo da raça helênica (grega).

Hélio O Sol, personificado como grande deus, geralmente distinto de Apolo.

Hémon Filho de Creonte; noivo de Antígona.

Hera Deusa do casamento; irmã e esposa de Zeus.

Héracles Filho de Zeus, grande herói, renomado por doze trabalhos que desafiam a morte, entre muitas outras façanhas; conhecido como Hércules pelos romanos.

Hércules Forma romana do nome grego Héracles.

Hermafrodito Filho de Hermes e Afrodite; contra sua vontade, uniu-se com uma ninfa.

Hermes (Hermēs em grego) Mensageiro dos deuses; patrono dos trapaceiros e ladrões; guia do mundo inferior.

Hesíone Princesa de Troia, resgatada por Héracles de um monstro marinho.

Hespérides Deusas que guardam um pomar onde crescem pomos (maçãs) de ouro. Seu nome significa "Filhas da Noite" (*hesperos*).

Héstia Deusa do lar; irmã de Zeus; identificada com a Vesta romana.

Hilas Namorado de Héracles.

Hilo Filho mais velho de Héracles.

Hipodâmia Filha do rei Enomau, de Élis.

Hipólita 1. Rainha das amazonas, morta por Héracles. 2. Mãe de Hipólito, também amazona.

Hipólito Filho de Teseu e da amazona Hipólita.

Hipomene Jovem que ganhou a mão de Atalanta numa corrida a pé.

Hipsípile Princesa de Lemnos que poupou seu pai.

Horas As Estações, personificadas como três deusas.

Iambe Filha de Celeu e Metanira, comediante.

Iápeto Um dos titãs; pai de Prometeu.

Ícaro Filho de Dédalo.

Idomeneu Rei de Creta; guerreiro grego em Troia.

Iduia Filha de Oceano; mãe de Medeia.

Íficles Filho de Alcmene e Anfítrion; meio-irmão de Héracles; pai de Iolau.

Ifigênia Filha de Agamenon, sacrificada para obter ventos favoráveis.

Ífito Irmão de Iole, morto por Héracles.

Ilítia Deusa do parto.

Ínaco Rio no sul da Grécia personificado como um deus; pai de Io.

Ino Filha de Cadmo; mãe adotiva de Dionísio.

Io Jovem amada por Zeus e transformada numa novilha.

Iolau Sobrinho de Héracles, filho de Íficles.

Iole Filha de Eurito, rei da Ecália; amada por Héracles.

Íon Filho de Xuto, ancestral epônimo dos gregos jônicos.

Íris Deusa do arco-íris; como Hermes, uma mensageira dos deuses.

Írus Apelido pejorativo do mendigo na Odisseia, *ver também* Íris.

Ísis Deusa egípcia; irmã e esposa de Osíris, geralmente representada com chifres de vaca.

Ismênia Filha de Édipo; irmã de Antígona.

Ítis Filho de Tereu e Procne.

Ixião Rei dos lápitas; foi pai dos centauros ao dormir com uma nuvem parecida com Hera.

Jacinto Jovem espartano amado por Apolo.

Jasão Herói da Tessália, famoso por apossar-se do Velocino de Ouro.

Jocasta Rainha de Tebas; mãe e esposa de Édipo.

Jove Nome alternativo de Júpiter, o Zeus romano; rei dos deuses.

Júnio *Ver* **Bruto**.

Juno Deusa romana identificada com Hera; deusa do casamento.

Júpiter Deus romano identificado com Zeus; rei dos deuses; também chamado de Jove.

Juturna Irmã de Turno.

Lábdaco Pai de Laio; terceiro rei de Tebas.

Laerte Pai de Odisseu.

Laio Pai de Édipo; rei de Tebas.

Laocoonte Sacerdote troiano que quis destruir o cavalo de madeira.

Laomedonte Um dos primeiros reis de Troia; pai de Ganímedes.

Lápitas Tribo dos gregos; lutaram com os Centauros, liderados por Pirítoo.

Láquesis A Distribuidora; uma das três Fatas.

Latino Rei do Lácio; resignado a não lutar contra Eneias.

Latona A Leto romana.

Lavínia Filha de Latino; comprometida com Eneias.

Learco Filho de Ino e Átamas; morto pelo pai.

Leda Rainha espartana visitada por Zeus na forma de um cisne; mãe de Helena, de Clitemnestra e dos Dióscuros.

Lestrígones Tribo de gigantes que mataram os homens de Odisseu em seu porto.

Leto Uma deusa; filha dos titãs Céos e Febe; mãe de Apolo e de Ártemis; a Latona romana.

Leucoteia Nome de Ino depois que se tornou uma deusa do mar.

Licaão Rei perverso transformado em lobo por Zeus.

Licas Arauto de Héracles.

Lico Governante ilegítimo de Tebas; sucessor de Lábdaco.

Licomedes Rei da ilha de Ciros; matou Teseu. Sua filha casou-se com Aquiles.

Lídia Antigo reino na área oeste da atual Turquia.

Lino Professor de lira de Héracles.

Lúcio *Ver* **Bruto** e **Tarquínio**.

Lucrécia Nobre romana violentada por Sexto Tarquínio.

Macaão Médico do exército grego em Troia.

Macária Filha de Héracles que se oferece para ser sacrificada.

Maia Deusa menor; mãe de Hermes.

Maron Sacerdote de Apolo entre os cicones.

Medeia Feiticeira e princesa da Cólquida; ajudou Jasão a pegar o Velocino de Ouro.

Medusa A Górgona decapitada por Perseu.

Mégara Filha de Creonte; primeira esposa de Héracles.

Melâncio Pastor de cabras que fez amizade com os pretendentes de Penélope.

Melanto Uma das serviçais despudoradas de Penélope que dormia com Eurímaco.

Meléagro Herói da caçada ao javali da Caledônia.

Melicertes Filho de Ino e Átamas; deificado como Palêmon.

Mêmnon Filho de Eos (Aurora) e Titono; morto por Aquiles.

Mênade Literalmente, mulheres enlouquecidas ou desvairadas; especificamente, as seguidoras de Dionísio.

Menelau Marido de Helena; irmão de Agamenon.

Menesteu Sucedeu Teseu como rei de Atenas.

Mentor Idoso morador de Ítaca; leal a Odisseu.

Mercúrio Deus romano identificado com Hermes.

Mérope Mãe adotiva de Édipo.

Metanira Rainha de Elêusis.

Métis Personificação de conselho ou sabedoria; primeira esposa de Zeus.

Micenas Com Tebas, a principal cidade da Grécia na Era do Bronze.

Midas Lendário rei da Frígia.

Minerva Deusa romana identificada com Atena.

Mínios Tribo grega da região de Tebas; derrotados por Héracles.

Minos Rei de Creta; filho de Zeus e Europa.

Minotauro Monstro humanoide com cabeça de touro; filho da rainha Pasífae com um touro.

Mirmidões Tribo grega liderada por Aquiles; guerreiros ferozes.

Mirra Filha de Ciniras.

Miseno Trompetista de Eneias; morto por Tritão.

Mnemósine A memória personificada como deusa; mãe das Musas.

Moiras As três Fatas.

Mopso Vidente que acompanhou Jasão e os Argonautas.

Musas Nove filhas que Zeus teve com Mnemósine (Memória); patronas das artes.

Nausícaa Princesa da Faécia; empresta roupas a Odisseu.

Néfele Deusa cujo nome significa Nuvem; mãe de Frixo e Hele.

Neleu Rei de Pilos; pai de Nestor.

Nêmesis A vingança personificada como deusa.

Neoptólemo Filho de Aquiles; o Pirro romano.

Nereidas Deusas do mar; as 50 filhas de Nereu, um velho deus do mar.

Nereu Velho deus do mar.

Nesso Centauro responsável pela morte de Héracles.

Nestor Rei de Pilos, mais velho guerreiro grego em Troia.

Netuno Deus romano identificado com Posêidon.

Nicteu Irmão de Lico; pai de Antíope.

Níobe Rainha de Tebas; filha de Tântalo; esposa de Anfião; mãe de catorze filhos.

Numitor Por direito, 13º rei de Roma; pai de Reia Sílvia.

Oceânidas As filhas de Oceano.

Oceano Personificação do oceano, visto como um rio que cerca as porções habitadas da Terra.

Odisseu Guerreiro grego em Troia; herói de *A Odisseia*, de Homero.

Ônfale Rainha da Lídia. Héracles se purificou servindo como seu escravo.

Orco Deus romano dos mortos.

Orestes Filho de Agamenon e Clitemnestra.

Orfeu Filho mortal de Apolo; grande músico.

Órion Caçador gigante morto por Ártemis.

Orítia Filha de Pandião; raptada por Bóreas.

Oto Gigante que atacou o Monte Olimpo.

Ótris Montanha próxima ao Olimpo, ocupada pelos titãs em sua guerra contra Zeus.

Pã Grande deus rústico dos pastores; representado como humanoide, exceto pelas patas, pela cauda e pelos chifres de bode.

Palas 1. Nome alternativo para Atena. 2. Príncipe de Palanteu em *A Eneida*; filho de Evandro; morto por Turno.

Palêmon Nome de Melicertes depois que se tornou um deus do mar.

Pândaro Guerreiro troiano enganado por Atena para fazer com que as hostilidades recomeçassem.

Pandião Quinto rei de Atenas; pai de Egeu.

Pandora Mulher criada por Zeus como castigo para a humanidade.

Páris Príncipe de Troia que fugiu com Helena; filho de Príamo e irmão de Heitor.

Pasífae Esposa de Minos; mãe do Minotauro.

Pasítea Uma das Graças; amada por Sono.

Pátroclo Amado companheiro de Aquiles em Troia.

Pêfredo Uma das três Greias.

Pégaso Cavalo alado; filho de Medusa.

Peias Pai de Filoctetes.

Peleu Rei da Tessália e pai de Aquiles.

Pélias Tio malvado de Jasão; rei ilegítimo de Iolco.

Pélope Filho de Tântalo.

Penates Deuses domésticos romanos; guardiões dos depósitos (*penus*).

Penélope Esposa de Odisseu.

Peneu Rio da Tessália; personificado como deus; pai de Dafne.

Pentesileia Guerreira amazona; aliada dos troianos; morta por Aquiles.

Penteu Neto de Cadmo, atuando como rei para seu avô quando Dionísio retorna.

Perifetes Vilão armado com bastão, morto por Teseu.

Perséfone Filha de Zeus com Deméter; casou-se com Hades.

Perseis Filha de Oceano; mãe de Circe e de Eetes.

Perses Filho de Perseu; ancestral epônimo dos persas.

Perseu Filho de Zeus com Dânae; matou Medusa.

Pigmalião 1. Escultor de Chipre. Sua estátua ganhou vida graças a Afrodite. 2. Irmão malvado de Dido; matou o marido dela, Siqueu.

Pilades Fiel amigo de Orestes.

Pirito Rei dos lápitas; amigo de Teseu.

Pirra Filha de Epimeteu; esposa de Deucalião.

Pirro Nome romano do filho de Aquiles, Neoptólemo.

Pisístrato Jovem filho de Nestor em *A Odisseia*.

Piteu Rei de Troezen; pai da mãe de Teseu, Etra.

Pítia Título dado à sacerdotisa de Apolo em Delfos.

Pito Nome dado por Apolo à serpente que ele matou perto de Delfos; além disso, um dos nomes do próprio oráculo.

Plexipo Um dos tios de Meléagro.

Plutão Nome alternativo para Hades, "o Rico".

Polidecto Rei da ilha de Sérifo; pretendente indesejável de Dânae.

Polidoro Filho de Cadmo; segundo rei de Tebas.

Polifemo Gigante canibal de um olho só; adversário de Odisseu em *A Odisseia*, de Homero.

Polinice Filho de Édipo; lutou contra Creonte e seu irmão, Etéocles.

Polites Jovem filho de Príamo; morto por Neoptólemo.

Polixena Filha de Príamo; sacrificada sobre o túmulo de Aquiles.

Pólux *Ver* **Castor**.

Porfírio Um dos gigantes derrotados por Zeus.

Posêidon Deus do mar; irmão de Zeus.

Preto Irmão de Acrísio.

Príamo Rei de Troia durante a Guerra de Troia; pai de Heitor e Páris.

Procne Jovem ateniense casada com Tereu.

Prócris Irmã de Orítia; casada com Céfalo.

Próculo Romano visitado pelo espírito de Rômulo.

Prometeu Filho do titã Iápeto e adversário de Zeus em benefício da humanidade.

Propeto Homem de Chipre. Suas filhas foram as primeiras prostitutas.

Prosérpina Deusa romana identificada com Perséfone.

Protesilau Guerreiro grego; primeiro a tombar na Guerra de Troia.

Proteu 1. Deus marinho que muda de forma em *A Odisseia*, de Homero. 2. Rei egípcio em *Helena*, de Eurípides.

Protogênia Filha de Deucalião e Pirra.

Quíron O centauro virtuoso, tutor de heróis como Aquiles e Jasão.

Radamanto Irmão de Minos.

Reia Deusa titã; irmã e esposa de Urano.

Reia Sílvia Mãe de Rômulo e Remo.

Remo Irmão de Rômulo, morto por este.

Rômulo Fundador da cidade de Roma; filho de Marte.

Sabeus Povo nativo da Arábia.

Sabinos Tribo italiana que se uniu aos romanos depois de uma guerra.

Salmácia Nome de uma fonte e da ninfa que nela reside e que atacou Hermafrodito.

Sarpedão 1. Irmão de Minos; filho de Zeus e Europa. 2. Neto do número 1, filho de Zeus e Laodâmia; lutou do lado de Troia; morto por Pátroclo.

Sátiro Ser mitológico do sexo masculino, seguidor de Dionísio, geralmente representado como humanoide, exceto por ter cascos e rabo de cavalo; dedicado ao vinho e ao sexo.

Saturno Deus romano identificado com Cronos.

Selene A lua personificada como deusa.

Sêmele Filha de Cadmo; amada por Zeus.

Sereias Deusas que enfeitiçam os marinheiros com suas canções.

Sérvio Túlio Rei romano assassinado por seu genro, Tarquínio.

Sexto. *Ver* **Tarquínio**.

Sibila Sacerdotisa de Apolo em Cumes; guia de Eneias no Mundo Inferior.

Sileno O sátiro mais velho.

Sinão Grego que convenceu os troianos a levarem o cavalo de madeira para dentro de suas muralhas.

Sínis O enverga-pinheiros, vilão morto por Teseu.

Siqueu Marido de Dido; morto pelo irmão dela.

Siringe Ninfa cujo nome significa "cano" ou "caniço". Fugiu de Pã e foi transformada num monte de caniços.

Sísifo Pecador punido no Mundo Inferior por tentar ludibriar a morte.

Soberbo. *Ver* **Tarquínio**.

Talássio Proeminente senador romano na época do rapto das sabinas.

Talos Gigante da Era do Bronze que protegia Creta; morto por Medeia.

Taltíbio Arauto dos gregos em Troia.

Tântalo Filho de Zeus; punido no Mundo Inferior por tentar dar aos deuses a carne de seu filho, Pélope, como comida.

Tarpeia Jovem romana que traiu a cidade.

Tarquínio 1. **Sexto Tarquínio**. Filho de Tarquínio Soberbo; violentou Lucrécia. 2. **Tarquínio Soberbo**. "Tarquínio, o Orgulhoso", último rei de Roma; destronado por Bruto.

Tauros Povo bárbaro que vivia nas margens do Mar Negro.

Tebas Esposa de Zeto da qual não se sabe mais nada.

Tecmessa Esposa de Ájax, o Grande.

Télamon Pai de Ájax, o Grande.

Telégono Filho de Odisseu com Circe.

Telêmaco Filho de Odisseu.

Têmis Uma titã; com Zeus, teve as três Fatas.

Teoclímeno Rei do Egito em *Helena*, de Eurípides.

Teonoe Sacerdotisa egípcia em *Helena*, de Eurípides.

Tereu Rei da Trácia; casado com Procne.

Térsites Guerreiro grego em Troia, com má aparência, que motivou os gregos a abandonarem a guerra.

Teseu Rei e herói de Atenas; matou o Minotauro.

Téspio Rei cujas 50 filhas dormiram com Héracles.

Tétis Deusa do mar; uma das 50 filhas de Nereu e mãe de Aquiles.

Tétis Deusa titã; esposa de Oceano.

Teucro Irmão de Ájax, o Grande.

Tício Gigante punido no Mundo Inferior por tentar violentar Leto.

Tideu Pai de Diomedes, grande guerreiro grego em Troia.

Tiestes Irmão de Atreu e seu grande rival, levado por este a comer a carne de seus filhos.

Tifão Monstro gerado apenas por Hera quando estava com raiva por causa do nascimento de Atena.

Tifeu Gigante monstruoso; filho de Tártaro e Gaia; enterrado sob o Monte Etna por Zeus depois de uma grande batalha.

Tindareu Rei de Esparta; marido de Leda.

Tirésias Infalível profeta cego de Tebas.

Titãs Filhos de Urano e Gaia, nomeadamente Cronos, Reia e seus irmãos e irmãs. Derrotaram Urano e, por sua vez, foram vencidos por Zeus e seus irmãos e irmãs.

Tito Tácio Rei que subornou a romana Tarpeia.

Titono Nobre troiano amado por Eos (Aurora).

Toas Rei dos tauros em *Ifigênia entre os tauros*, de Eurípides.

Toxeu Um dos tios de Meléagro.

Tritão Filho de Posêidon, representado como um jovem sereio soprando uma trombeta feita de concha do mar.

Trofônio Um dos arquitetos do templo de Apolo em Delfos.

Tros Um dos primeiros reis de Troia. A cidade ganhou o nome graças a ele, embora também tenha sido chamada de Ílio por causa de outro de seus primeiros reis, Ilo.

Túlia Filha de Sérvio Túlio.

Túlio. *Ver* **Sérvio**.

Turno Rei de uma tribo italiana, os rútulos; adversário de Eneias; líder dos italianos na guerra contra os troianos; morto por Eneias.

Ulisses Nome romano de Odisseu.

Urano Personificação do céu; primeiro rei dos deuses; derrotado por Cronos.

Vênus Deusa romana identificada com Afrodite.

Vesta Deusa romana identificada com Héstia.

Vulcano Deus romano identificado com Hefesto.

Xanto "Dourado", cavalo de Aquiles, que recebeu por um breve tempo o poder da fala.

Xuto Filho de Helena; pai de Aqueu e Íon.

Zetes Filho de Bóreas, o Vento Norte.

Zeus Rei dos deuses; derrotou seu pai, Cronos, e os outros titãs.

Zeto Irmão de Anfião; corregente de Tebas.

2. Lugares

Alba Longa Antiga cidade às margens do Lago Albano, a 24 quilômetros a sudeste de Roma. Supõe-se que teria sido fundada por Eneias. Corresponde à moderna Castel Gandolfo.

Alfeus Rio a noroeste do Peloponeso.

Anafe Pequena ilha do Egeu (com 41 quilômetros quadrados), a mais meridional do grupo das Cíclades, cerca de 110 quilômetros ao norte de Creta.

Aqueloo Um dos mais longos rios da Grécia (220 quilômetros), aflora nas montanhas do noroeste da Grécia e deságua no mar Jônico, diante de Ítaca.

Aqueronte Rio mítico do Mundo Inferior.

Arábia A península árabe, área correspondente à moderna Arábia Saudita com a Jordânia, o Iêmen, Omã e os estados do Golfo.

Arcádia Área rural no meio do Peloponeso.

Ardea Cidade da Itália, 37 quilômetros ao sul de Roma, perto da costa mediterrânea. A cidade de Turno e dos rútulos na lenda; hoje, uma municipalidade independente.

Argos *Polis* no nordeste do Peloponeso, que na Era do Bronze incluía as cidadelas de Micenas e Tirins. Argos também se refere a toda a região próxima e, às vezes, de maneira intercambiável, a Micenas.

Ásia Menor Atual Turquia, que na Antiguidade foi lar de diversas *polis* gregas no litoral e dos reinos da Lídia, Frígia, Cária e Lícia.

Atenas Principal *polis* do mundo grego clássico e capital da nação moderna.

Atos Promontório no norte do Mar Egeu.

Áulis Antigo assentamento na costa leste da Beócia, onde o continente mais se aproxima da Eubeia, local de sacrifício de Ifigênia. Corresponde à moderna municipalidade de Avlida.

Beócia Região da Grécia situada a noroeste de Atenas. Sua principal cidade era Tebas.

Bósforo Estreito que liga o Proponto e o Helesponto ao Mar Negro. *Ver* **Helesponto.**

Caledônia (Alguns grafam **Calidônia**) Antiga cidade no noroeste da Grécia, local da caçada ao javali da Caledônia. Ainda existem lá partes de uma muralha e um templo dedicado a Ártemis.

Cária Região que ocupa o canto sudoeste da moderna Turquia.

Cartago Grande cidade fenícia localizada na moderna Tunísia.

Cáucaso Cadeia montanhosa situada a leste do Mar Negro.

Ceneu Na Antiguidade, nome do promontório situado na extremidade noroeste da Eubeia.

Cerineia Rio da Arcádia.

Chipre Importante ilha (com 9.251 quilômetros quadrados) no leste do Mediterrâneo. Situada a cerca de 800 quilômetros a sudeste de Atenas e a 160 quilômetros da costa da Síria.

Cidade dos Cicones. Também conhecida como Ismara, antiga cidade da Trácia que provavelmente corresponde à municipalidade de Maroneia, Grécia, na extensão setentrional nordeste da Grécia, na direção do Helesponto.

Cilene Monte no nordeste da Arcádia, oeste de Corinto, com 2.374 metros de altura.

Cilícia Região da Ásia Menor, a costa sudeste da moderna Turquia, perto do Chipre.

Ciros (também grafada **Siro**) Ilha do Egeu situada cerca de 40 quilômetros a leste do centro de Eubeia, com 223 quilômetros quadrados.*

Citera Ilha situada a 9,6 quilômetros da costa do sul do Peloponeso. Área: 280 quilômetros quadrados.

Citerão Cadeia montanhosa situada cerca 16 quilômetros a sudoeste de Tebas; sua elevação máxima é 1.410 metros.

Cítia Terra dos citas, povo nômade, situada ao norte do Mar Negro.

Cnossos Complexo de palácios da Era do Bronze, capital da antiga Creta, nos arredores da moderna cidade portuária de Heraklion.

Colono Região da antiga Ática a aproximadamente 1,5 quilômetro a noroeste de Atenas, que inclui a Colina do Cavaleiro Colono, com um bosque consagrado às Eumênides. Hoje é um bairro residencial de Atenas.

Cólquida Reino na costa leste do Mar Negro que corresponde à moderna cidade de Kutaisi, na Geórgia, sobre o antigo rio Fásis (atual Rioni), a 80 quilômetros terra adentro.

---

* A informação do autor diverge daquela apresentada pela Wikipédia, segundo a qual a ilha tem 102,4 quilômetros quadrados. (N.T.)

Corinto Importante *polis* antiga e moderna cidade na extremidade sudoeste do istmo da Grécia.

Cranae Não há certezas, possivelmente uma pequena ilha na costa do Peloponeso, a 150 metros do litoral, 32 quilômetros ao sul de Esparta. Hoje, parte da pequena cidade portuária de Gitio.

Creta Importante ilha mediterrânea (com 8.336 quilômetros quadrados) a aproximadamente 265 quilômetros ao sul de Atenas.

Crisa Antiga *polis* no sopé do Monte Parnaso, a 4 quilômetros a sudoeste de Delfos. Hoje é a aldeia de Crisso, com uma população de mil habitantes.

Danúbio Grande rio que se forma na Alemanha e deságua no oeste do Mar Negro. Tem cerca de 2.850 quilômetros de extensão.

Delfos Local do templo de Apolo no Monte Parnaso.

Delos Pequena ilha (de 2,6 quilômetros quadrados), situada a uns 112 quilômetros a sudeste da costa do Ático, parte da cadeia de Ilhas Cíclades.

Dodona Antigo altar de Zeus no noroeste da Grécia.

Ecália Cidade governada pelo rei Eurito, situada na Eubeia em *Mulheres de Tráquis*, de Sófocles, mas na Tessália segundo outras fontes.

Eeia Ilha mitológica de Circe.

Égina Ilha no Golfo de Saros, cerca de 32 quilômetros ao sul do porto de Atenas, Pireu.

Egito O mesmo que a nação moderna.

Elêusis Antigo reino que se tornou parte da Ática, a 13 quilômetros a noroeste de Atenas. Local do famoso templo de Deméter. Moderna Eleusina, subúrbio industrial de Atenas.

Élis Antiga cidade e região do noroeste do Peloponeso, onde os jogos olímpicos tiveram origem. A antiga cidade é hoje uma pequena aldeia e sítio arqueológico.

Eridano Rio mítico. Além disso, nome de um pequeno riacho que passa por Atenas.

Erimanto Cadeia montanhosa do noroeste do Peloponeso. Pico mais elevado: 2.224 metros.

Escamandro Rio que corre cerca de cem quilômetros, desde o Monte Ida, passando por Troia, e desaguando no Helesponto. Hoje é chamado de Menderes.

Esparta *Polis* do sudeste do Peloponeso, poder dominante na Grécia clássica, hoje uma pequena cidade.

Estige Rio mítico do Mundo Inferior.

Estinfália Pequeno lago da Arcádia, a uns 40 quilômetros a sudoeste de Corinto.

Eta Montanha do sudeste da Tessália com 2.160 metros de altitude. Uma ponta leste que se situa perto da margem ao norte da Eubeia criou a famosa Passagem das Termópilas.

Etna Montanha vulcânica da Sicília.

Eubeia A longa ilha que serpenteia ao longo da costa leste da Grécia por cerca de 130 quilômetros, da Ática até as Termópilas. Área: 3.686 quilômetros quadrados. Chega a 40 metros do litoral continental em Áulis.

Evros Atual rio Maritsa, que se forma na Bulgária, fluindo primeiro para leste e depois para o sul, na direção do Egeu. Faz parte da fronteira entre a Grécia e a Bulgária, ao norte, e entre a Grécia e a Turquia, a leste. Tem aproximadamente 480 quilômetros de extensão.

Faécia Reino mítico cujos marinheiros transportaram Odisseu de volta a Ítaca.

Faros Ilha (hoje península) próxima à costa de Alexandria, no Egito, local de um farol que era uma das Sete Maravilhas do Mundo. Em *Odisseia*, Menelau diz que ficou perdido na ilha de Faros, perto da costa egípcia, mas a descreve situando-a a um dia de viagem da costa.

Fasis O moderno Rioni, um rio que deságua no Mar Negro vindo do leste. *Ver* **Cólquida**.

Fenícia Antiga nação na costa leste do Mediterrâneo, correspondente aos atuais Líbano e Síria.

Fócis Região do continente grego, na margem norte do Golfo de Corinto. Delfos situa--se em Fócis.

Frígia Antigo país no centro da Turquia, absorvido pelo império persa.

Ftia Porção mais meridional da Tessália; em torno do Monte Ótris, é conhecida como Ftiótida. A antiga capital da região era chamada de Ftia, local de nascimento de Aquiles, mas esta cidade não foi localizada pelos arqueólogos.

Gabi Antiga cidade situada a 17 quilômetros a leste de Roma.

Golfo Sarônico Golfo ao sul de Atenas que comporta as ilhas de Salamina e Égina. Sua foz tem cerca de 50 quilômetros.

Helesponto Também conhecido como Dardanelo, a parte mais ao sul do curso de água entre o Egeu e o Mar Negro. Um estreito canal, com 1,6 a 4,8 quilômetros de largura, deságua no Proponto ou Mar de Mármara, que tem mais de 65 quilômetros de largura, e depois no estreito de Bósforo, com 1,6 quilômetro de largura, em média.

Hemus Cadeia montanhosa na Bulgária, ao sul do Danúbio. Pico mais elevado: 2.376 metros.

Hiperbórea Região mítica no extremo norte.

Ida Montanha situada a sudeste das ruínas de Troia, com elevação de 1.767 metros.

Ilha de Cós (287 quilômetros quadrados) localizada no canto sudoeste da moderna costa da Turquia.

Ilhas Táfias Também conhecidas como Equinades. Várias pequenas ilhas a nordeste de Ítaca, das quais a maior é conhecida hoje como Meganissi.

Ílio Nome alternativo para Troia.

Ilíria Região que corresponde à antiga Iugoslávia.

Ínaco Atual rio Panitsa, flui para o sul pela região de Argos, a leste da cidade, e deságua no golfo Argólico, perto de Náuplia.

Iolco Cidade ou complexo palaciano micênico na Tessália. Imagina-se que suas ruínas tenham sido descobertas em Dimini, na periferia da moderna cidade de Volos, um porto no golfo Pagasetic.

Ítaca Pequena ilha (com 118 quilômetros quadrados) na costa ocidental da Grécia, provavelmente a mesma Ítaca moderna, que fica a 80 quilômetros a oeste da entrada do golfo de Corinto.

Lacedemônia Nome alternativo para Esparta.

Lacônia Região no sudeste do Peloponeso na qual se localizava Esparta, também conhecida como Lacedemônia.

Larissa Principal cidade da Tessália, antes e agora, situada a uns 40 quilômetros ao sudoeste do Monte Olimpo.

Lemnos Ilha no norte do Egeu, situada a cerca de 65 quilômetros da costa da Turquia, oposta à antiga Troia, com 477 quilômetros quadrados.

Lerna Antiga cidade da região de Argos, a uns 11 quilômetros a sudoeste da cidade, no litoral.

Lesbos Grande ilha (com 1.633 quilômetros quadrados) no norte do Egeu, ao sul de Troia e do Monte Ida, a 5,6 quilômetros da costa da Turquia.

Lete Literalmente, "Esquecimento", rio mítico do Mundo Inferior.

Lícia Região que abrange a extremidade sudoeste da costa turca, ocupada pelos lícios indo-europeus, não gregos, que foram conquistados pelos persas no século 6 d.C.

Lídia Antiga nação que corresponde à Turquia ocidental. Renomada por sua riqueza até ser conquistada pela Pérsia no século 6 a.C. Sua capital é Sardis.

Ligúria Extensão na extremidade noroeste da Itália, na divisa com o sul da França.

Lirnesso Cidade próxima a Troia conhecida apenas como suposto local de nascimento de Briseida.

Lócris Três regiões diferentes da Grécia central foram controladas por povos que se intitulavam lócrios. Um ocupava parte da margem norte do Golfo de Corinto; os outros dois controlavam porções discretas da costa leste da Grécia, diante da Eubeia, norte da Ática e Beócia.

Mális Distrito no sul da Tessália, diante da ponta noroeste da Eubeia, que inclui a passagem de Termópilas.

Mar Negro Grande mar ao norte da moderna Turquia.

Maratona Cidade da Ática situada a uns 29 quilômetros a nordeste de Atenas. Na planície e na praia juntas a ela, os atenienses derrotaram os persas em 490 a.C. A distância exata que um corredor precisa percorrer para ir de Maratona até Atenas é de 21,4 milhas, ou 34,43 quilômetros.*

---

* O número apontado pelo autor difere um pouco dos 40 quilômetros que, segundo os registros, o soldado ateniense Feidípedes teria percorrido para levar a notícia de Maratona a Atenas. A distância oficial (olímpica) da corrida de maratona é de 42,195 quilômetros, percorrida pela primeira vez nos Jogos Olímpicos de Londres de 1908. (N.T., fonte: da Wikipédia).

Mecona Antigo nome da *polis* de Sicião.

Mégara Cidade no istmo, a uns 29 quilômetros a oeste de Atenas.

Micenas Cidadela da Era do Bronze na região de Argos, cerca de 10 quilômetros ao norte de Argos.

Naxos Ilha do Egeu situada a 145 quilômetros a sudeste da costa do Ático, com 429 quilômetros quadrados.

Nemeia Cidade do noroeste do Peloponeso, a cerca de 27 quilômetros a sudoeste de Corinto e a uns 21 quilômetros a noroeste de Argos.

Nilo O grande rio do Egito.

Nisa Montanha mítica na qual o bebê Dionísio foi criado.

Olimpo A mais alta montanha da Grécia, com numerosos picos, dos quais o mais elevado tem 2.917 metros. Fica na divisa entre a Tessália e a Macedônia.

Onquesto Cidade da Beócia, a uns 16 quilômetros a noroeste de Tebas. Pouco resta dela.

Ótris Montanha do centro da Grécia, a sudoeste de Iolco, na costa diante da extremidade noroeste da Eubeia. Elevação: 1.726 metros.

Pactolo Rio que se forma no Monte Tmolo e passa por Sardis.

Palanteu Cidade lendária construída pelo grego Evandro nas margens do Tibre, no local da futura Roma.

Palene Entre os três grandes promontórios que se estendem pela costa nordeste da Grécia, este é o maior.

Parnaso Na costa norte do Golfo de Corinto, a montanha de 2.457 metros de altura é a morada tradicional de Apolo e das Musas. Delfos fica em sua encosta.

Peloponeso A grande península que forma o continente grego ao sul do istmo.

Peneu Rio que corre para o leste pela Tessália e deságua no mar ao sul do Monte Olimpo.

Pérsia Nação imperial que corresponde ao atual Irã.

Pieria Região do sul da Macedônia aos pés do Monte Olimpo, considerada o local de nascimento das Musas.

Pilos Reino da Era do Bronze do rei Nestor. Situa-se na costa oeste do Peloponeso, mas as fontes discordam quanto à sua localização exata.

Pito Outro nome para Delfos.

Roma Antiga cidade imperial no Tibre, atual capital da Itália.

Salamina Pequena ilha (96 quilômetros quadrados) do Golfo Sarônico, a oeste de Atenas. Sua distância da costa é de menos de 1.600 metros.

Sardis Capital do antigo reino da Lídia na região oeste da Turquia, a uns oito quilômetros a leste da cidade litorânea de Izmir (antiga Esmirna).

Sérifo Pequena ilha do Egeu, com 75 quilômetros quadrados, situada cerca de 112 quilômetros a sudeste de Atenas.

Sicília A maior ilha do Mediterrâneo (com 25.710 quilômetros quadrados), no sudoeste da Itália.

Sícion (também grafada **Sicião**) Antiga *polis*, hoje uma aldeia e sítio arqueológico na costa sul do golfo de Corinto, situada a cerca de 40 quilômetros a oeste de Corinto.

Sídon Cidade na costa do Líbano atual. Uma das principais cidades fenícias na Antiguidade.

Sípilo Montanha da Lídia, a alguns quilômetros da costa da Turquia, ao norte de Izmir (antiga Esmirna). Seu nome atual é Spil Dagi e fica ao sul da atual cidade de Manisa. Elevação: 1.513 metros.

Sirtes O golfo de Sidra na costa da Líbia, proverbialmente perigoso para os antigos marinheiros por causa de seus rasos e suas correntes.

Strímon (também grafado **Estrímon**) Rio da Macedônia, antigo limite entre esta e a Trácia. O moderno Struma, com cerca de 400 quilômetros de extensão.

Táurica Península do norte do Mar Negro, também conhecida na Antiguidade como Quersoneso. Hoje, chama-se Crimeia. Seus habitantes eram conhecidos como tauros.

Tebas Cidadela da Era do Bronze e, até hoje, principal cidade da Beócia. Situada a aproximadamente 50 quilômetros a noroeste de Atenas.

Tegeia Antiga *polis* da Arcádia, a uns 50 quilômetros ao norte de Esparta, nos arredores da atual cidade de Trípoli.

Tênaro Cabo ou promontório mais meridional do Peloponeso, a cerca de 80 quilômetros ao sul de Esparta.

Termópilas Estreita passagem em Mália que liga a Tessália ao resto da Grécia central, onde uma extensão do Monte Eta se aproxima mais da costa.

Téspias Cidade da Beócia, a uns 14 quilômetros a sudoeste de Tebas.

Tesprócia Distrito do Épiro, região ocidental da Tessália, chegando ao Adriático.

Tessália Região da Grécia ao norte da Eubeia que se estende das Termópilas até a região do Monte Olimpo e da Macedônia.

Teutrânia Cidade lendária do norte da costa turca, ao sul de Troia.

Tirins Cidadela da Era do Bronze em Argolis, cerca de oito quilômetros a sudeste de Argos, na costa.

Tiro Cidade na costa sul do Líbano, antiga capital da Fenícia.

Tmolo Montanha na Lídia, atual Boz Dag, com 2.153 metros de altura. A antiga Sardis fica em seu sopé, ao norte.

Tráquis Antiga *polis* a noroeste das Termópilas.

Troezen Cidade na costa norte de Argos, em frente a Égina.

Troia Cidade da Era do Bronze atacada pelos gregos na Guerra de Troia, localizada na costa noroeste da Turquia, a uns oito quilômetros a sudeste da foz do Helesponto.